Von Maria bis Mary

Una Giesecke
Jayne-Ann Igel

Von Maria bis Mary

Frauengeschichten aus der Dresdner Neustadt

ddp
goldenbogen
Dresden

Diese Publikation wurde gefördert durch
die Staatsministerin für Fragen der Gleichstellung
von Frau und Mann in der Sächsischen Staatskanzlei,
die Gleichstellungsbeauftragte in der Gleichstellungsstelle/Frauenbüro
der Landeshauptstadt Dresden und
die Stiftung Äußere Neustadt.

1. Auflage 1998
© by Una Giesecke und Jayne-Ann Igel
© by ddp goldenbogen, Dresden

Redaktionelle Bearbeitung,
Layout, Satz und Umschlaggestaltung: ddp goldenbogen, Dresden
Druck und Verarbeitung: Druckhaus Dresden GmbH
ISBN 3-932434-03-X

Inhaltsverzeichnis

Weibergeschichten - wen interessiert das schon!? 7

Die Frau im Hause 8
Die stille Musik 8
»Mein Junge verschweigt mir nichts« - Ida Kästner 10
»Und herrschet weise im häuslichen Kreise« 13

Frauenerwerbsarbeit 17
»Die Näherin und das Mittagsweibchen« 18
Hökerinnen 20
»Das wendische Landgesinde« - genügsam, treu und zäh 22
Bademütter und Stuhlfrauen 24
Findelkinder 25
Hundert Jahre später 26
Leidenschaftlich auf der Bühne und im Leben -
die Sängerin Wilhelmine Schröder-Devrient 28
Isoliert und rechtlos - die Dienstmädchen 31
»Der Herr möge alle meine eigenen Wege
zuschanden machen« - die Diakonissen 35

Prostitution 40
Mägdeherbergen gegen den Mädchenhandel 40
Mägdlein, steh auf - Magdalenenarbeit 42
Feile Mädgen 44
Der Abolitionist gegen die Lustsklaverei -
Katharina Scheven kämpft für die Befreiung der Frau 47

Die höheren Töchter 50
Der Frauenschutz - ein »Asyl für einsam stehende Jungfrauen« 51
Anna Nolden und das Traktionsproblem des Apollonius 56
Santa Maria und das Geheimnis der Wüste 60

Industrialisierung 67
Neue Frauenberufe und Dr. Schurigs Soziale Frauenschule 70
»Eine teilt's der Andern mit - Favorit - der beste Schnitt!« 74

Die Ehrenamtlichen* 76
Dresdner Frauenvereine zwischen Emanzipation und Anpassung* 76

Die Staatsbürgerin   99
»Als mein Mann die Broschüren sah,
mußte ich sie auf der Stelle verbrennen« - Mutter Auguste   99
Dr. Else Ulich-Beil - eine frauenbewegte Regierungsrätin   102
Frauen in der Politik*   107

Die Doppelverdienerinnen*   118
Frauenarbeit zwischen den Weltkriegen*   118

Künstlerinnen   129
»Still mal! Die Cebotari singt!«   129
»Wie verrückt oft, wie reich war unser Leben« -
Charlotte Tesdorpf geb. Pfund   133
Mary Wigman -
Begründerin des Modernen Deutschen Ausdruckstanzes   136
Als »entartet« und »lebensunwert« umgebracht -
Elfriede Lohse-Wächtler   142

Frauen im Widerstand   147
»In diese Welt hinausschreiend« - Lea Grundig**   147
»Sie aber werden uns nicht entwischen!« -
Elfriede Scholz geb. Remark   151
Buchhandlung Nestler - illegaler Treffpunkt   154
»Und dann kam schonungslos ihre Meinung« -
Eva Schulze-Knabe   156

Die Nothelferinnen*   160
Arbeit in den Kommunalen Frauenausschüssen 1945 - 1947*   160

Frauen vor Gericht   169
Acta wider die Kindsmörderin Henriette Rehn   169
Doppelmord in der Talstraße   173

Straßennamen als Spiegel der Stadtpolitik   175
Legende   180

Chronik   182

ungekennzeichnete Beiträge   Una Giesecke
              *   Jayne-Ann Igel
            **   Angela Töns

Weibergeschichten -
wen interessiert das schon!?

Frauen
bilden mehr als die Hälfte der Weltbevölkerung,
leisten zwei Drittel der Arbeitsstunden,
erhalten ein Zehntel des Welteinkommens und
verfügen über weniger als ein Hundertstel des Weltvermögens.
(lt. UN-Bericht 1980)

Woher kommt es, daß junge Mädchen heute darauf warten, »den Märchenprinzen abzubekommen«? Wo ist der Unterschied zwischen Korsett und Diät? Was ist das Besondere an Fenster und Klo putzenden Männern? Warum wurde Maria Reiche nicht schwerbezahlte und berühmte Chefin eines Archäologenteams? Wann werden unterschiedliche Menschen aufhören, sich gegenseitig zu unterdrücken, auszunutzen oder lächerlich zu machen und beginnen, das Andere wahrzunehmen und anzuerkennen, auf daß ein gutes Verhältnis entstehe?

Ermöglicht durch ABM-Förderung in Trägerschaft des Vereins für regionale Politik und Geschichte Dresden e.V. entstanden ein zweiteiliger Rundgang, der über IGELtour angeboten wird, ein Diavortrag und eine Ausstellung zu diesem Thema. Die oft geäußerte Frage, wo so etwas mal nachgelesen werden könne, läßt allerdings erahnen, wie wenig bekannt die »weibliche Seite« der Geschichte ist und wieviel weiße Flecken in der fast 800jährigen Stadtgeschichte Dresdens noch zu erforschen wären. Es ist schlicht nicht möglich und lag auch gar nicht in unserer Absicht, ein umfassendes historisches Bild zu zeichnen, sei es auch nur für einen Teil Dresdens - die Innere und Äußere Neustadt - und etwa anderthalb Jahrhunderte. Wenn die Lektüre also Fragen aufwerfen sollte, wäre der Zweck des Büchleins erreicht. Zum Aufbau wäre noch zu bemerken, daß die verschiedenen Herangehensweisen der Autorinnen sich insofern ergänzen, als die vier Kapitel von Jayne-Ann Igel in Auswertung bisher kaum eingesehener Akten einen Einblick in allgemeinere politische Zusammenhänge gewähren, während die Beiträge von Una Giesecke mehr auf die konkreten Lebensbezüge auf lokaler Ebene eingehen. Das Fragmentarische der vorliegenden Darstellung ist einerseits Ausdruck dafür, daß eine komplexere Abhandlung diesen Rahmen sprengen würde, und steht andererseits für die bis heute typischen Umstände von Frauenarbeit: ohne öffentlichen Auftrag und über weite Strecken in Selbstausbeutung, sprich: unbezahlter Tätigkeit. Unser besonderer Dank gilt deshalb Raja Lentzsch und Angela Töns stellvertretend für die vielen, die selbstlos zum Entstehen dieses Buches beigetragen haben.

Die stille Musik

Im 18. Jahrhundert kamen viele arme Protestanten aus dem katholisch beherrschten Böhmen nach Dresden, die sich den Kauf von Bürgerrechten hier nicht leisten konnten. Sie siedelten in den Vororten und nach den linkselbischen Zerstörungen des Siebenjährigen Krieges verstärkt auf dem rechten Elbufer - der Name der Böhmischen Straße erinnert noch daran. Als Weingärtner, Schneider und Gastwirte versuchten sie ihr Glück. Da die Gegend »Auf dem Sande« vor dem Bautzner Tor für ihre ruhige Lage und gute Luft bekannt war, brachte im Jahre 1755 der aus einem Dorf bei Melnik stammende Gärtner Paulick seine lungenkranke Tochter - selbst Mutter von vier Kindern - gleich mit, während deren Ehemann noch mit den sehr musikalischen Kindern an verschiedenen Orten unterwegs kleine Konzerte gab.

Sie nahmen Quartier im einzigen Haus gegenüber dem Königlichen Holzhof - der heutigen Holzhofgasse 9. Nachdem die restliche Familie den langen beschwerlichen Weg hinter sich gebracht hatte und vor dem Haus anlangte, nahmen die beiden Töchter und zwei Söhne im Hof Aufstellung, holten Zither, Flöte und Waldhorn heraus, der Vater den Leierkasten, und stimmten das Lied »Eine feste Burg ist unser Gott« an, um die kranke Mutter sanft zu überraschen. Im Hause rührte sich jedoch nichts. Statt dessen schaute der tiefbetrübte Großvater heraus, sie öffneten die Tür - und sahen die Mutter auf der Totenbahre liegen. Da verstummte die Musik.

Seither wurde das Grundstück nur noch »Zur stillen Musik« genannt. Es reichte bis an die Bautzner Straße heran. Der hier später eröffnete Gasthof übernahm den Namen. Fünf Jahre nach dem Ereignis stellte der Wirt eine Steingruppe von einem Meter Höhe im

Anzeige
(Dresdner Nachrichten vom 30.4.1895)

Hof auf, die jene verstummenden Musikanten zeigte. Sie ist längst verschwunden. Doch die Erinnerung hielt sich - noch Anfang dieses Jahrhunderts erzählte Emil Kästner seinem Sohn beim Spaziergang davon, weil dieser sich über den eigenartigen Namen gewundert hatte: *Entweder macht man in einem Gasthaus Musik oder es ist still. Aber eine stille Musik, die gibt es nicht.* [1]

Literatur / Quellen

[1] Heinz Hoppe: Das Rätsel um die »Stille Musik«, in: Sächsische Neueste Nachrichten vom 12./13.1.1985
[2] Lokalanzeiger für Dresden-Neustadt 1912, Nr. 16

Dresdner Anzeiger

Amtsblatt des Königlichen Landgerichtes, des Königlichen Amtsgerichtes, der Königlichen Hauptzollämter I und II, der Königlichen Polizeidirektion und des Rates zu Dresden, sowie des Gemeindevorstandes und Gemeinderates zu Blasewitz

Stiftungseigentum

Nr. 338   Mittwoch den 6. Dezember 1905   176. Jahrgang.

Unter dem Titel »Mütter« ist im Verlage von Westermann in Braunschweig ein Buch von Anselm Heine erschienen, das weniger seines künstlerischen Wertes wegen als seiner Tendenz nach besonders für die Frauenwelt von Interesse ist. Die Verfasserin schildert eine Mutter, die nicht nur arbeitet mit ihren Kindern und für sie, sondern auch arbeiten will über die Kinder hinaus; denn sie erwartet eine Emanzipation der heutigen Mütter, die sich der Eigenart ihrer Kinder so sehr anzupassen, ja unterzuordnen suchen, daß sie ganz hinter ihnen zurücktreten und die doch das Bedürfnis haben, auch einmal für sich selbst zu leben. Wenigstens Frau Hella hat die Sehnsucht, etwas mehr zu sein als nur Gattin und Mutter; besonders nachdem ihr Mann gestorben ist und die erwachsenen Kinder sich durch den Beruf oder Ehe von ihr gelöst haben. Aber ihr Streben und ihre Hoffnungen sinken still zusammen, als ihre Kinder und die Verwandten es als selbstverständlich erklären, daß sie der »Mittelpunkt« der Familie bleibe, und sie kommt zu der überraschenden Überzeugung, daß das unwandelbare Naturgesetz (im vorliegend geschilderten Falle ist es Mangel an Tatkraft und Initiative) immer sein wird: Die Mutter gibt sich auf im Kinde; sie stirbt, um das Wachstum des Kindes zu nähren. - Es ist viel Unklarheit in diesem Buche, in dem sich in wunderlicher Weise moderne Ideen über Moral, Mutterpflichten und Persönlichkeitsrechte verquicken und nicht genau unterschieden wird, was eine Mutter naturgemäß leiden und geben muß, und dem, was sie zu dulden vermeiden kann, ja sollte.

Dresdner Anzeiger vom 6.12.1905

»Mein Junge verschweigt mir nichts« - Ida Kästner

Ida Amalie Augustin wurde 1871 in Kleinpelsen in der Familie eines Fleischermeisters geboren. Sie war eine begabte Schülerin, ihr Abschlußzeugnis wies fast nur Einsen auf. Die Tatkraft der Augustins - einer ihrer vier Brüder führte als Pferdehändler ein Millionengeschäft - steckte auch ihr im Blut. Sie ging, wie die meisten jungen Mädchen ihrer Zeit, mit 16 Jahren in die Stadt, nach Döbeln, wo sie als Stubenmädchen und Vorleserin bei einer gelähmten Dame arbeitete. Ihre Schwestern meinten es sicher nur gut, als sie Ida bei Kaffee und Kuchen einen soliden jungen Mann, den Sattlermeister Emil Kästner, vorstellten, um ihr eine Existenz und einen guten Ruf zu sichern. 1899, im verflixten siebten Jahr der Ehe, stellte sich statt der versprochenen Liebe ein Kind ein - Erich Kästner.

Ida Kästner
(Erich-Kästner-Archiv München, RA Peter Beisler)

Im Sommer 1981 gab Erich Kästners Sohn einem österreichischen Satiriker ein Interview, in dem er mitteilte, daß sein Vater nicht der Sohn von Emil Kästner, sondern vom Hausarzt der Familie, Sanitätsrat Dr. Zimmermann, sei. Dieses Familiengeheimnis war bis dahin auf den Wunsch Erich Kästners, der es aus Liebe zu seiner Mutter gewahrt wissen wollte, auch von denen respektiert worden, die bereits eingeweiht waren. [1] Dr. Emil Zimmermann hatte seine Praxis damals noch als Vertreter der Naturheilmethode, Wundarzt und Geburtshelfer in der Glacisstraße 16, später in der Kurfürstenstraße 10 (heutige Hoyerswerdaer Straße) und ab 1907 in der Radeberger Straße 25. Die israelitische Glaubensgemeinschaft, in deren Gemeinderat und Vorstand er jahrzehntelang wirkte, schätzte ihn als *stets liebenswürdig und zurückhaltend, reich an Erfahrung und Kenntnis des Lebens, wie sie die aufopfernde Arbeit des Arztes mit sich bringt.* [5]

Emil Kästner hielt ihr nicht nur trotzdem die Treue, sondern übernahm auch die verantwortungsvolle Aufgabe der offiziellen und vor allem sozialen Vaterschaft, womit er den Sohn auch vor Anfechtungen seitens der Nazis als »jüdisches Halbblut« bewahrte. Frau Kästner aber verbannte den Ehemann mit seinen stinkenden Leimtöpfen in den Keller und vermietete die gute Stube. Da war er: der Sinn ihres Lebens! Nachts nähte sie in Heimarbeit Leibbinden für Stücklohn und lernte mit 32 Jahren - für eine verheiratete Frau in dem Alter eine höchst argwöhnisch betrachtete Tatsache - noch einen Beruf. Sie wurde selbständige Friseuse, um ihrem Sohn die höhere Schulbildung zu ermöglichen. Wenigstens aus ihm sollte etwas werden.

Von seinem ersten Atemzug an war er der Inbegriff ihrer Selbstbestätigung,... weil sie mit wachen Sinnen und mit dem Herzen wußte, was für ihn richtig sei. Dieses Wissen

um einen anderen Menschen ging weit über ihr geistiges und soziales Niveau hinaus...
Er war und blieb der einzige Mensch, den sie liebte. Er blieb der einzige Sinn ihres
Lebens... Der kleine Junge wußte das sehr früh. So wurde ihre große Leistung zugleich
seine große Bürde. [1] Er half ihr beim Wasserschleppen für die zu frisierenden Kundinnen
und brachte lauter Einsen nach Hause, *dann war er sehr zufrieden. Er liebte das Lob, das*
er in der Schule und überall erhielt, nicht deshalb, weil es ihm, sondern weil es seiner
Mutter Freude machte. Er war stolz darauf, daß er ihr auf seine Weise ein bißchen
vergelten konnte, was sie für ihn ihr ganzes Leben lang ohne müde zu werden tat. [2]

Als Erich nach Absolvierung des ohnehin teuren Fletcherschen Lehrerseminars auf der
Marienallee zu Hause gestand, daß er eigentlich gern noch studieren würde, war es die
fast fünfzigjährige Mutter, *die schließlich meinte: »Mein Junge, wenn du studieren willst,*
studiere!« Woraufhin Emil Kästner wütend die Tür zuknallte: »Ich werde wohl über-
haupt nicht gefragt?« Offenbar bestand keine tiefe Liebe zwischen den Eheleuten. Aber
Emil Kästner hat das ein Leben lang in Geduld und wohl auch in Würde getragen. [3]

Später ließ Erich in seinem Kin-
derbuch »Emil und die Detektive« den Helden sprechen:
Und wenn sie mir erlaubt, mit
Prötzsch aus der ersten Etage
bis neun Uhr abends in die
Heide zu gehen, bin ich gegen
sieben wieder zurück. Weil ich
nicht will, daß sie allein in der
Küche sitzt und Abendbrot ißt.
Dabei verlangt sie unbedingt,
daß ich mit den andern blei-
ben soll. Ich hab's ja auch ver-
sucht. Aber da macht mir das
Vergnügen gar kein Vergnü-
gen mehr. Und im Grunde
freut sie sich ja doch, daß ich
früh heimkomme. [2] Über das

Mutter und Sohn
(Erich-Kästner-Archiv München, RA Peter Beisler)

Buch schrieb er dann nach Hause: *Der kleine Emil wird sich in ganz Europa breit*
machen. Bis ihn alle Kinder kennen. Da freut sich der olle Junge mit seiner Mama. [4]

All ihre Liebe und Fantasie, ihren ganzen Fleiß, jede Minute und jeden Gedanken,
ihre gesamte Existenz setzte sie fanatisch auf eine Karte, auf mich. Ihr Einsatz hieß:
ihr Leben mit Haut und Haar! Die Spielkarte war ich, deshalb mußte ich gewinnen.
Deshalb wurde ich der beste Schüler und der bravste Sohn. Ich hätte es nicht ertragen,
wenn sie ihr großes Spiel verloren hätte. Da sie die vollkommene Mutter sein wollte und
war, gab es für mich, die Spielkarte, keinen Zweifel: Ich mußte der vollkommene Sohn
werden. Wurde ich's? [1]

Mein Junge verschweigt mir nichts, sagte Frau Kästner stolz eines Tages zum Lehrer
Bremser. [3] Längst aus dem Haus, schrieb er ihr in 30 Jahren fast 9.000 Postkarten als
Antwort auf ihre täglichen Briefe. Die Bäckersfrau Wirth an der Königsbrücker Straße

konnte ihre Uhr danach stellen, wenn Frau Kästner auf dem Weg zur Bahnpost vorbei-kam. *Und schick bald die schmutzige Wäsche. Der letzte Karton war schrecklich zerrissen... Nächstens schicke ich dir Umlegekragen, waren die letzten zu groß? Ja, wenn du zu Hause wärst, dann würden die Kragen schon passen.* In seinen Antwort-karten ist er stets besorgt, einbeziehend, liebevoll: *Mein Allerbestes, meine Gute, mein liebes, gutes Muttchen, Du. Wenn nur Dein Herzchen bald wieder besser würde. Hast Du bei der Wäsche zu sehr geschuftet, Duuu?* [4]

Kästner ist ein Gefangener seines Verantwortungsgefühls und zugleich ein Rebell gegen dessen selbstverständliche Beanspruchung. Er hat sie im Übermaß erlebt... So wurde er ein bindungsscheuer Mensch. [1] Er heiratete nie, auch wenn er mit Luiselotte Enderle viele Jahre zusammenlebte. Immer wieder unterbrach er aber auch diese Beziehung zugunsten anderer Verhältnisse, u.a. mit Friedel Siebert, die seinen Sohn Thomas gebar. In einem Brief von 1930 z.B. an seine Mutter, vor der er keine Geheimnisse hatte und der er auch mal ins Unreine schreiben konnte, beschrieb er unbewußt die Symptome seiner Bindungsangst so: *Pony ist immer ziemlich traurig... aber ich denke schon, daß sie gesund drüber wegkommen wird. Im übrigen sind die Mädchen in diesem Punkte ja alle einander ähnlich. Die Bernhard macht auch schon manchmal traurige Gesichter. Man sollte sich eben doch alles abhacken, was mit Mann zu tun hat. Sonst hört dieser Schlamassel ja doch nicht auf.* [4]

Als die Postkarten nach dem Krieg spärlicher wurden, ja abrissen, verließ Ida Kästner der Lebensmut. *Nicht die Diktatur und nicht der Kriegslärm, sondern die lähmende Stille war es, die Kopf und Gemüt der Mutter allmählich verwirrten.* [1] Bei Erichs letztem Besuch im Sanatorium Arnsdorf war sie bereits so verstört, daß sie ihn nicht mehr erkannte, sondern lächelnd fragte: *»Wo ist denn der Erich?«* Er stand vor ihr. *Ganz nah - und unerreichbar fern.* [1] Ihr Mann pflegte sie liebevoll bis zu ihrem Tod am 9. Mai 1951. Die letzte Augustin - die Tochter ihrer Kusine - ist 1922 in der Hecht-straße geboren und lebt bis heute in der Dresdner Neustadt.

Literatur / Quellen

[1]   Luiselotte Enderle: Erich Kästner - Eine Bildbiographie, Hamburg 1966, 65.-67.Tau-send 1990
[2]   Erich Kästner: Emil und die Detektive, Berlin 1928
[3]   Dietrich Mendt: Erich Kästner, die Mutter und die Frauen, in: Matthias Flothow (Hrsg.): Erich Kästner - ein Moralist aus Dresden, Leipzig 1996
[4]   Luiselotte Enderle (Hrsg.): Mein liebes, gutes Muttchen, Du, Hamburg 1981
[5]   Adolf Diamant: Chronik der Juden in Dresden, Darmstadt 1973, S. 93
[6]   Frauenkalender Dresden 1997
[7]   Jüdisches Jahrbuch für Sachsen, Adreßbuch der Gemeindebehörden, Organisa-tionen und Vereine 1931/32; Ausgabe Dresden, Chemnitz, Plauen; Berlin 1932

»Und herrschet weise im häuslichen Kreise«

Art und Umfang der häuslichen Tätigkeiten waren zumeist abhängig von der Familiengröße und davon, ob man in der Stadt oder auf dem Lande lebte, und natürlich von der Standeszugehörigkeit der Frauen. In den frühromantischen Salons der gehobeneren Kreise beispielsweise war die Hausherrin zumeist das Zentrum der Gastlichkeit und feinsinniger Gespräche aufgeklärter Bürger und Adliger, die dem Freundschafts- und Familienkult huldigten. Die bekanntesten Salons in der Dresdner Neustadt führten zu jener Zeit Helene Marie von Kügelgen im Gottessegenhaus auf der Hauptstraße, Elisa von der Recke am Kohlmarkt und die Schwestern Minna Körner und Dorothea Stock ebenfalls am Kohlmarkt. In diesen Kreisen verkehrten nicht nur Männer, die das damalige Geistesleben Dresdens prägten, wie Goethe, Kleist, Humboldt, Graff, Arndt, Tieck u.a., sondern auch Malerinnen wie Louise Seidler, Caroline Bardua oder Appollonia Seydelmann. Als Mäzenin ging die Tochter des jüdischen Bankiers Oppenheim in die Geschichte ein. Sie lebte in der Villa ihres Vaters an der Holzhofgasse 20, der berühmten von Gottfried Semper erbauten Villa Rosa. Elisabeth Grahl beförderte u.a. die Veröffentlichung der Andersenschen Märchen in Deutschland, als jener sich um 1850 in Dresden aufhielt.

Die Kreativität der Dame des Biedermeiers lebte sich in wohlabgerundeten Blumenbuketts und peinlich sauber verteilten Rosenknospen auf Vorhängen, Kattunbezügen oder perlgestickten Kissen aus, denn sie war verantwortlich für Gemütlichkeit und beseelende Wärme im Hause. Ihr persönlicher Schauplatz, auf dem sie den im Haushalt lebenden Angehörigen und Dienstboten vorstand, wie etwa der Gouvernante, Amme, Köchin, dem Stubenmädchen und ihren Kindern, hieß Häuslichkeit: *Und füget zum Guten den Glanz und den Schimmer und ruhet nimmer.* [1]

Die Frauen der Unterschichten dagegen arbeiteten hart. So gehörte in der ersten Hälfte des vorigen Jahrhunderts zur Führung des Haushalts neben Kochen, Putzen und Wäschewaschen noch, daß die Frauen nähten, spannen, Kerzen zogen, Seife bereiteten, Vorräte anlegten, butterten, buken, sich um die Kinder und die Haustiere kümmerten, die vom Mann hergestellten Produkte zum Markt trugen und Feuer machten. Welch einschneidende Erleichterung die Erfindung der Schwefelhölzchen 1830 darstellte, ist heute kaum noch vorstellbar.

Als ein Beispiel soll hier die große Wäsche herausgegriffen werden, die zu den aufwendigsten und kräftezehrendsten Tätigkeiten gehörte. Seit Menschengedenken oblag diese körperlich schwere, unbezahlte Arbeit dem sogenannten »schwachen Geschlecht«. Da sie aber als selbstverständliche Pflicht der Frauen angesehen wurde, kamen Männer selten auf den Gedanken, mitzuarbeiten oder diese Arbeit gesellschaftlich anzuerkennen. Noch bis in die Mitte dieses Jahrhunderts sah das »Waschfest« so aus:

In der Küche, die den meisten Familien wegen des Herds gleichzeitig als Wohnraum diente, wurde einmal im Monat große Wäsche gewaschen. Abgesehen von der räumlichen Enge erstreckten sich die Mühen über mehrere Tage. Die Kleidungsstücke wurden vorsortiert, ausgebürstet (in manchen Treppenhäusern sind noch die herunterklappbaren Halterungen dafür zu finden) und eingeweicht. Anschließend wurde die Wäsche mit Kernseife eingerieben, zusammengerollt und über Nacht im Trog aus Holz oder Zink liegengelassen. Der Holzzuber mußte übrigens schon am Vortag gewässert werden, bis er aufgequollen war und wieder dichthielt.

Zeitig am nächsten Morgen wurde der Herd angeheizt. In einem großen Topf auf dem Herd kochte dann die Wäsche, wobei darauf geachtet werden mußte, daß sie nicht anbrannte oder spritzte. Mit einem langen Holzlöffel wurde die schwere heiße Wäsche auf einen Rost gepackt und zum Bottich getragen, wo sie mit Kernseife auf dem Waschbrett geruffelt wurde. Weiße Wäsche wurde danach noch einmal gekocht. Anschließend kam die schwerste und zeitaufwendigste Arbeit: alle gewaschenen Stücke mußten ausgewrungen und in bereitstehenden Wannen und Schüsseln mehrmals gespült, wieder ausgewrungen und wieder gespült werden usw., bis das letzte Spülwasser eiskalt war. Hier hinein kamen oft Kartoffelstärke und Bleichmittel. Rücken und Arme wurden durch das Schleppen, Stampfen und Wringen der 10 bis 15 kg Naßwäsche pro Waschgang stark beansprucht.

Nun wurde die Bett- und Tischwäsche mit Körben und Handwagen auf die Bleiche gebracht. Am Prießnitzufer oder auf den Elbwiesen wurde sie in der Sonne ausgebreitet und des öfteren mit dem damals noch sauberen Flußwasser besprengt. Zum Trocknen wurde alles auf den dafür vorgesehenen Plätzen (z.B. zwischen Tieck- und Melanchthonstraße bis in die 1880er Jahre) bzw. auf dem Dachboden oder auf einem Reck vor dem Wohnungsfenster aufgehängt.

Bevor die ersten elektrischen Bügeleisen in den Haushalten Einzug hielten, glätteten die Hausfrauen ihre Wäsche mit bis zu 10 kg schweren Bolzeneisen, die vorher auf dem Herd oder im Ofen zum Glühen gebracht worden waren. Die großen Stücke wurden gemangelt. Das Drehen der großen mit Feldsteinen gefüllten Mangeln erforderte viel Kraft und Aufmerksamkeit. Heute existiert die letzte Mangelstube der Neustadt in einem Hinterhof der Rothenburger Straße.

Fortuna-Werbung
(Archiv Geschichtsgruppe IG Äußere Neustadt, Dresden)

Mit der Eröffnung der ersten Waschanstalt Dresdens 1856 in der alten Heidesiedlung an der Prießnitz (heutige Prießnitzstraße 44) konnten Dresdner Hausfrauen zum ersten Mal außer Haus ihre Schmutzwäsche im weichen Prießnitzwasser reinigen lassen. Schnell wurde diese Straße zum »Waschmonopol« Dresdens. Innerhalb weniger Jahre folgten den vier Kupferkesseln der Wäscherei »Fortuna« weitere fünf Betriebe und eine geschäftstüchtige Schmierseifensiederei. Zumeist waren noch Mangeln und Bleichplätze am Prießnitzufer angeschlossen. Auch Oberhemden wurden hier professionell gebügelt und Gardinen gespannt. Die meisten dieser Unternehmen wurden von Frauen geführt. Zwei Wäschereien überlebten bis nach 1945, der Bleichplatz hinter der Nummer 30 wurde bis in die 50er Jahre genutzt. In solchen Großwäschereien hielt die Technik zuerst Einzug: Dampfkessel und Zentrifugen, Heißmangeln und Dampfbügelvorrichtungen erleichterten die schwere Arbeit und verkürzten die Wartezeit der Kunden (Hotels, Schulen, Krankenhäuser, Privathaushalte).

Die seit diesem Jahrhundert zu den meisten Häusern gehörenden Waschhäuser im Kellergeschoß erleichterten die Arbeit beträchtlich, sie ermöglichten rationellere Wege und verlagerten die Feuchtigkeit aus den Küchen in den dafür eingerichteten Keller. Die dazu notwendigen Absprachen untereinander entfielen jedoch mit dem Einzug von Halb- und später Vollautomaten in immer mehr Haushalten seit den 60er Jahren. Die Entwicklung der Haushalttechnik brachte nicht nur enorme Profite in der Elektroindustrie, sondern auch erhebliche Arbeitserleichterungen mit sich. Frauen, die das »Waschfest« noch kennen, möchten heute ihre Waschmaschine nicht mehr missen, auch wenn sie über die »kränkliche, verweichlichte Jugend heutzutage« den Kopf schütteln. Der Entwicklung zur Single-Gesellschaft kommt entgegen, daß jetzt selbst Männer diesen Teil der Hausarbeit übernehmen können, ohne sich zu übernehmen.

Die 1905 elektrifizierte Holzmangel von Brigitte Pardon auf der Rothenburger Straße 24 ist die letzte in der Dresdner Neustadt, die heute noch betrieben wird.
(Archiv Una Giesecke, Dresden)

Andererseits ist seither ein sprunghafter Anstieg der Hygienestandards und der Häufigkeit des Wäschewechsels zu verzeichnen, was mit »moralischer Sauberkeit« verknüpft wurde. Die Folge davon ist, daß Energieaufwand und Verschmutzungsgrad so sinnlich wie früher nicht mehr erfahrbar sind. Auch wenn heute Waschmittel als ökologisch angepriesen werden, belasten Kunststoffverpackungen, Weichspüler und Enzyme oder Überdosierungen die Umwelt weiterhin in hohem Maße.

Doch zurück ins Jahr 1857: In den Ratsarchivakten findet sich eine Beschwerde der Nachbarn der Witwe Siegel, die am rechten Elbufer unterhalb der alten Elbbrücke, zwischen Kanzleihäuschen und Palaisgarten, einen Wäschetrockenplatz betrieb, dessen Anblick angeblich *das feinere Gefühl für Sitte und Anstand* [3] verletze. Als der Rat der Stadt ihr deshalb ein Verbot erteilte, verlangte sie Entschädigung. Da der Rat nicht zahlen konnte und auch von den Besitzern der gegenüberliegenden Hotels und Gaststätten des Italienischen Dörfchens keine Beteiligung erhielt (denn deren Gäste nahmen keinen Anstoß an der aufgehängten Unterwäsche), nahm sie sich einen Rechtsanwalt. Dieser erklärte nun, daß schon Canaletto sich nicht an derartigen Anblicken gestört hätte, außerdem müßten dann auch unschöne Bauten, Dünger- und Kloakewagen, das öffentliche Nacktbaden vis á vis dem Belvedere und künstlerische Darstellungen unbekleideter Menschen verboten werden. Witwe Siegel erhielt recht. Nachdem die Nachbarn zweimal erfolglos Widerspruch eingelegt hatten, waren inzwischen sechs Jahre ins Land gegangen. Die Witwe war des ewigen Streitens müde geworden und verkaufte den Trockenplatz an einen ausgedienten Soldaten. Der Fiskus bot diesem nun gewisse Zugeständnisse an, damit er auf diese Nutzung verzichte. Er antwortete jedoch, eben deswegen habe er ja den Trockenplatz erworben: als kleine Einnahmequelle im Alter. Und so blieb alles beim alten.

Literatur / Quellen

[1] Herrad Schenk: Das Idealbild Schillers, in: Andrea van Dülmen (Hrsg.): Frauen - Ein historisches Lesebuch, München 1988, 6. Auflage 1995
[2] Die Union vom 2.9.1956
[3] Dresdner Geschichtsblätter 1933, S.129
[4] Museum der Arbeit (Hrsg.): Das Paradies kommt wieder... - Zur Kulturgeschichte und Ökologie von Herd, Kühlschrank und Waschmaschine, Hamburg 1993
[5] div. Adreßbücher Dresdens
[6] Gleichstellungsstelle der Landeshauptstadt Dresden (Hrsg.): Frauen in Dresden, Dresden 1994

Frauenerwerbsarbeit

Dresden verdankt seine Entwicklung vorwiegend politischen und natürlichen Gegebenheiten. Es war als Regierungssitz und Residenzstadt Wirkungsstätte zahlreicher Behörden und Anziehungspunkt für Fremde, nicht zuletzt der Kultur und schönen Lage wegen. Die im produzierenden Gewerbe tätigen Dresdner waren bis zum Zeitpunkt der Industrialisierung mehrheitlich mit der Eigenversorgung der ansässigen Bevölkerung und der Versorgung des Hofes beschäftigt, Handwerk und Kleingewerbe dominierten auf einem relativ begrenzten Markt.

Aufgrund der besonderen Bevölkerungsstruktur (Adlige, Beamte, Touristen und Rentiers) herrschte ein großer Bedarf an Dienstboten. Töchter ärmerer Familien dienten häufig in vermögenderen Haushalten. Diese Art, den eigenen Lebensunterhalt (meist bis zur Heirat) zu verdienen, war wegen der oft unwürdigen Arbeits- und Lebensbedingungen und der rechtlosen Stellung der Dienstmädchen nicht gerade heiß begehrt. Dankbar ergriffen die Frauen deshalb jede sich bietende Möglichkeit, diesem Schicksal zu entkommen.

So versuchten es die einen mit dem Feilbieten von heißen Getränken, die anderen im Kleinhandel mit Kurzwaren oder selbstgefertigten Arzneien und Handarbeiten - zumeist also Tätigkeiten, die von der Wohnung aus betrieben werden konnten. Denn in einer Zeit, wo es sich gehörte, daß die Frau im Hause ihr Wirkungsfeld hatte, während der Mann - mit Schiller gesprochen - *ins feindliche Leben hinaus* zog, galt außerhäuslicher Erwerb als Schande. Den unverheira-

Anzeige
(Lokalanzeiger für Dresden-Neustadt vom 1.4.1911)

teten Frauen blieben daher oft nur Stellen mit Familienanschluß wie Hauslehrerin, Gouvernante, Gesellschafterin oder Hausdame. Witwen eröffneten, wenn sie das Glück hatten, ein Haus oder eine große Wohnung geerbt zu haben, Fremdenpensionen, Gastwirtschaften oder Töchterheime, erteilten Privatunterricht in weiblichen Arbeiten, Sprachen oder Klavierspielen. Noch in den 20er Jahren dieses Jahrhunderts befanden sich allein in der Dresdner Neustadt Erziehungsheime für Töchter in der Bautzner Straße 21 (hier betrieb Rosa Keller das in der Anlage heute noch erkennbare Töchterheim Schwarz) oder in der Nordstraße 15 (Inhaberin: Gertrud Täuber). Die verwitwete Lehrerin Susette von Schaumberg führte ein Heimathaus für Schülerinnen der Neustädter Höheren Mädchenschule und der Frauenschule, und zwar gleich gegenüber auf der Weintraubenstraße 4.

Die meisten Witwen jedoch, die nach den Kriegen einen Großteil der Unterschicht ausmachten, waren, wenn sie krank und mittellos waren und mehrere Kinder zu versorgen hatten, auf die städtische Armenfürsorge und private Wohltätigkeit angewiesen. So stellten im Grunde seit dem späten Mittelalter Frauen etwa zwei Drittel der Armen in Europa, denn es fehlte fast allen - selbst den Lehrerinnen - eine solide Ausbildung. Hinzu kam die generell niedrigere, sprich: elende Entlohnung. Seit 1803 gab es in der Königsbrücker Straße 117 die städtische Arbeitsanstalt, die über ein Jahrhundert existierte und deren erklärter Zweck in der *zwangsweisen Unterbringung und Beschäftigung solcher arbeitsscheuer, vagabondierender und arbeitsloser Personen* beiderlei Geschlechts bestand, *welche ihre Familien böswillig verlassen, um sich anderwärts bettelnd oder trinkend herumzutreiben* [3]. So zählten eben auch Bettlerinnen und Dirnen neben den Krämerinnen, Hausiererinnen, Tagelöhnerinnen, Ammen, Hebammen, Hökerinnen, Näherinnen, Wäscherinnen, Manufakturarbeiterinnen und Kellnerinnen zur weiblichen Bevölkerung.

»Die Näherin und das Mittagsweibchen«

In der Vorstadt von Dresden, gegen die Heide hin, wohnte eine arme Näherin. Mit Mühe und Not konnte sie das niedrige Lehmhäuschen in Ordnung halten, denn die Leute zahlten schlecht... Garn und Zwirn aber waren teuer... Im Holzstall klafften zur Herbstzeit noch einige Lücken, denn der Sommer war leider recht kalt und naß gewesen. Gustl ging deshalb fleißig ins Holz... Allabendlich zog der »Wilde Jäger« durch Wald und Heide und rüttelte so gewaltig an den Bäumen, daß die dürren Äste krachend zu Boden stürzten.

Wieder war Gustl mit ihrem Wägelchen ausgezogen und hatte es mit Knüppeln und knorrigen Ästen vollgeladen. Mühsam ging es auf den sandigen Wegen heimwärts. Da hörte Gustl plötzlich ein Geräusch hinter sich. Es klang, als ob jemand unter einer schweren Last keuche. Sie drehte sich um und sah eine alte Frau im weißen Leinenkleid, die ein Bündel Holz auf dem Rücken schleppte. Am Handwagen der Näherin machte die Alte Halt und warf das Bündel zu Boden: »Liebe Frau, wollt Ihr mir das Holz ein Stück des Weges tragen? Ein trockener Kiefernast hat mir die Wade wund gerissen. Ich will mir schnell das Bein verbinden.« Das Weibchen sagte dies mit einer weichen, angenehmen Stimme. Dabei setzte es sich an den Waldesrand und wickelte einen Leinenstreifen um die blutende Wunde.

Gustl war über die geisterhafte Erscheinung nicht wenig erschrocken. Doch als sie die gutmütigen Augen sah, faßte sie wortlos das Bündel und trug es hinter der humpelnden Alten her. An einer Wegbiegung blieb das Weibchen stehen: »Habt Dank für Eure Mühe und nehmt als Lohn hier diese Rolle Zwirn, Ihr werdet sie gut gebrauchen!« Dabei zog die Alte hinter ihrem weißen Schürzenlatz eine Rolle hervor und drückte sie Gustl in die Hand. Mit dankbarem Blick nahm die Näherin das Geschenk und ging zurück zu ihrem Wagen. Als sie ein paar Schritte gegangen war, sah sie sich scheu um, doch da war die weiße Frau... verschwunden...

Der Nähfrau war es, als ginge jetzt der Wagen viel leichter durch den Sand. Als sie daheim war,... dachte sie: »Du mußt doch gleich einmal den Zwirn versuchen, die Frau Amtsrichter wartet auf ihre Hemden.« Hei, wie die Nadel durch das Linnen flog. Das ging ja heute wie verhext. Und die Rolle nahm dabei gar kein Ende!
Von Woche zu Woche ging es von da an Gustl besser. Sie konnte Groschen um Groschen sparen. Im Frühjahr gaben Handwerker dem alten Häuschen ein neues Gewand. Die fleißige Näherin hütete aber weiterhin die Wunderrolle wie ihren Augapfel und bewahrte das Geheimnis bis zu ihrem Tode. [1]

Diese trostspendende idealisierte Darstellung der fleißigen und hilfsbereiten armen Näherin, die für ihre Güte noch in diesem Leben belohnt wird, enthält einige Hinweise, die das Leben dieser relativ großen weiblichen Berufsgruppe illustrieren. Schon 1595 wurden in einer Dresdner Kleiderordnung faule Mägde beklagt, *so niemandem dienen, auf dem Solde und auf der Bärenhaut liegen, sich mit Nähen, Krausen ausbrechen und Häkelei nähren.* [2] Nicht zu überhören ist hier der geringschätzige Ton gegenüber selbständig arbeitenden Frauen, die der gesellschaftlichen Rollenzuweisung als Dienende nicht entsprachen. Die Sage berichtet von *der Vorstadt von Dresden, gegen die Heide hin,* wo es *auf sandigen Wegen heimwärts* [1] geht. Es könnte durchaus die heutige Äußere Neustadt vor der Eingemeindung zu Dresden im Jahre 1835 gemeint sein. *Garn und Zwirn waren teuer* [1], heißt es, vielleicht ein Hinweis auf die Zeit der Kontinentalsperre. Die heute wieder aufkommende einfache und sinnvolle Lehmbauweise war zu jener Zeit typisch für die ärmeren Bevölkerungsschichten.

Wie lange sich noch heidnische Vorstellungen in den ursprünglich slawisch besiedelten Dörfern um Dresden hielten, beweist der Glaube an das Mittagsweib, bei dem es sich um jene Weise Frau handelte, die über Leben und Tod entschied, wenn sie einem Menschen in der Mittagshitze erschien. Erlöst war, wer eine Stunde lang über einen einzigen Gegenstand erzählen konnte.

Literatur / Quellen

[1]   Dietmar Werner (Hrsg.): Das Fegeweib vom Katzenstein - Frauen in der sächsischen Sage, Leipzig 1991
[2]   M. Bernhard Lindau: Geschichte der königlichen Haupt- und Residenzstadt Dresden, Dresden 1885

Hökerinnen

Bereits 1603 konstatierte eine Dresdner Marktordnung, *daß unter den Vorstädtern und anderen unvermögenden Töchtern keine mehr sich zum Dienst begeben wollen, sondern Hökelei unterwinden, alles auf den Dörfern aufkaufen und den Bauern zum Aufsatz (Vertheuern) genugsam Anleitung geben.* [1] Über die damit verbundene Verknappung des Dienstmädchenangebotes und dadurch notwendigen Lohnsteigerungen wurde seitens der Herrschaften oft geklagt. Für arme Frauen und Mädchen bot sich hier eine offenbar lohnende Alternative zur abhängigen Stellung als Dienstmädchen.

Weiter verfügte jene Marktordnung: *Dieweil durch die unartige und mißbräuchliche Hökerei große Steigerung eingerissen, ... so wollen wir ..., daß hierfüro niemands der Hökerei pflegen und dieselbe treiben soll; er sei denn Bürger und häuslich besessen, ... Dagegen aber die andern, so kein Bürgerrecht erlanget, vielweniger derselben Wittwen und Kinder, welche bei ihrem Leben nicht Bürger werden noch bürgerliche Pflicht tragen wollen, ... ihnen bei Verlust der Waaren ... verboten sein solle... und soll dabei die Hökelei vor allen Thoren verboten sein... Es sollen auch die Höken sich der Vorkauferei in und außerhalb der Stadt gänzlich enthalten ... auch auf freiem Markte nicht der Bürgerschaft vorgreifen, sondern mit ihrem Einkaufen bis 11 und 12 Uhr warten und innehalten, auch sich inmittelst bei keiner Bäuerin heimlich mit ihr zuschließen finden lassen.* [1] Die beklagte Preissteigerung war sicher nur der offiziell

Hökerin am Schwarzen Tor (heute Albertplatz)
(Der Sammler aller Merkwürdigkeiten in Beziehung auf Geschichte, Alterthum, Kunst, Natur und Gewerbe im Königreich Sachsen, Dresden 1838)

genannte Grund, aufs Schärfste gegen das Verhökern vorzugehen. Sicher standen hinter den unzähligen Verordnungen und Erlässen jene Kaufherren vom Altmarkt, die sich durch die Konkurrenz der vielen flexiblen Kleinhändlerinnen um ihren Gewinn gebracht sahen und bei den nebenan amtierenden Ratsherren Beschwerde führten.

Die Bindung dieses unerwünschten Gewerbes an das Bürgerrecht und das ausdrückliche Verbot der Hökerei vor den Stadttoren weisen daraufhin, daß es gerade für die außerhalb der Stadtgrenzen wohnenden Frauen lukrativ war, den Bauersfrauen aus der Umgebung entgegenzulaufen und ihnen die Waren zum Marktpreis abzukaufen. Jene freuten sich, Zeit und Wege einzusparen und die Hökerinnen lebten vom Angebot zumeist frischer Waren auch außerhalb der Marktzeiten. Auf diese Weise sicherten sich viele Frauen auf dieser Elbseite ihren Lebensunterhalt bis ins 19. Jahrhundert hinein:

Daß das Hökerwesen sich nach und nach sogar zu einer gewissen Blüthe erhob, zeigt der Anschlag des hiesigen Stadtraths vom 21. Juni 1785...: Aller gemachten Gegenanstalten und so öfters erfolgter Bestrafung ohnerachtet, hat die Hökerei auf dem Altmarkt dergestalt zeithero überhand genommen, daß die wirksamsten Mittel nicht von dem erwarteten Erfolg gewesen, vielmehr die Höker und Trödler mit der größten Unverschämtheit und dem strafbarsten Ungehorsam auf verschiedene Art den obrigkeitlichen Anordnungen entgegengearbeitet... [1] Man verhängte nun neben einer Beschlagnahme der Waren (wovon der Denunziant 25 %, den Rest Stiftungen erhielten) und Geldbußen sogar sechstägige Gefängnisstrafen, wenn Hökerinnen, denen der Markt ja sowieso verboten war, auf den Gassen oder vor den Toren aufgegriffen und als solche »entlarvt« wurden. Das war insofern nicht ganz einfach, weil z.B. auch Gartenbesitzerinnen aus der Vorstadt neben ihren eigenen Waren die von anderen Frauen mitverkauften. Eine wirksame Unterbindung konnte trotz aller Verordnungen nicht erreicht werden. Einhundert Jahre später blühte das Hökerwesen nach wie vor.

Abgesehen von diesen Zwischenhändlerinnen hat es natürlich immer Marktfrauen gegeben, die ihre Waren aus dem Dresdner Umland bezogen. Mit Tragekörben und Wägelchen kauften sie die Erdbeeren in der Lößnitz und den Spargel in Weinböhla ein und verkauften die Frischwaren auf dem Neustädter Markt. Erst mit dem Neubau der Neustädter Markthalle 1899 hielten Waren vom Großhandel Einzug. Die vielen Grünwaren-, Fleisch-, Wild- und Fischstände (davon allein 14 für gesalzenen und 4 für lebenden Fisch!) wurden in der Mehrzahl von Frauen - eben den traditionellen Marktfrauen - betrieben.

Literatur / Quellen

[1]   Dresdens Hökerwesen, in: Gewerbegeschichtliches, Sammelband 5, Dresden 1872
[2]   M. B. Lindau: Geschichte der königlichen Haupt- und Residenzstadt Dresden, Dresden 1885

»Das wendische Landgesinde - genügsam, treu und zäh«

Jahrhundertelang fand zum Jahreswechsel in Dresden der traditionelle Landgesindemarkt statt, bei dem es um den Vertragsabschluß fürs nächste Jahr ging und dessen krönenden Abschluß der Gesindeball im Ballhaus Bautzner Straße 35 bildete. Noch 1900 kamen zu Silvester wendische Mägde und Knechte zu Hunderten entlang der Bautzner Straße nach Dresden hinein gelaufen und gefahren. Viele hatten sich übers Jahr oder länger nicht gesehen und tauschten nun Neuigkeiten aus. Die als Wenden bezeichnete sorbische Bevölkerung aus der Gegend um Bautzen war zum größten Teil katholischer Konfession. Während der Arbeitsmarkt für die Knechte und Landarbeiter am Neujahrstag gegen nachmittag vor der Katholischen Hofkirche stattfand, befand sich der Sammelplatz für die weiblichen Dienstboten am 31. Dezember beim Neustädter Gasthaus »Zum Weinlaub«.

Wendische Amme
(J. Samuel Graenicher: Costumes de Saxe, Dresden um 1805)

Dieser althergebrachte Brauch des Gesindemietens auf ein Jahr lockte auch wegen der besonderen Trachten und Kleider Schaulustige an. Verheiratete und unverheiratete Frauen unterschieden sich dabei in der Kleidung dergestalt, daß bei den »Unter-die-Haube-Gekommenen« ein weißes Zwirnnetz darunter hervorlugte und sie ein zugeknöpftes (!) Leibchen statt des Mieders trugen. Agenten und Kommissionäre trugen die Ankommenden in Listen ein und schlossen für Arbeitgeber, die nicht selbst kommen konnten, Verträge ab, zu welchem Zweck sie *bereits den Tag vorher Kräfte und Fähigkeiten der Leute erkundeten.*[1] Doch auch die Brotgeber ließen es sich nicht nehmen, insbesondere bei den Viehmägden und Dienstbotinnen *die körperliche Beschaffenheit zu untersuchen.* [1] Ob daher das sprichwörtliche »die Haut zu Markte tragen« kommt?

Die Wendinnen wurden gern in der Hauptstadt beschäftigt, denn im Gegensatz zu den aufgeklärteren Stadtbewohnerinnen galten sie als *genügsam, arbeitsam, nicht eben flink, aber zäh, nicht zuvorkommend, aber ehrlich und treu.* [1] Dabei hatten sie den Vorteil, die bessere Landluft genossen zu haben, so daß sie *kräftig, gesund und wetterfest* [1] waren. Aus diesem Grund wurden die wendischen Ammen als Stillende für die Kinder Bessergestellter in der Residenz bevorzugt. Von dem Lohn konnten sie sich und ihr eigenes Kind ernähren und eine Ziehmutter (oft eine arme Witwe) bezahlen. Ihre Konfession und der Familienstand waren an der Kleidung ablesbar:

Die verheiratheten Wendinnen unterscheiden sich in ihrem Anzuge merklich von den unverheiratheten. Merkwürdig ist es, daß die Art der Falten im Rocke den Unterschied der Religion anzeigt. Die katholischen Wendinnen nähen die Falten aneinander, die lutherischen aber nicht. Das Kamisol der verheiratheten Weiber hat weite Ärmel und ist, gleich der Schürze, von gestreifter Leinwand. Den Mantel tragen sie bey gutem Wetter über dem Arme. Er ist mehrentheils von gelber Farbe. Sie vermiethen sich gern als Amme nach Dresden, wo man sie ihres stillen Karakters wegen den unverheiratheten Ammen vorzieht. Was ihre Qualität als Amme angeht, so zeichnen sie sich hierin sehr zu ihrem Besten aus. Sie sind von sehr gesunder Leibesconstitution, haben gute nahrhafte Milch und halten sich reinlich. Dieß macht natürlich, daß man sie gern annimmt. Auch bekommen sie in der Regel mehr Lohn, als Ammen aus Dresden oder der umliegenden Gegend. [2]

Literatur / Quellen

[1]   Leipziger Illustrierte Zeitung vom 19.1.1867
[2]   J. Samuel Graenicher: Costumes de Saxe, Dresden um 1805

Bademütter und Stuhlfrauen

1469 wurde zum ersten Mal eine »Wehemutter« in Dresden urkundlich erwähnt. 1501 erfolgte die Anstellung einer Hebamme in Alten-Dresden, ab 1532 waren hier zwei, ab 1567 dann drei Hebammen tätig, davon eine speziell für Pestkranke. Ihr Ruf muß gut gewesen sein, denn die Akten berichten, daß oft *in Unehren schwangere Weibspersonen, von Geburtsschmerzen überfallen, so vorm Lazarett gelegen und um Unterkunft gebettelt hatten.* [1] Der traditionelle und anerkannte Frauenberuf der Hebamme geriet im 17. Jahrhundert zunehmend unter männliche Kontrolle. So waren z.B. seit jener Zeit eine Prüfung der Berufsanwärterinnen durch den Stadtphysikus (leitender Amtsarzt) und das Ablegen eines Eides vorgeschrieben. Unter anderem gelobten sie darin, bei unehelichen Geburten für die Ermittlung des Vaters zu sorgen sowie keiner Frau Beihilfe zur Abtreibung zu leisten. 1749 trat der Hofchirurgus und Accoucheur August Christoph Langbein die von ihm selbst vorgeschlagene neu geschaffene Stelle eines Hebammenmeisters an, dessen Dienstpflichten und -rechte in der ältesten bekannten Dresdner Hebammenordnung vom 1. August 1764 festgelegt wurden.

Der Hebammenmeister sollte *nicht allein bei vorfallenden schweren Geburten den kreißenden Weibern und ihren Leibesfrüchten auf Erfordernis zu Hülfe kommen, sondern auch auf die ihm untergebenen Hebammen und Stuhlweiber ein wachsames Aufsehen haben, ... auch selbige zurechtweisen, wenn er wahrnimmt, daß eine oder die andere aus Unwissenheit, Fahrlässigkeit oder auch dem schändlichen Laster der Trunckenheit sich der Gebühr nicht verhalte.* [1] Außerdem hatte er *alle Jahre zur Winterszeit auf dem Theatro anatomico sämtlichen Hebammen und Stuhl-Weibern an einem verblichenen weiblichen Coerper alle Theile menschlichen Leibes* [zu] *erklären, auch die Funktion eines jeden.* [1]

Die Hebammen Dresdens wurden mit Hilfe dieser städtischen Festlegung samt und sonders auf diese Ordnung verpflichtet und dem Hebammenmeister unterstellt. Die Hebammenordnung begrenzte darüber hinaus die

Dresdner Hebamme
(J. Samuel Graenicher: Costumes de Saxe, Dresden um 1805)

Anzahl der in Dresden zugelassenen Hebammen auf 25. Offenbar war diese Einschränkung notwendig, weil sehr viele Frauen und Mädchen vom Lande, die sich in der Stadt einen besseren Lebensunterhalt erhofften, für dieses Gebiet Interesse zeigten.

Die in Dresden auch Pöpelfrauen genannten Hebammen trugen zu Beginn des 19. Jahrhunderts eine *sonderbare, fremdartige Tracht: Die Schleppe oder Haube ist aus reichem Goldstoffe, mit goldnen Spangen oder Tressen geziert, vornherum mit kostbaren Spitzen besetzt, und der goldne Schmuck, der an einem schwarzen Sammtbändchen am Halse hängt, oder statt dessen eine goldne Halskette, vollenden den Anzug, den die Bademütter, vermuthlich um desto leichter erkennbar zu seyn, so unabänderlich beybehalten... gewöhnlich wird sie bei ihren Geschäften noch von einer andern Frau unterstützt, die Stuhlfrau heißt, und eben so, nur etwas weniger kostbar, gekleidet ist.* [3] Jene hatten ihren Namen daher, daß sie den Gebärstuhl trugen. Sie sammelten praktische Erfahrungen in der Ausbildung bei »ihrer« Hebamme.

Stadtphysikus und Hebammenmeister prüften nach Vorlegung eines gerichtlichen Attestes ihrer Unbescholtenheit, ob die Bewerberin die *erforderlichen natürlichen Fähigkeiten, sowohl des Coerpers als des Verstandes besitze.* [1] Dem Hebammenmeister war eine Art Lehrgeld in der beträchtlichen Höhe von 10 Talern zu zahlen - eine Wäscherin verdiente 50 Taler im Jahr! Erst wenn eine Hebamme aus dem Beruf ausschied, konnte eine Stuhlfrau nachrücken, deren Lehrzeit somit häufig erst recht spät ein Ende fand.

1774 schließlich erfolgte die Gründung des ersten sächsischen Hebammeninstituts, welches seinen Sitz im Casernenflügel D in der Nähe des Bautzner Platzes fand. Hier erteilte der *Generalstabschirurgo der churfürstlichen Armee und Lehrer der Wundarztney* [1] Johann Christoph Wilde unentgeltliche Lektionen anhand von *zur Unterrichtung der Hebammen nöthigen schwangeren Personen* [1], was eine sogenannte Societatis Charitativae finanzierte. In der Mehrzahl benutzte man dazu die rechtlosesten unter den werdenden Müttern, die unehelichen.

Findelkinder

Das Problem des Umgangs mit ungewollten Schwangerschaften zog sich durch die Jahrhunderte. Bei einer Kirchenvisitation im Jahre 1671 war die Rede davon, *daß das Soldatenvolk die Sitten verdorben und viel uneheliche Kinder erzeugt hätte.* [6] Bei der Volkszählung von 1838, als Dresden 79.200 Einwohner hatte, wurden unter den 2.254 Geburten 505 uneheliche registriert, also fast jedes vierte Kind. Fünfzig Jahre später wohnten bereits 264.550 Einwohner in der sächsischen Hauptstadt; von den 8.588 in einem Jahr geborenen Kindern kamen 1.723 außerehelich zur Welt, das waren immerhin 20,1 %.

Da man der Tatsache offiziellerseits mit Geld- und Haftstrafen nicht »Herr« wurde, kam es zur Kriminalisierung. Abtreibung war verboten und auf Kindsmord stand die Todesstrafe. Eingangs des 19. Jahrhunderts war es daher verbreitet, unerwünschte

Kinder zwar auszutragen, diese mit gesellschaftlicher Diskriminierung, Stellenverlust und Verarmung verbundenen »Leibesfrüchte« dann aber auszusetzen, denn »schlimmstenfalls« wurde das Kind der Mutter wiedergegeben. Fand man ein solches Bündel noch lebend, ohne seine Eltern ausfindig machen zu können, so wurde es zum Stillen an Gefangene gegeben und dann auf einen Phantasienamen getauft, der meist an den Fundort erinnerte. Wie etwa Thimoteus Finsternis, der an der Prießnitzstraße aufgefunden wurde, oder Franz Haide, der 1805 in der Dresdner Heide ausgesetzt worden war. Johann Christian Neustädter fand man auf der Rähnitzgasse, Edward Schanzenbach 1815 in der Schanze vor dem Schwarzen Tor, Christoph Standmann am Goldenen Reiter und Christina Töpfer im Hause eines Töpfers auf der Hauptstraße. Sie alle kamen üblicherweise ins Findelhaus. Die Jungen begannen dann mit 15 Jahren eine Lehre, die Mädchen dagegen wurden im Alter von 12 Jahren in Dienste gegeben.

Hundert Jahre später

In den 20er Jahren dieses Jahrhunderts erhielten die Hebammen dann zwar Niederlassungsfreiheit, unterstanden aber nach wie vor ärztlicher Aufsicht und mußten sich in regelmäßigen Abständen einer Prüfung ihrer körperlichen, geistigen und fachlichen Befähigungen unterziehen. Schwangere und Frauen, die unehelich geboren hatten, wurden zur Ausbildung nicht zugelassen. Strengste Bestimmungen galten der Meldepflicht von Kurpfuscherei.

Durch die Not der einkommensschwachen Schichten gerieten auch die Hebammen in Armut. 1925 lagen die Kosten für eine Geburt zwischen 25,- und 30,- Mark. *Es ist z.B. vorgekommen, daß im Asyl für Obdachlose Entbindungen stattgefunden haben, ... Als sie die Rechnung dem Fürsorgeamt vorlegte und um Erstattung des Betrages bat, sind ihr 13,50 Mark als Hilfe zuteil geworden... Es kommt sehr oft vor, daß die Hebammen, wenn sie überhaupt gesucht werden, was schon selten vorkommt, die Bezahlung nur mangelhaft oder gar nicht erhalten, ja, es ist schon vorgekommen, daß man die Hebamme in natura entlohnt hat, weil die betreffenden Familien das Geld nicht aufbringen konnten.* [5]

Sie waren daher gezwungen, so viele Entbindungen wie möglich zu übernehmen. Durch die zahlreichen Besuche und ständige Bereitschaft Tag und Nacht waren die Hebammen nach 20 bis 25 Jahren völlig erschöpft. Da es für sie aber keine Versicherung oder Krankenkasse gab, mußten sie weiterarbeiten, denn Rücklagen konnten sie kaum ansparen. Dem Stadtverordnetenkollegium waren die Nöte der Hebammen zwar seit 1884 offiziell bekannt, aber abgesehen von der Festlegung eines an bestimmte Bedingungen geknüpften Mindestgehaltes von 75,- Mark änderte sich kaum etwas. Mithilfe des Gutachtens eines Stadtbezirksarztes, der Gerüchte anführte, wie etwa, *es wäre geklagt worden, daß es auch unfreundliche Hebammen gäbe, die sich nachts verleugnen lassen würden, wenn es sich um arme Leute handle* [5], lehnte der Stadtrat 1925 die vom Dresdner Hebammenverein vorgeschlagene kommunale Anstellung der 97 Dresdner Hebammen ab.

Hebammentaxe

für den Freistaat Sachsen

herausgegeben am 1. Juli 1919 vom Ministerium des Innern.

———

1. Für die Hilfe bis zu 12 Stunden Dauer bei einer natürlichen Geburt . . . . **9—30 Mark**
2. Desgleichen bis zu einer Dauer von 12 Stunden bei einer Mehrlingsgeburt . . . . **10,50—37,50 Mark**
3. Für eine natürliche, aber sich verzögernde Geburt, bei welcher die Hebamme länger als 12 Stunden zugebracht hat, **12—45 Mark** und wenn die Hebamme länger als 24 Stunden zugebracht hat . . . . **18—60 Mark**
4. Für eine Geburt, welche durch den Geburtshelfer beendet worden ist, falls Ziffer 2 oder 3 nicht einschlagen, **10,50—30 Mark**
5. Für die Untersuchung einer schwangeren oder nicht schwangeren Person, einschließlich des schriftlichen Zeugnisses hierüber . . . . **1,50—4,50 Mark**
6. Für Beibringung eines Klistiers oder einer Einspritzung in die Geschlechtsteile oder das Abnehmen des Urins mittels Katheters bei Wöchnerinnen . . . . . **—,75—3 Mark**

   Anmerkung: Diese Verrichtung bei Gebärenden wird nicht besonders bezahlt.

7. Für jeden im Lehrbuche vorgeschriebenen und für jeden außerdem verlangten Besuch einer Wöchnerin und für das Wickeln, Baden oder Waschen des Kindes
   a) bei Tage . . . . **—,90—3 Mark**
   b) bei Nacht (10 Uhr abends bis 6 Uhr früh) **1,80—4,50 Mark**
8. Für eine Tagwache . . . . **3—7,50 Mark**
   Für eine Nachtwache . . . . **6—15 Mark**

Leserzuschrift
(Dresdner Neueste Nachrichten vom 31.5.1995)

Literatur / Quellen

[1] Ordnung für den Hebammenmeister und die Hebammen in Dresden vom 1.8.1764, Stadtarchiv Dresden
[2] Leipziger Intelligenz-Blatt 1775, S. 417 ff.
[3] J. Samuel Graenicher: Costumes de Saxe, Dresden um 1805
[4] Verband der weiblichen Handels- und Büroangestellten (Hrsg.): Jahrbuch der Frauenarbeit, Band 3, Berlin 1927
[5] Stenographische Sitzungsberichte des Stadtverordnetenkollegiums, 11. bzw. 16. öffentliche Sitzung 1925
[6] Mitteilungen des Roland, Heft 27, Dresden 1942

Leidenschaftlich auf der Bühne und im Leben -

die Sängerin Wilhelmine Schröder-Devrient

In einer Hamburger Schauspielerehe erblickte Wilhelmine Schröder am 6. Dezember 1804 das Licht der Welt. Ihre Mutter Sophie Schröder, selbst ein Schauspielerkind, hatte mit 12 Jahren bereits ihre erste Liebhaberin-Rolle gespielt und 14jährig einen Sänger und Schauspieler geheiratet. Im tragischen Fach war sie als Heroine am Wiener Burgtheater unerreicht. Ihre strenge, tiefernste und schonungslos ausbrechende Leidenschaftlichkeit gab sie an die Tochter weiter.

Wilhelmine wuchs in Wien auf, wo sie mit 12 Jahren ihre erste Rolle im Ballett erhielt. Sie nahm Gesangsunterricht und debütierte als Schauspielerin am Hofburgtheater mit 15 Jahren. Im Jahr darauf sang sie die Partien der Pamina und der Agathe, 17jährig verhalf sie als Leonore dem »Fidelio« zum Durchbruch. Der damals bereits taube Beethoven soll ihr nach der Vorstellung mit dem Versprechen zu Füßen gelegen haben, eine Oper eigens für sie zu komponieren.

1822 kamen Mutter und Tochter auf Einladung von Carl Maria von Weber, der sie in Wien in seinem »Freischütz« erlebt hatte, nach Dresden. Auf dem Linckeschen Bade an der Bautzner Straße spielte Wilhelmine Schröder die Emmeline in der »Schweizerfamilie«. Das Linckesche Bad war 1766 außerhalb der Stadt mit Lustpark, Orangerie und Theater angelegt worden. Im Sommer gab das fahrende Volk der hier durchreisenden Schauspieler Vorstellungen, die den engen Rahmen des königlichen Hoftheaters gesprengt hätten. 1788 hatte hier beispielsweise eine Madame Wäser mit ihrer Truppe gastiert, deren Palette von Oper und Operette über Ballett bis hin zu Deklamationen reichte. In einer Saison führte die vielseitige Directrice, Regisseurin und Schauspielerin damals Goldsmith, Mozart und Montsigni auf, was Aufsehen erregte, da man am Dresdner Hoftheater derartiges nicht zu sehen bekam.

Ähnlich muß es auch bei Wilhelmines Auftritt gewesen sein. Sie war vom Fleck weg vom Generalmusikdirektor Wolf August von Lüttichau ans Königliche Hoftheater engagiert.

Porträtzeichnung
(Archiv der Sächsischen Staatsoper, Dresden)

Sicher war auch diese Entscheidung von dessen Frau Ida beeinflußt, die im Mittelpunkt eines der frühromantischen Salons *als silberner Schatten unwirklich, aber stets fühlbar durch die Zeit Webers und Wagners gleitete,... sie war der gute Geist der musikalischen Genien, das seelische Zentrum unzähliger menschlicher Beziehungen im Dresden der ersten Jahrhunderthälfte.* [2]

In Dresden lernte Wilhelmine Schröder den damals 26jährigen Schauspieler Carl August Devrient kennen und heiratete ihn 1823. Sie zog zu ihm in die Seegasse und schenkte vier Kindern das Leben, ohne ihre Karriere zu unterbrechen. So sang sie u.a. die Donna Anna, die Euryanthe, die Norma, die Desdemona und den Romeo. In Berlin, Paris, London ebnete sie den Opern Webers und Wagners im In- und Ausland den Weg zur Bühne. Im Rausch der Erfolge, die sie in Paris feierte, kam ihr Dresden oft kleinlich, höfisch und eng vor. Richard Wagner schrieb die Venus im »Tannhäuser« speziell ihr auf den Leib. Mit dieser und anderen glanzvollen Partien in »Rienzi« und »Der fliegende Holländer« setzte sie Höhepunkte in ihrer Laufbahn und führte die Dresdner Uraufführungen zum Erfolg. Ihr Vorbild bewirkte schließlich den Übergang vom naiven Singen zum bewußten Darstellen auf der Opernbühne.

Als sie ihrem Mann eines Tages einen Seitensprung reuevoll gestand, reichte dieser - juristisch voll im Recht - die Scheidung ein und verweigerte ihr den Zugang zu den Kindern, wofür sie ihn seither glühend haßte. Mit seiner Selbstgerechtigkeit und Härte hatte Carl A. Devrient sich jedoch moralisch so unmöglich gemacht, daß er das gesamte Dresdner Theater gegen sich hatte und es 1834 verlassen mußte.

Im Jahre1842 lernte Wilhelmine Schröder-Devrient einen Offizier von Döring aus der Neustädter Garde-Caserne kennen, einen Spieler und Heiratsschwindler. Sie war ihm aber sexuell so hörig, daß sie beim Unterzeichnen des Ehevertrages nicht einmal hinschaute und ihm damit ihr gesamtes Vermögen und die halbe Pension überschrieb.

Vielleicht auch eingedenk der unbegründeten Vorwürfe aus erster Ehe, die Kinder aus beruflichen Gründen vernachlässigt zu haben, brach sie 1847 ihre Karriere ab. Finanziell und gesundheitlich war die Sängerin ruiniert. Erst 1849 gelang es ihr mit Hilfe von Freunden,

Wilhelmine Schröder als Fidelio
(Archiv der Sächsischen Staatsoper, Dresden)

sich von dieser Ehe loszukaufen. In ihrer exzentrischen Leidenschaftlichkeit machte sie das Leben zur Bühne und umgekehrt. Etwa beim Maiaufstand in Dresden feuerte sie die Massen vom Erker über der Löwen-apotheke am Altmarkt herab lautstark an. In dem Moment, als sie die Revolutionäre in die einzig sinnvolle Richtung, zum Schloß, schickte, zog sie jemand ins Innere der Wohnung zurück, sie wurde verhaftet und mit Stadtverbot belegt. Der König - ein Bewunderer ihrer Stimme - ließ jedoch das Verfahren gegen sie später niederschlagen.

Ein Jahr später heiratete sie den livländischen Edelmann Heinrich von Bock. Diese dritte Ehe nun war endlich glücklich. Sie kehrte an die Bühne zurück. Als erfahrene Meisterin der Regie voller überlegener Bühnenintelligenz, deren leidenschaftliche Eifersucht keine Konkurrentinnen duldete, erlebte sie nun aber - wie der Bürger meinte - *die Tragik der alternden Künstlerin, die sich mangels Gelegenheit zu offen ausgespielten geistig-sinnlichen Verführungskünsten und in den*

Titelseite der Devrient-Memoiren (Peter Schalk [Hrsg.]: Wilhelmine Schröder-Devrient: Memoiren einer Sängerin, Wilhelm Heyne Verlag, München 1972, 7. Auflage von 1977)

Witz um Toilettengeschichten flüchtet. [1] Doch heimlich durchschmökerte man fasziniert ihre Memoiren, die erst zwei Jahre nach ihrem Tod und damals noch anonym erschienen und zum Bestseller des Jahrhunderts in der deutschen erotischen Literatur avancierten.

Über 70 Bühnenrollen hat Wilhelmine Schröder-Devrient ausgefüllt, darunter in Werken Mozarts, Rossinis, Glucks und in Erstaufführungen Webers, die sie mit ihren ausdrucks-starken sängerischen und schauspielerischen Interpretationen genauso wie die Wagner-schen Opern zu Triumphen geführt hatte. Sie verbrachte den Rest ihrer Tage auf Reisen. Mit Schumanns »Ich grolle nicht«, das er ihr gewidmet hatte, nahm sie 1859 endgültig Abschied von der Bühne. Am 26. Januar 1860 starb die *größte Gesangstragödin der deutschen Bühne* [1] an Krebs bei ihrer Schwester in Coburg. Ihr Grab befindet sich aber auf dem Dresdner Trinitatisfriedhof, weil sie Dresden als ihre geistige Heimat ansah. Am ersten Rang des Opernhauses befindet sich ein Porträtmedaillon dieser gefeierten Primadonna des 19. Jahrhunderts.

Literatur / Quellen

[1]   Ludwig Eisenberg: Großes Biographisches Lexikon der deutschen Bühne, Leipzig 1903
[2]   Hans Schnoor: Dresden - 400 Jahre deutscher Musikkultur, Dresden 1948
[3]   Stadtlexikon Dresden A-Z, Dresden 1994
[4]   Sächsische Zeitung vom 9.5.1988
[5]   Dresdner Neueste Nachrichten vom 16.1.1995

Isoliert und rechtlos - die Dienstmädchen

Um 1900 gab es über 14.200 Dienstboten in Dresden, von denen die meisten zugewandert waren. Während die Dresdnerinnen nach unabhängigeren Erwerbsmöglichkeiten strebten, strömten aus der Oberlausitz, Schlesien und Böhmen die »Ostermädchen« (die nach Abschluß der Volksschule zu Ostern in Stellung gehen wollten) in Scharen in die sächsische Hauptstadt, wo sie sich ein leichteres und freieres Leben erhofften als auf dem Lande. Doch noch bis ins 20. Jahrhundert hinein galt für sie die Gesindeordnung vom 10. Januar 1835:

- das Dienstmädchen muß treu, fleißig, aufmerksam, gesittet und anständig sein, außerdem reinlich, ehrerbietig, gottesfürchtig und verträglich,
- es soll keinen Aufwand treiben, nicht naschen, klatschen, stehlen, nach dem Willen und der Anordnung der Herrschaft arbeiten, Dienst ohne zeitliche Begrenzung für die Herrschaft, für alle Familienmitglieder und Gäste leisten,
- die Herrschaft beaufsichtigt und erzieht das Dienstmädchen, es darf nicht ohne Erlaubnis ausgehen und kann gegebenenfalls gezüchtigt werden.

Die Herrschaft verpflichtete sich dagegen, den vereinbarten Lohn pünktlich zu zahlen und für gute, sättigende Speisen zu sorgen. Die Art der Unterbringung war nicht geregelt, so daß es nicht wundert, wenn Katharina Schevens Mann noch zu Beginn dieses Jahrhunderts feststellte: *Leider ist es noch kein seltner Fall, daß die Herrschaften ihre Mädchen in Räumen schlafen lassen, die jedes frischen Luft- und genügenden Lichtzutritts entbehren! In dumpfen Vorsaalkammern, mitunter selbst ohne Fensterchen, das auf die Treppe führt, müssen die Mädchen nach anstrengendem Tagewerk die Nacht zubringen: Staub... und stickige heiße Luft brüten in diesen Alkoven Nervenschwäche und Bleichsucht aus.* [1]

Die proletarische Presse berichtete des öfteren als Gegendarstellung zu den in den bürgerlichen Zeitungen abgedruckten Klagen der »gnä' Frauen« über die tatsächlichen Zustände, so z.B. nachzulesen in der Sächsischen Arbeiterzeitung Nr. 140 von 1906:

Dienstboten-Los
Wir berichteten vor einiger Zeit über einen Prozeß, der vom Vater des Hausmädchens K. hier gegen den Baumeister Fichtner in Dresden vor dem Oberverwaltungsgericht anhängig gemacht war. Die K. war ein halbes Jahr bei Fichtners in Dienst gewesen. Sie kündigte und verließ mit einem anderen Mädchen 1905 diese mehr als unangenehme Stellung. Die »Herrschaft« rächte sich nun damit, daß sie im Dienstbuche der K. nur den Tag des Eintritts und den des Austritts vermerkte, den Zusatz, daß das Mädchen »ehrlich und fleißig« gewesen sei, aber verweigerte sie mit der Begründung, sie könnte ein derartiges Zeugnis nicht verantworten. Der Vater des Mädchens wandte sich darauf an die Polizeibehörde; diese stellte Erörterungen an, die offenbar für die Herrschaft nicht gerade günstig ausgefallen zu sein scheinen, denn der Dienstherr erklärte sich darauf bereit, das Wort »ehrlich« dem Zeugnis hinzuzufügen. Die Mädchen wurden in der Beköstigung sehr knapp gehalten. Eines Tages hatte die K. wieder großen Hunger,

den sie sich damit stillte, daß sie ein altes Dreierbrötchen, das für die Hühner der Herrschaft bestimmt war, an sich nahm und es verzehrte. Wegen dieses Brötchens wurde das Mädchen von der Herrschaft des Diebstahls beschuldigt.

Schließlich erbot sich der Dienstherr noch, in das Dienstbuch einzutragen, daß das Mädchen auch fleißig gewesen sei, bestand aber auf dem Zusatz: in den letzten 4 Wochen mit seinen Leistungen zurückgegangen. Der Vater des Mädchens beschritt darauf den Klageweg...

Nun kam die Sache bis vor das Oberverwaltungsgericht... Er verlangte ein gänzlich neues Zeugnis, da die Art, wie das Wort »ehrlich« nachgetragen worden sei, sofort jede neue Herrschaft erkennen lassen müsse, daß hier etwas nicht in Ordnung gewesen sei. Zum Beweise dafür, daß seine Tochter nicht die einzige sei, mit der der Dienstherr in dieser Weise verfahren sei, beantragte der Kläger die Ladung von 11 Mädchen, die bei F. innerhalb kurzer Zeit in Dienst gestanden haben und denen es ähnlich ergangen sei...

Schon durch Vernehmung der ersten Zeugen nahm die Sache eine so ungünstige Wendung für die Fichtners, daß der Vorsitzende des Gerichts den Leuten eindringlich riet, mit dem Kläger sich zu vergleichen. Die Zeugin bestätigte die früheren Angaben, daß sich die Dienstmädchen bei Fichtners oft nicht sattessen konnten...

So haben die Dienstboten einmal ein Gericht aus Krautblättern bekommen, das nicht einmal die Hühner mochten, als es ihnen hingeworfen wurde. Von den Kindern der »Herrschaft« sind die Dienstboten ebenfalls nicht wie Menschen behandelt, manchmal sind sie sogar geschlagen worden.

Nach Vernehmung dieser einen Zeugin hielten es denn auch die Verklagten in ihrem eigenen Interesse für geboten, einen Vergleich einzugehen, in dem ziemlich kleinlaut

Küche im Diakonissenhaus
(Archiv der Diakonissenanstalt, Dresden)

nachgegeben wurde. Neben Ausstellung eines richtigen Zeugnisses übernahm die verklagte Partei sämtliche Kosten und Auslagen, außerdem verpflichtete sie sich, an das Mädchen für gehabte Scherereien usw. eine Buße von 50 Mark, an den Vater, den Vertreter der Klage, 30 Mark zu zahlen...

Diesen Fall, der keineswegs vereinzelt ist, kann sich der Briefkastenmann der Dresdner Nachrichten zur Notiz nehmen. Er hat dann recht wertvolles Material, wenn er wieder einmal über die wachsende Begehrlichkeit und Unzufriedenheit, über den Geist der Auflehnung der Dienstboten schreiben will.

Eine Lösung der Dienstbotenfrage sahen viele damit befaßte Organisationen (von denen die meisten wiederum zum größten Teil weibliche Mitglieder hatten) in der Unterbringung, Stellenvermittlung und Ausbildung der Mädchen. Die Fürsorge für Dienstmädchen in Stellung bestand in der 1854 gegründeten städtischen Dienstboten-krankenkasse, die fast alle Leistungen übernahm außer eventuell anfallenden Geburts-kosten.

Für diese Fälle gab es eine Zufluchtsstätte in der Ziegelstraße 13 für Erstgebärende und ihre Neugeborenen, außerdem das Ermelhaus der Wohlgemeinten Stiftung (Oberlößnitz). Dort fanden bedürftige, unglückliche Mädchen bei ihrer ersten unehelichen Geburt Aufnahme und Hilfe. Die Anstalt öffnete am 5. Mai 1885 ihre Pforten, bis 1892 suchten hier 116 Mütter Unterstützung. Die meisten unter ihnen waren Dienstmädchen. Aus den Akten geht ein Fall hervor, wo ein Mädchen im Alter von 15 Jahren von ihrem Pflegevater verführt worden war.

Die jungen Mütter konnten höchstens vier Monate bleiben, sie erhielten während ihres Aufenthaltes eine Ausbildung in häuslichen Arbeiten. Viele von ihnen gingen danach wieder in Stellung, ihre Kinder mußten sie in diesem Falle häufig der Anstalt zur weiteren Pflege überlassen. Diese versuchte, die Überlebenden (*25 Kinder waren an Lebensschwäche gestorben, 7 todgeboren*) [2] entweder Verwandten an Kindes Statt zu geben oder anderweitig ein Unterkommen für sie zu finden, um zu verhindern, daß sie der Heimatbehörde übergeben werden mußten, wo sie *von dieser an den Mindestbietenden »zur Versorgung«, wie man zu sagen pflegt, abgegeben wurden. Traurige, tiefbetrübende Erfahrungen auf diesem Gebiet trieben ins Gebet... und Gott der Herr hat herrlich geholfen!* [2] 1891 wurde das Kinderheim Nazareth auf der Räcknitz-straße 12 in Plauen eröffnet, wo die Kinder nun davor bewahrt blieben, in Hände zu geraten, *die allein der Eigennutz zur Uebernahme der Kinder bewegt.* [2]

Die meisten Dienstmädchen träumten von einer »weißen Hochzeit«. Einen Mann und damit auch einen Ernährer »abzubekommen« war auch deshalb wichtig, weil nach dem herrschenden Moralkodex ein unverheiratetes Mädchen ab 22 Jahren den einzigen akzeptablen Sinn des Lebens, nämlich zu heiraten und Kinder zu bekommen - und zwar nur eheliche! - verpaßt hatte und als »alte Jungfer« abgetan wurde. Andererseits gehörte neben der Unbescholtenheit - im Lehrerinnenberuf war bis ins 20. Jahrhundert hinein ein schriftliches Polizeizeugnis darüber Voraussetzung für die Einstellung - eben auch eine Aussteuer und für die »Kandidaten« ein gesichertes Einkommen dazu. Kein Wunder also, daß die Dienstmädchenbälle im Ballsaal Bautzner Straße 35 oder in der »Reichskrone« an der Königsbrücker Straße/Ecke Bischofsweg ganz ähnlich den

Achtung!

Prachtvoller schatt. Garten, angenehmer Aufenthalt

Bautznerstraße 35,

Ballhaus.

Jeden Mittwoch u. Freitag

grosses
Garten-Concert.

Eintritt frei.

Hochachtungsvoll
T. Ruhland.

Anzeige Ballhaus Bautzner Str. 35
(Dresdner Nachrichten vom 6.6.1895)

Bällen der gehobeneren Schichten natürlich auch der Eheanbahnung dienten. Sie stellten andererseits oftmals die einzige Abwechslung im harten Alltag der jungen Mädchen dar, was ihnen dann auch noch oft als Putz- und Vergnügungssucht angelastet wurde.

Nicht selten waren Dienstmädchen den Nachstellungen ihrer Dienstherren, der Hausgäste und Bürgersöhne ausgesetzt. Wurde ein Dienstmädchen schwanger, mußte es mit Entlassung rechnen. Unbescholtenheit - wozu noch viele auch die Bewahrung der Jungfräulichkeit rechneten - war aber nicht nur eine Frage der weiblichen Ehre und damit der Chancen auf dem Arbeits- und Heiratsmarkt, sondern auch alleinige Sache der Frauen. Um sie also vor den Verlockungen der Tanzböden zu behüten, wurden gesellige Zusammenkünfte an den Sonntagnachmittagen von verschiedenen Vereinen organisiert, vorrangig von christlicher Seite.

Literatur / Quellen

[1] Paul Scheven: Veranstaltungen für Dienstboten und ihre Herrschaften, in: Allerlei aus und über Dresden, Dresden 1903
[2] Bericht über die Anstalt der Wohlgemeinten Stiftung, Dresden 1892
[3] Paul Roethig: Handbuch für Wohltätigkeit und Wohlfahrtspflege in Dresden, Dresden 1906

»Der Herr möge alle meine eigenen Wege zuschanden machen« -

die Diakonissen

Die ersten Diakonissen in der christlichen Urgemeinde waren zumeist über 60jährige Witwen. Sie pflegten die Kranken und Gefangenen, bewirteten Pilger und Fremde, bildeten Katechetinnen aus und beaufsichtigten die Frauen im Gottesdienst. Diese Hüterinnen der Vorhöfe versahen auch den Leichendienst. Im 12. Jahrhundert wurden sie durch die öffentliche Armenpflege abgelöst. Erst im Jahre 1836 eröffnete in Kaiserswerth wieder eine Diakonissenanstalt, die bald überall in Deutschland Nachahmung fand.

So auch auf Schloß Wechselburg zwischen Dresden und Leipzig, wo die dortige Gräfin Amalie von Schönburg-Wechselburg 1843 eine solche Anstalt gründete. Frauen, die sich aus eigenem Willen für ein Berufsleben und gegen eine Heirat entschieden hatten, wurden damals heftig angefeindet. So sah sich die Gräfin veranlaßt, abwiegelnde Werbeschriften zu verfassen, in denen sie der Männerwelt *das anspruchslose, selbstverleugnende, fromme Wirken edler Frauen, die sich diese Aufgabe zum Lebensberuf machen,* ans Herz legte. Sie argumentierte, daß damit *endlich für die unverheiratete Frau der Weg gefunden sei, kostbares Gut an Kräften des Leibes und der Seele, das bisher vielfach brachgelegen hatte, nun auszuwerten für den Dienst am Volk.* [2] Wie nötig die Krankenpflege und Erziehungsarbeit an Kindern und Verwahrlosten in der ersten Hälfte des vorigen Jahrhunderts gewesen sein muß, belegen Textstellen, wo sie die herrschende Not und rohe Sitten aus mangelnder Bildung beklagt. *...es ist ein großes Elend, aus Mangel an Pflege und Mitteln einen siechen Leib durch das Leben zu schleppen... Die Männer in der Schenke, die Weiber klatschend oder keifend beisammen, beide Teile träge, unwissend, unverträglich - woher sollen da Friede und Wohlstand kommen?* [2] Ja, sie ging soweit, Männern diejenigen Frauen zur Heirat zu

Diakonissenanstalt
(Postkarte um 1900 - Archiv der Diakonissenanstalt, Dresden)

empfehlen, die sich nach den üblichen Probejahren nicht für die Einsegnung entschieden: *wer drei Jahre lang dem Ich entsagend nur Gott und den Brüdern gelebt, in anhaltender Tätigkeit, regelmäßiger Ordnung sein Tagewerk bestellt hat, sollte die nicht als treuere Gattin, herzlichere Hausfrau, besonnenere Mutter, festere, frömmere Christin zurückkehren?* [2]

In dieser ersten Diakonissenanstalt Sachsens führte die Gräfin für die Schwestern eine Hausordnung ein, die u.a. besagte: *Sie bekommen kein Gehalt, dürfen keinerlei Geschenke annehmen, erhalten aber Kleider und freie Station, Versorgung im Alter und bei ihrem Austritt für jedes Dienstjahr 10 Taler... Der Tag beginnt im Sommer 1/2 4, im Winter 1/2 5 Uhr... Bei der Krankenpflege haben sich die Schwestern streng an die Vorschriften des Arztes zu halten, dessen Verordnungen sich in die Schreibtafel zu notieren und diese mit größter Pünktlichkeit und Gewissenhaftigkeit, zugleich aber auch mit aller Schonung, Zartheit, Geduld und Sanftmut auszuführen.* [2] Diese Regeln mißfielen offenbar den jungen Mädchen aus dem Erzgebirge: *Die ersten Schwestern hatten den Sinn des Diakonissenberufes doch nicht erfaßt, sondern nur an ihre Altersversorgung gedacht, deshalb versagten sie im Dienst und mußten entlassen werden.* [2] Obwohl die Anstalt noch einige Jahre bestand und sogar eine Kinderbewahranstalt und während einer Typhusepidemie eine Suppenküche unterhielt, kamen 1848 keine neuen Schwestern. *Zur selben Zeit brandeten die trüben Wogen der Revolution an die Mauern des Wechselburger Schlosses* [2] und ob des Undankes der Genesenen fühlte sich die Gräfin tief verletzt und wurde müde in ihrem Eifer. *Sie übergab das gesamte Inventar an Möbeln, Wäsche und Betten ... der Dresdner Diakonissenanstalt... 1849 wurde die Diakonissenanstalt Wechselburg geschlossen.* [2]

In Dresden hatte sich seit 1842 ein Kreis von zumeist adligen Damen um Ulrike von Leipziger gebildet. Diese stammte aus Großwelka und war auch durch ihren Mann mit den Gedanken der Herrnhuter Brüdergemeine in Berührung gekommen. Sie wohnte in der Antonstraße 3, später in der Alaungasse 62. Mit ihrer Idee der professionellen

Krankenpflege durch Diakonissen steckte sie nicht nur ihre Schwester und ihre Schwägerin Luise Oberst von Kirchbach an, sondern bewegte auch andere einflußreiche Frauen, sich dafür einzusetzen. So fanden sich um Ulrike von Leipziger u.a. die Gräfin von Hohenthal-Königsbrück, die Witwe von Brause oder Frau Oberst von Oppell aus der Königsbrücker Straße. Als Ulrike von Leipziger 1850 Witwe wurde, ging sie ins Hospiz der Diakonissenanstalt, wo sie 1873 starb.

Ida Duncker, die einzige Bürgerliche in diesem Kreis, wurde 1804 in der Nähe von Hamburg geboren. Ihr Hauslehrer Pastor Rautenberg hatte die zweite Ehe desjenigen

Ulrike von Leipziger
(Archiv der Diakonissenanstalt, Dresden)

Pastors Fliedner getraut, der für die Gründung des Kaiserswerther Diakonissenhauses so bekannt geworden war. Fliedner selbst jedoch betonte stets, daß seine zweite Frau die Diakonissensache mutiger befördere als er selbst. Die beiden Frauen führten einen engen Briefwechsel. Als Ida Duncker 1828 den Schwager ihrer Schwester heiratete, den Kaufmann Eduard Thode, der auch der Brüdergemeine angehörte, kam sie mit Ulrike von Leipziger in Kontakt. Ihre Schwester wohnte auf der Bautzner Straße 7 und arbeitete auch im Frauenkomitee mit. Ihr Mann hatte das Haus Bautzner Straße 20 (heutige Ecke Martin-Luther-Straße) erworben, so daß es nur ein kurzer Weg über den Hinterhof war, um in der Diakonissenanstalt, die sich anfangs noch auf der Böhmischen Gasse befand, nach dem Rechten zu sehen. Als Ehefrau eines Kaufmanns hatte Ida die Vereinsbuchhaltung übernommen. Daß diese ehrenamtliche Aufgabe sie jedoch derart in Anspruch nahm, daß ihr Gatte sich vernachlässigt fühlte, gab Anlaß zum Ehekrach. Er versuchte, seine Ansprüche auf Versorgung durchzusetzen, indem er tagelang nicht mehr mit ihr sprach. Dessenungeachtet arbeitete sie aber weiter 13 Jahre lang mit Unterbrechung im Vorstand. Ida Thode starb 1871.

Am 19.5.1844 hatte auf der Böhmischen Gasse 13 (heutige Nr. 30) die Diakonissenanstalt in einer angemieteten Etage den Betrieb aufgenommen. Für die etwas übereilte Eröffnungsfeier - Pastor Fliedner weilte gerade in Dresden - mußte man schnell vier Kranke »zusammenborgen«, doch es dauerte nicht lange, bis das Krankenhaus regen Zuspruch fand. Es war das einzige auf diesem Elbufer - und gerade in der Antonstadt wohnten viele arme und kranke Leute. Zwei Jahre später machte eine Unbekannte auf das Schenksche Grundstück an der Bautzner Straße aufmerksam, das daraufhin gekauft wurde. Die ersten beiden Schwestern kamen noch aus Kaiserswerth: Schwester Pauline Wuttge war mit 18 Jahren Diakonisse geworden, nachdem ihre Mutter gestorben war. Sie galt als tüchtig und sehr fromm: *Der Herr möge alle meine eigenen Wege zuschanden machen...,* *der bisher mich so väterlich geleitet hat, wird auch jetzt wissen, wozu er mich brauchen will.* [4] Einmal monatlich nahm sie mit den hinzugekommenen Probeschwestern die Hausordnung durch. Mit 29 Jahren starb sie. Schwester Caroline Schulze begann 23jährig, als zweite Hausmutter zu arbeiten, heiratete aber fünf Jahre später einen Missionar und schied aus.

In den Jahren der Restauration gelang es dem Geistlichen des inzwischen florierenden Frauenprojekts, Pastor Fröhlich, eine Statutenänderung durchzusetzen und die Frauen aus dem Vorstand zu drängen. Der erste männliche Vorstandsvorsitzende 1856 war Kabinettsminister Graf Detlef von Einsiedel, wohnhaft auf der Bautzner Straße, der dem Krankenhaus 12 Eisenbetten aus seinen Werken in Lauchhammer spendete. (Er war übrigens auch Präsident eines Missionsvereins, in dem er Heiden- und

Ida Thode
(Archiv der Diakonissenanstalt, Dresden)

37

Judenmissionsstunden einführte.) Er schaffte die Generalversammlung ab. Erst 1885 wurde wieder ein paritätischer Vorstand gewählt.

Zu den Aufgabenbereichen der Diakonissenanstalt gehörte die Grundausbildung für Schwestern, Behindertenarbeit, das Betreiben von Kleinkinderbewahr- und Epileptiker-anstalten, Alten-, Waisen- und Kinderheimen, der Missionsdienst, die Magdalenenarbeit, die Hostienbäckerei und Paramentenstickerei sowie die Altersversorgung der nicht mehr arbeitenden Schwestern im Mutterhaus. In Kriegszeiten oblag den Frauen die *mit zitternder Freudigkeit von ihnen erwartete* [3] Verwundetenpflege in den Lazaretten Dresdens und in den Frontgebieten, zugunsten derer die Kinderbewahranstalten fast alle geschlossen werden mußten. *Kein leichtsinniger Scherz war in Gegenwart der Schwestern von den Soldaten zu hören.* [7]

In der Wirtschaftskrise hatten die Diakonissen oft nicht einmal mehr Kohlen zum Heizen. Die Räume standen leer, bis Spenden aus Amerika, Christiania und Prag ein-trafen. 1927 begründete Schwester Dorothea Bauer die Krankenpflegeschule, die sie ab 1929 selbst leitete. In der Zeit der Massenarbeitslosigkeit gaben die Diakonissen kostenlos Mittagessen an Arbeitslose aus. Die Suppenküche befand sich in der Holzhof-gasse unter freiem Himmel, wo bis in den Oktober hinein täglich über 100 Portionen ausgegeben wurden. Darauf waren sowohl verarmte vornehme Herren, als auch abgerissene Gestalten und Obdachlose angewiesen.

Krankenpflegeunterricht
(Archiv der Diakonissenanstalt, Dresden)

Auch an der Diakonissenanstalt ging die NS-Zeit nicht spurlos vorüber. 1934 wurde *in Anwesenheit einer Fahnenabordnung der Ortsgruppe Dresden-Antonstadt der NSDAP eine Hitlereiche im Garten gepflanzt... Die im Kaiserswerther Verband zusammengeschlossenen Mutterhäuser wurden korporativ in die Deutsche Arbeitsfront eingegliedert... Eine Dresdner Diakonisse gehört dem Führerrat des Gaues Sachsen an.* [6] 1938 gestalteten die Schülerinnen der Marthaschule eine Sonderschau »Erziehung zur Hausfrau und Mutter«. Im selben Jahr wurde der NS-Frauenhilfsdienst zur Wohlfahrts- und Krankenpflege eingerichtet, der einige »Mädel« auch im Mutterhaus als Hilfsschwestern einsetzte. Ein Jahr später erhielt das Mädchenheim den Namen seiner Gründerin Hedwig Fröhlich. Mit Kriegsbeginn stieg der Bedarf an Kindereinrichtungen durch den Einstieg der Frauen in die Wirtschaft wieder stark an und auf dem Grundstück Holzhofgasse 4/6 entstand ein Vormittagskindergarten. 1940 wurde die Marthaschule geschlossen. 1941 mußten die Diakonissen die Kindererziehung an die Nationalsozialistische Volkswohlfahrt abgeben.

Während des Angriffs am 13. Februar 1945 retteten die Schwestern des Diakonissen-Krankenhauses sich und viele Kranke in den Prießnitztunnel. Bereits im Juni kam das erste Baby nach dem Krieg zur Welt. In den 50er Jahren wurde der Wiederaufbau durch die Aktion Sühnezeichen eingeleitet. Schwester Erna, die seit den 30er Jahren in der Küche gearbeitet hatte, hatte die Bauleitung und war für die Handwerker die »Mutter«, *die sich um alles, auch um ihre persönlichen Belange kümmerte.* [9] Sie lernte mit über 60 Jahren schließlich auf Hochdruckheizerin um und wurde 1991 mit dem Bundesverdienstkreuz geehrt.

Heute ist die Diakonissenanstalt das älteste und größte Frauenprojekt Dresdens. Gegenwärtig gibt es trotz der gelockerten Bekleidungsregeln kaum noch Neuzugänge bei den Schwestern, denn Zölibat und selbstlose unbezahlte Arbeit im kirchlichen Rahmen sind vielen jungen Mädchen ein zu enger Lebensentwurf. Den Diakonissen selbst hingegen ist die Gewißheit im Glauben, die Solidarität in der Gemeinschaft und die gesicherte Altersversorgung Beweggrund für ihre Entscheidung. Das war und ist zumindest eine mögliche Antwort auf die Suche nach Zugehörigkeit und Sinn.

Literatur / Quellen

[1]   Dresdner Anzeiger vom 16.11.1852
[2]   Heinrich Fröhlich: Phoebe - Jahrbuch christlichen Lebens, Dresden 1862
[3]   Sächsisches Kirchen- und Schulblatt vom 6.12.1866
[4]   Dr. Molwitz: Jubiläumsbericht der evangelisch-lutherischen Diakonissenanstalt zu Dresden, Dresden 1894
[5]   Die evangelisch-lutherische Diakonissenanstalt zu Dresden-Neustadt, Dresden 1927
[6]   Dresdner Nachrichten vom 29.3.1934
[7]   Dienst und Freude - Dresdner Diakonissenhauskalender, Dresden 1939
[8]   Kleine Chronik 1932-1941
[9]   Verein zur Erforschung der Dresdner Frauengeschichte und Kirchliche Frauenarbeit der Ev.-Luth. Landeskirche Sachsens (Hrsg.): Frauen in der Kirchengeschichte Sachsens, Dresden 1997

Prostitution

Mägdeherbergen gegen den Mädchenhandel

1867 erschien in Dresden eine Flugschrift zur Gründung einer *sicheren Zufluchtsstätte gegen die drohende Gefahr der sittlichen Verwahrlosung ... der Feiernden*, [1] wie Arbeitslose damals genannt wurden. Die Diakonissenanstalt, als Herausgeberin, hatte erkannt, daß *Hunderten von Mädchen in unserer Stadt die Dienstlosigkeit Ursache zum tiefsten Falle* sei. [1] Das Haus der daraufhin errichteten Mägdeherberge auf der Holzhofgasse 25/Ecke Wolfsgasse steht heute noch. Zu jener Zeit hielten sich etwa 11.200 Dienstmädchen in Dresden auf. Aufgrund des großen Andrangs stellte man bis zu 40 Betten in den Schlafsälen auf, so daß daneben nur noch Klappstühle und Hänge-wandschränke Platz fanden.

1897 wurde die Bahnhofsmission vom Verein der Freundinnen junger Mädchen ins Leben gerufen. Dieser Freundinnenverein unterhielt nicht nur eine Heimat für durch-reisende oder in Dresden arbeitende Mädchen, sondern bot auch Mittagessen für alleinstehende Mädchen und Frauen an. Außerdem unterhielten die Vereinsfrauen eine Stellenvermittlung und eine Unterstützungskasse für in Not geratene Mädchen und Frauen gebildeter Stände. Später beteiligten sich an der Bahnhofsmission auch der evangelische Jungfrauenverein, der Deutsch-Evangelische Frauenbund, der Katholische Frauenverein und der Frauenverein zur Fürsorge für die weibliche Jugend. Die in großen Scharen auf dem Neustädter Bahnhof eintreffende »Unschuld vom Lande« wurde von 8 Uhr bis 23 Uhr am 1., 2. und 15. jeden Monats von den Bahnhofsmissiona-rinnen empfangen, die an einem rosa Kreuz auf weißer Armbinde zu erkennen waren. Sie warnten die unerfahrenen Mädchen vor Männern, die ihnen tolle Angebote ver-sprachen, um sie dann in Bordells oder Animierkneipen abzuschleppen. Um diesem blühenden Mädchenhandel entgegenzuwirken, wiesen sie den Ostermädchen den Weg zu »ihren« Herrschaften. Bei Stellen- und damit Obdachlosigkeit sollte die Auf-nahme in verschiedene Häuser wie eben jene Mägdeherberge auf der Holzhofgasse, das Marthaheim auf der Nieritzstraße oder das Dienstbotenasyl auf der Lößnitzstraße verhindern, daß sie in bedenk-liche Hände gerieten.

Die Mägdeherberge der Dia-konissenanstalt entwickelte sich rasch von einer reinen Unterkunft zur Ausbildungs-einrichtung und Stellenver-mittlung. Im Anbau wurde bald darauf eine Krippe und

Holzhofgasse 25
(Archiv Una Giesecke, Dresden)

Nieritzstraße 11 (Archiv Una Giesecke, Dresden)

Kinderbewahranstalt untergebracht. Hier konnten die Mädchen ihre ersten Schritte in der Kinderpflege im 1872 gegründeten Kleinkinderlehrerinnenseminar erlernen. Zum Unterricht der Dienstmädchen gehörte Nähen, Kochen, Stubenreinigen und Servieren. Waschen lernten sie in der Waschküche der Mägdeherberge, die für die anderen Lehrinstitute und umliegende Pensionen arbeitete. Bis 1890 bestand diese Dienstbotenlehranstalt.

1920 wurde hier die Marthaschule eröffnet. Der Lehrplan sah Fächer wie Bürgerkunde, Lebenskunde, Sittenlehre, Privatlektüre, Stenographie, Nahrungsmittellehre, Säuglingspflege, Erziehungslehre, Buchführung, Turnen und Singen vor. Mit der Einführung der gesetzlichen Pflichtfortbildung für Mädchen wurde diese Schule 1927 zur gewerblichen Fachschule für Hausangestellte.

Eine weitere Einrichtung der Mägdeherberge war der Jungfrauenverein, der sonntags ab 16 Uhr Dienstmädchen, aber auch Fabrikarbeiterinnen und alleinstehenden Frauen offenstand, damit sie *vor den Versuchungen der großen Stadt möglichst bewahrt* [1] blieben. Hier sangen sie, lasen einander vor, spielten, gingen gemeinsam spazieren und kochten sich auf einem Petroleumkocher Kaffee. Von 1888 bis 1898 befand sich die Herberge in der Markgrafenstraße 29 und seit 1900 befindet sie sich auf der Nieritzstraße 11. Hier wurde ab 1908 außerdem ein Hospiz für alleinreisende Damen eingerichtet, daneben gab es seit 1910 die Sophienschule, eine einjährige Haushaltungsschule mit angeschlossener Pension. Noch heute wird an dieser Stelle das Hotel Martha-Hospiz betrieben.

Die katholische Entsprechung dazu war das 1873 mit Hilfe der Königin-Carola-Stiftung gegründete St.-Benno-Stift, das außerdem bis 1945 eine Volksküche unterhielt. Im Dienstbotenheim und späteren Pflegeheim Amalienhaus arbeiteten bis 1994 Schwestern vom Orden des Heiligen Karl Borromäus. Dem Asyl für stellenlose katholische Mädchen war ähnlich wie in der Mägdeherberge der Diakonissenanstalt eine Dienstvermittlungsstelle und Kinderbewahranstalt angeschlossen. Kindergarten

Lößnitzstraße 2-4
(Archiv Una Giesecke, Dresden)

und Pflegeheim werden bis heute auf der Lößnitzstraße 2-4 unterhalten. Anfang des Jahrhunderts war hier außerdem ein Mädchenhort und ein Asyl für verkrüppelte arme katholische Kinder. Auch hier traf sich sonntags ein Jungfrauenverein für römisch-katholische Glaubensgenossen. Der Kreisverband der evangelischen Jungfrauenvereine in Dresden und Umgebung unterhielt übrigens eine Walderholungsstätte Margarethen-park in der Dresdner Heide hinter dem Fischhaus und ein Erholungsheim in Moritzburg.

Literatur / Quellen

[1]   Flugschrift zur Gründung einer Herberge für weibliche Dienstboten, hrsg. von der evangelisch-lutherischen Diakonissenanstalt, Dresden am 20.5.1867
[2]   1. Bericht über die Arbeit der Herberge für weibliche Dienstboten, Dresden 1868
[3]   Paul Roethig: Handbuch für Wohltätigkeit und Wohlfahrtspflege in Dresden, Dresden 1906
[4]   Adreßbuch der Stadt Dresden 1920
[5]   Rechenschaftsberichte des Vereins der heiligen Elisabeth 1875 - 1911
[6]   Angaben des Direktors des Pflegeheims Lößnitzstraße 2-4

Mägdlein, steh auf - Magdalenenarbeit

Das 1865 von der Diakonissenanstalt gegründete Magdalenenasyl Talitha kumi (Mägd-lein, steh auf) in Niederlößnitz war die erste Anstalt in Dresden, die dem Zweck diente, junge Prostituierte aufzunehmen und von der »schiefen Bahn« abzubringen. Anfänglich konnten dort nur sechs Mädchen Aufnahme finden, kurze Zeit später er-folgte eine Erweiterung auf zwei Heime mit jeweils 18 Plätzen. Auf Betreiben der königlichen Polizeidirektion, der Fürsorgebehörden oder der Erziehungsberechtigten wurden »gefallene« und gefährdete Mädchen zwangsweise eingewiesen. Nicht alle Zöglinge hielten die strenge Erziehung zu tüchtigen Dienstboten aus, bei anderen ließ das Ergebnis der zweijährigen Ausbildung stark zu wünschen übrig. Rückfälle kamen immer wieder vor.

1869 wurde der Magdalenenhilfsverein als Zweig der Inneren Mission gegründet, der auch Zuweisungen an das Magdalenenasyl übernahm und eine Durchgangsstätte für aufgegriffene Mädchen auf der Dürerstraße 122 betrieb. Im Jahresbericht von 1913 hieß es über die Arbeit der Durchgangsstätte:

Darunter waren 52 Gefallene (von 101 aufgenommenen Mädchen). Dem Berufe nach waren es 20 Dienstmädchen, 14 Arbeiterinnen, je 3 Haustöchter, Lehrmädchen, je 2 Kellnerinnen, Näherinnen, Kontoristinnen, je 1 Verkäuferin, Kinderpflegerin, Aufwärterin, Packerin, Artistin, Magd. Zugeführt wurden 28 von Fürsorgebehörden, 14 von Angehörigen, 1 vom Verband für Jugendhilfe, 4 von der Polizei, 4 von dritter Seite, 1 Mädchen kam aus eigenem Antrieb.

Oft sind beide Eltern der Mädchen tot; oder die Mutter ist verstorben. Ein Teil der Mädchen ist unehelich geboren und hat die volle Familienerziehung entbehrt; dort ist die Frau geschieden; hier lebt sie schon seit Jahren vom Manne getrennt. Der Vater dieser hat sich entleibt, bei jener sitzt er seit Jahren im Gefängnis, [bei einer anderen] war die Mutter erblindet, lebte im Armenhause, die Kinder wurden bettelhaft. Einmal wird bekannt, daß die Mutter dem Trunk ergeben ist, öfter noch ist der Mann ein Trunkenbold bis zum Versetzen der Sachen der Kinder; manchmal hat die Sünde der Mutter die Tochter mit lüderlich gemacht... Nächstdem ist die Entfernung von der Heimat für viele ein Verderb geworden. Sie sind, mit den großstädtischen Verhältnissen nicht vertraut, zu Vermietsfrauen gezogen. Nachdem das Bargeld aufgezehrt war, haben sie Gelegenheit zum Nebenerwerb gesucht. Vielfach wurden sie auch aus nichtigen Gründen entlassen und dann hinausgestoßen. Je mehr und je kürzere Dienste im Buche stehen, um so schwieriger wird es, irgendwo anzukommen, um so unsicherer ist die Hoffnung, daß sie sich heben können. Das Asyl für Obdachlose, Kneipen niederen Ranges, Nachtcafés, Schlupfwinkel im Keller, Nächtigungen auf Aborten, in Strohfeimen, auf Treppenfluren müssen herhalten. [3]

Dieses vom Magdalenenhilfs-verein 1882 gegründete Prä-ventivasyl für gefährdete Mäd-chen Pniël befand sich auf der Schevenstraße in Loschwitz (damals Carolaweg), wo die Gebäude der Anstalt bis heute erhalten geblieben sind. Es fand in ganz Deutschland leider kaum seinesgleichen, obwohl erst die Trennung von den »Sünderinnen« eine we-sentlich effektivere moralische und sittliche Erziehung ermög-lichte. In den Statuten des Hauses wurde festgelegt:

Präventivasyl für gefährdete Mädchen Pniël auf der Schevenstraße (H. Rosenkranz: Das Mädchenerziehungsheim Pniël in Loschwitz, Dresden 1909)

§ 3. Zöglingsalter und Pflegezeit.
Mädchen, die über 18 Jahre alt sind, werden nur ausnahmsweise aufgenommen. Der Aufenthalt dauert grundsätzlich zwei Jahre...

§ 7. Erziehungsrechte.
Eltern, Vormünder usw. verzichten für die Zeit des Aufenthaltes eines Mädchens in Pniël ausdrücklich auf irgendeine Einflußnahme auf ihr Kind oder Mündel und über-geben solange ihre erzieblichen Rechte an die Anstaltsleitung. Besuche bei den Zöglin-gen sind in der Regel nur den zweiten Sonntag in jedem Vierteljahr gestattet. Besuche bei den Ihrigen können den Mädchen nur als Belohnung für gutes Betragen zweimal jährlich auf vorher eingegangene schriftliche Bitte gestattet werden.
Briefe an die Ihrigen dürfen aller vier bis sechs Wochen geschrieben werden.

§ 8. Ausstattung.
Jede Art von Schmuck und Putz ist unstatthaft und wird gleich beim Eintritt
aufbewahrt...

§ 12. Abgang.
Sie sind verpflichtet, auf zwei Jahre hinaus nur durch die Leitung der Anstalt oder
deren Genehmigung sich zu vermieten oder Stellungen zu wechseln. Denjenigen
Zöglingen, welche die Zeit ihrer Ausbildung wohl benutzt haben, wird beim Abgang
nach Ermessen der Anstaltsleitung die Kleidung ergänzt. [3]

1893 klagte der für Pniël zuständige Pfarrer über die Arbeitsmoral der Mädchen: *Eine*
Hauptschwierigkeit für uns liegt darin, daß die Mädchen nicht freiwillig zu uns
kommen, dazu kommt, daß ihnen die Sündenerkenntnis gänzlich fehlt, die meisten
ihrer Bekannten haben es nicht besser gemacht und bewegen sich dabei draußen frei
und ungehindert. Das letzte Jahr ließ uns tiefe Blicke in das traurige Familienleben
unseres Volkes thun, der größte Teil unserer Mädchen ist nur durch schlechtes Beispiel
und Erziehung so gesunken... Gehorsam kennen sie gar nicht, höchstens so weit man's
sieht, thun sie, was verlangt wird. [3] So wundert es denn nicht, daß in den ersten
zwölf Jahren des Bestehens der Anstalt 42 von den 378 Insassinnen entliefen.

Literatur / Quellen

[1]   Paul Roethig: Handbuch für Wohltätigkeit und Wohlfahrtspflege in Dresden,
      Dresden 1906
[2]   Die evangelisch-lutherische Diakonissenanstalt zu Dresden-Neustadt, Dresden 1927
[3]   Jahresberichte des Magdalenenhilfsvereins 1893 -1913
[4]   H. Rosenkranz: Das Mädchenerziehungsheim Pniël in Loschwitz, Dresden 1909

Feile Mädgen

Im Jahre 1785 erschien in Dresden eine Namensliste, die sich im hiesigen Publikum
rasch verbreitete, aber auch in auswärtigen Städten kursierte. Die dort aufgeführten
Frauen und Mädchen wurden als »öffentliche Frauenzimmer« ausgegeben, die Liste
verlängerte sich beim Abschreiben jedoch zum Teil beträchtlich. Zu diesem Phänomen
äußerte sich Heinrich Keller in seiner Schrift »Apologie der Töchter der Freude...«
folgendermaßen: *Nur der niedrigsten Klasse von feilen Mädgen hat er* [der Verfasser
der Liste] *einen Dienst erwiesen, indem jetzt Wollüstlingen die Mühe, sie aufzusuchen,*
erleichtert ist. [1]

Hier bot sich eine gern genutzte Möglichkeit, Feindseligkeiten auf dem Rücken von
Frauen und Mädchen auszutragen. Niemand konnte vor der Eintragung sicher sein,
ehrbarste Personen standen neben schlechtesten Dirnen. [1] Jede Frau mußte sich
jedoch unbedingt davor hüten, zum Gegenstand öffentlicher Nachrede zu werden,
denn im Gegensatz zur Mannesehre, die aktiv erworben werden konnte, hing ihr Ruf,

ihre weibliche Ehre und damit ihre Attraktivität auf dem Heiratsmarkt von ihrer Unberührtheit und Unbescholtenheit ab, also dem eher passiven Nichtübertreten von Verboten. Ihre rechtlose Stellung und die wirtschaftliche Abhängigkeit vom Mann brachten es mit sich, daß sie *beynahe gar keine Menschenfreiheit* [1] besaß.

Herr Keller vertrat die zu seiner Zeit sehr fortschrittliche Ansicht, daß *feile Mädgen kein nothwendiges Uebel* [1] seien, womit man ja die offizielle Duldung, Kontrolle und Ausbeutung der Huren entschuldigte. Die Ursachen für Prostitution seien *vielmehr in dem Mangel an Nahrung, welchem das weibliche Geschlecht mehr unterworfen ist* [1] und in dem Fehlen einer Erziehung nach vernünftigen Grundsätzen zu suchen. Er schlug folgerichtig vor, neue Erwerbsmöglichkeiten für Frauen zu schaffen, ihnen z.B. die Frauenzimmerschneiderei und Frauenzimmerfrisierkunst zu überlassen. Und er suchte, im Gegensatz zur herrschenden Auffassung, die Ursachen bei seinen Geschlechtsgenossen: *Aber wo ist noch ein Mädgen verführt worden, daß nicht eine Mannsperson als ihren Verführer anklagen konnte?* [1]

Zu Beginn des 19. Jahrhunderts wurde das Prostituiertenwesen unter behördliche Aufsicht gestellt. Die Zahl der Dirnen belief sich auf etwa 400, von denen jedoch nur ein Viertel legal arbeitete. 1853 ging die Handhabe von der Sittenpolizei auf die königliche Polizeidirektion über. In jenem Jahr gab es in Dresden 330 registrierte Huren, die teils über die Stadt verstreut, aber auch in einigen Bordellen ihrem Gewerbe nachgingen. Sie mußten sich nunmehr regelmäßig polizeiärztlichen Kontrollen unterziehen.

Die Einführung des Reichsstrafgesetzbuches von 1875, welches bestimmte Verhaltensvorschriften hinsichtlich des Wohnens und äußeren Verkehrs von Prostituierten festschrieb, und die 1888 von der Regierung verfügte Schließung der Bordelle ermöglichten eine größere Ausbeutung und Kontrolle der zersplitterten und kriminalisierten Frauen. Die Polizei stellte ihre verschärften Kontrollen nur ein, wenn ein dauerhaftes festes und ehrbares Einkommen nachgewie-

Lissy
(Elfriede Lohse-Wächtler, Wienand Verlag, Köln 1996)

sen werden konnte - eine kaum erfüllbare Forderung. Erkrankte Prostituierte wurden ins Stadtkrankenhaus zwangseingewiesen, wo man sie mit Näh- und Flickarbeiten beschäftigte. Diese restriktiven Maßnahmen trieben letztlich viele Prostituierte in die Illegalität, was zum Rückgang der offiziell registrierten syphilitischen Erkrankungen führte. Schuld und Verantwortung für Geschlechtskrankheiten und Sittenverfall wurden ausschließlich den »unehrenhaften Frauen« auferlegt. Als die Gesundheitsbehörde 1929 eine Beratungsstelle für Geschlechtskranke in der Neustädter Großen Klostergasse 2 einrichtete, fühlten sich die Bewohner dieses städtischen Wohnhauses in ihren

Rechten beeinträchtigt und sammelten Unterschriften dagegen. Den Bürger interessierte es auch nicht, daß die Prostituierten unter miserablen Wohnverhältnissen in schlecht beleuchteten sogenannten »Toten Gassen« wohnten, während der Stadtrat endlose Diskussionen über eine Umbenennung der Bordellstraßen führte und die Auflösung der seit 1905 existierenden Prostituiertenkrankenkasse betrieb.

Eine Bekämpfung der grundlegenden Ursachen für Prostitution, etwa fehlende Ausbildung, finanzielle Abhängigkeit, Armut und Not unter alleinstehenden Frauen, lag gar nicht im Interesse der Herren und wäre darüberhinaus einem ohnmächtigen Schuldeingeständnis der Männergesellschaft gleichgekommen. Zudem suchten ja Männer aller Schichten in den Armen der Freudenmädchen Abwechslung aus prüden Zwängen und Unbeschwertheit von einengender Moralität in Gesellschaft und Familie (während frustrierte Ehefrauen sich in die meistverbreitete Frauenkrankheit um die Jahrhundertwende, die Hysterie, flüchteten). Jedenfalls war es dem Rat und auch der Polizeidirektion recht und vor allem billiger, Prostitution als reglementiertes Gewerbe zu dulden und mit vertretbarem finanziellen Aufwand die Einhaltung von strikten Verboten zu kontrollieren. Eben jene Mechanismen deckte die von Katharina Scheven gegründete Abolitionistische Föderation auf.

Kirchliche Sozialarbeit dagegen stellte die gesellschaftlichen Rahmenbedingungen kaum in Frage, sondern versuchte in erster Linie, präventiv zu arbeiten, die Zahl gerade der jüngsten Opfer zu begrenzen und durch Umerziehung deren Ehre wiederherzustellen.

Literatur / Quellen

[1]   Heinrich Keller: Apologie der Töchter der Freude oder zufällige Gedanken über das Verzeichnis der öffentlichen Frauenzimmer..., Dresden 1785, Stadtarchiv Dresden
[2]   Rundschreiben und Sitzungsmitschriften des Landesverbandes Sächsischer Frauenvereine 1927, in: Stadtbund der Dresdner Frauenvereine, Aktenstück 20, Stadtarchiv Dresden
[3]   Schreiben des Dresdner Wohlfahrtspolizeiamtes an den Stadtbund Dresdner Frauenvereine vom 18.4.1928 betr. Auflösung der Prostituiertenkrankenkasse, in: Stadtbund der Dresdner Frauenvereine, Aktenstück 21, Bl. 50, Stadtarchiv Dresden
[4]   Stenographische Sitzungsberichte des Stadtverordnetenkollegiums, Öffentliche Sitzungen vom 13.6.1929 und 29.1.1931, Stadtarchiv Dresden

Der Abolitionist gegen die Lustsklaverei -

Katharina Scheven kämpft für die Befreiung der Frau

Unter den Prostituierten fanden sich vor allem Heimarbeiterinnen, Kellnerinnen, Dienstmädchen und Fabrikarbeiterinnen, die in diesen Berufen zum Leben zu wenig und zum Sterben zu viel verdienten. Während konservative Sittlichkeitsvereine sich eher als Moralapostel gebärdeten, als den Ursachen dafür nachzugehen, wandte sich der radikale Flügel der bürgerlichen Frauenbewegung gegen die sexuelle Ausbeutung der Frau. 1904 fand der erste Internationale Kongreß der Abolitionisten in Dresden statt. Der Begriff kommt aus dem Englischen (abolition bedeutet Abschaffung) und stammt aus der Bewegung zur Abschaffung der Sklaverei. Die ca. 900 Mitglieder in Deutschland betrachteten die staatliche Organisation und Reglementierung der Prostitution als offizielle Sanktionierung der Ausbeutung der Frau als »Lustsklavin« des Mannes und

sahen darin eine Grundlage für die doppelte Moral in der Gesellschaft. Sie wandten sich gegen Kriminalisierung und Zwangsuntersuchungen der Prostituierten, die lediglich den Zweck verfolgten, den männlichen Bedarf an einwandfreier »Ware« zu befriedigen. In der wirtschaftlichen und politischen Befreiung der Frau sahen sie die Lösung. Geschlechtsverkehr sollte die Privatangelegenheit jedes Individuums sein. Das Organ des Vereins »Der Abolitionist« wurde monatlich unter der Schriftleitung von Katharina Scheven herausgegeben.

Titelseite der Zeitschrift »Der Abolitionist«
(Archiv des Staatsbürgerinnenverbandes, Berlin)

Die 1861 geborene Vorkämpferin der Frauenbewegung stand dem Deutschen Zweig der Internationalen Abolitionistischen Föderation und dem 1901 gegründeten Dresdner Zweigverein vor. Dessen Geschäftsstelle befand sich in ihrer Wohnung in der Angelikastraße 23.

Die Forderungen der Mitglieder gingen dahin:
- Käufer und Kuppler strafrechtlich zu verfolgen,
- außerehelichen Verkehr für straflos zu erklären,
- das Schutzalter für Jugendliche auf 18 Jahre heraufzusetzen,
- die Ausnutzung wirtschaftlicher Abhängigkeitsverhältnisse unter Strafe zu stellen,
- die Fortbildungspflicht für Mädchen einzuführen,
- Geschlechtskrankheiten unentgeltlich behandeln zu lassen,
- Alimentationspflichten unehelicher Väter durchzusetzen,
- sexualpädagogische Belehrungen an Schulen durchzuführen,
- das Wohnungselend und den Alkoholismus zu bekämpfen und
- gegen Schundliteratur und Prostitutionsbörsen vorzugehen.

Katharina Scheven ging gegen den § 361,6 des Reichsstrafgesetzes vor, der zur Gewerbe-anmeldung bei drohender Strafe verpflichtete, denn damit wurde die Kontrolle und Ausnutzung der »leichten Mädchen« durch Dritte möglich, während die Kunden straffrei ausgingen und weiter Krankheiten verbreiteten. Aus eigener Anschauung berichtete sie, wie im Jahre 1900 mittellose 16jährige Böhminnen abgeschoben und in ihrer finanziellen Not in den Teufelskreislauf der Prostitution getrieben wurden. Gerade die Zwangsunterstellung unter polizeiliche statt unter eine gesundheitsamtliche Kontrolle, wie sie vorschlug, dränge junge Mädchen in diese unheilvolle Laufbahn. Immerhin gäbe es inzwischen wenigstens Polizeiassistentinnen, die die Mädchen in Familien, auf eine Stelle oder aber in Anstalten vermittelten.

Interessant ist auch ihre Beschreibung der Dresdner Bordellszene, wo seit der Auflösung der großen Häuser 1888 mehrere kleine Häuser nebeneinander eröffneten, in denen Pensionen mit bis zu vier Frauen betrieben wurden. Ohne Konzession und Sperrstunde schenkte man hier zu horrenden Preisen Alkohol aus. Zudem nahmen die Besitzer von den Frauen schwindelerregende Mieten und verlangten von ihnen, benötigte Kleider, Wäsche und Schmuck bei ihnen als ihren Mietsherren zu kaufen. Während die Mieterinnen durch Verschuldung in immer größere Abhängigkeit gerieten, waren 25.000 RM jährlicher Reingewinn bei den Besitzern keine Seltenheit. Auf Tanzböden, in Entbindungsanstalten und unter Strafentlassenen aus den Arbeitshäusern suchten Kuppler und Vermittler »Nachschub«. Gegen dieses Geschäft mit der Not ging Katharina Scheven aufs schärfste an.

Auf der Frauenkonferenz zum Studium der Sittlichkeitsfrage 1917 - mitten im Krieg - sprach die Frauenrechtlerin in erster Linie männliche Verantwortliche an, indem sie auf die vielen Fälle von Geschlechtskrankheiten in deutschen Lazaretten und jene 10 % der Gonorrhoe-Fälle hinwies, die zu Unfruchtbarkeit führten. Sie konstatierte, daß eine enorme Nachfrage nach Prostitution immer wieder bei Schützen- und Sängerfesten, wissenschaftlichen Kongressen und in Kriegszeiten zu verzeichnen sei. In den Dresdner Bordellstraßen hätten die feldgrauen Männer bei Kriegsbeginn Schlange gestanden, so daß im August 1914 der Eintritt für Militärs offiziell verboten werden mußte. Die angestiegene Arbeitslosigkeit und prickelnde Abenteuerlust erfaßte damals auch die »höheren« Töchter und führte zu einem enormen Anstieg der Zwangsein-schreibungen und Aufsichtsunterstellungen. Daß die Mädchen vor allem von verhei-rateten Männern stark besucht würden, wäre kein Wunder, meinte Katharina Scheven, denn diesen drohten hier ja keine Alimente (noch heute sind etwa 70 % der Kunden dieses Gewerbes Ehemänner).

Als Vorsitzende des Vereins Frauenbildung - Frauenstudium, der seinen Sitz ebenfalls in ihrer Wohnung auf der Angelikastraße 23 hatte, forderte Katharina Scheven seit Beginn des Jahrhunderts die berufliche Fortbildung für Mädchen nach dem Schulabgang und die Erschließung gymnasialer Bildungsstätten und deutscher Universitäten für das weibliche Geschlecht. Eine Petition des Verbandes fortschrittlicher Frauenvereine bezüglich der Errichtung einer städtischen Oberrealschule für Mädchen oder der Zulassung von Mädchen zu den höheren Knabenschulen, die sie 1902 dem Dresdner Stadtverordnetenkollegium vortrug, würgte der damalige Oberbürgermeister Dr. Beutler mit den Worten ab, *daß eine Bildung des Geistes, wie man sie vom Manne verlange, bei der Frau nur dazu führen werde, die echt weiblichen Eigenschaften und die Bildung des Herzens ... zu unterdrücken. Beides von der Frau zu verlangen, hieße sie für ein höheres Wesen zu erklären... und an die Existenz von Überweibern glaube er nicht. (lebhaftes Bravo und Händeklatschen)* [1]

1919 wirkte sie im Vorstand des Bundes Deutscher Frauenvereine und wurde als Mitglied der Deutschen Volkspartei als eine der ersten zehn Frauen ins Stadtverordnetenkollegium Dresden gewählt. Hier arbeitete die unter der Berufsbezeichnung Hausfrau geführte Politikerin im Prüfungs- und im Rechtsausschuß bis zu ihrem Ausscheiden im Mai 1922. Außerdem wirkte sie in mehreren Ausschüssen der städtischen Verwaltung: im Markt-, Sozial-, Wohlfahrts- und Fürsorge-Ausschuß. Angesichts der Not nach dem Krieg engagierte sie sich auch im Erwerbsförderungsausschuß, im Unterausschuß zu Maßnahmen gegen Arbeitslosigkeit und im Ausschuß zur Verwertung von Küchenabfällen. Am 6. August 1922 starb Katharina Scheven.

Die Schevenstraße wurde 1926 nach ihr benannt, obwohl auch ihr Mann im kommunalen Fürsorgebereich eine wichtige Rolle gespielt hatte. Dr. rer. soc. Paul Scheven (1852-1929) war als »Dresdner Bettelmönch« durch seine persönlichen Sammlungen für die Altenfürsorge bekannt geworden. Von 1902 bis 1904 Stadtverordneter, hatte er mit seinen Ideen wenig Verständnis bei der konservativen Mehrheit gefunden, so daß er in keinen einzigen Ausschuß gewählt worden war. Für seine langjährige ehrenamtliche Tätigkeit als Vorsitzender des Vereins gegen Armennot und Bettelei und im Vorstand des Zentralarbeitsnachweises wurde er 1927 mit einer Goldenen Ehrengedenkmünze der Stadt Dresden geehrt.

Katharina Scheven
(Eugenie v. Soden [Hrsg.]: Das Frauenbuch, Bd. III, S.16/17, Stuttgart 1914)

Literatur / Quellen

[1] Katharina Scheven: Die Coedukation und das Dresdner Stadtverordnetenkollegium, in: Die Frauenbewegung, Berlin 1902, S.117
[2] Paul Rackwitz: Biographischer Anhang zur Geschichte der Stadtverordneten zu Dresden 1837-1947, Dresden 1949
[3] Ausgeschiedene Stadtverordnete 1912-1933, lose Blattsammlung, Stadtarchiv Dresden
[4] Katharina Scheven: Die Bedeutung der Sittlichkeitsfrage für die deutsche Zukunft, Berlin 1917
[5] Jahrbuch des Bundes Deutscher Frauenvereine, Berlin 1919
[6] Paul Röthig: Handbuch für Wohltätigkeit und Wohlfahrtspflege in Dresden, Dresden 1906

Die höheren Töchter

Eine der Frauen, die als entschiedene Streiterinnen für die Frauenbildung Ursachen für die totale Abhängigkeit und Verelendung von Töchtern bürgerlicher Familien benannten und Auswege aufzeigten, war die Schriftstellerin Fanny Lewald. Ihr ist es zu verdanken, daß sich auch in der Öffentlichkeit langsam ein diesbezügliches Problembewußtsein zu entwickeln begann. Sie trat öffentlich für bessere Ausbildungschancen ein und kritisierte die bestehenden Mädchenschulen scharf: *Die Art, in der wir in den »höheren Töchterschulen« (der bloße Titel ist schon eine Abgeschmacktheit) unterrichtet werden, ist darauf angelegt, uns oberflächlich zu machen. In wenig Jahren sollen wir lernen, wozu man dem jungen Manne ruhig seine zehn, zwölf Jahre vergönnt, und daneben sollen wir, wo möglich noch Claviervirtuosin werden, Englisch und Französisch und Italienisch lernen, nach der Natur zeichnen, in häuslichen Handarbeiten bewandert und geübt sein und Tanzen gelernt haben. Da das nun eine reine Unmöglichkeit ist, so bringt man uns von dem allem ein klein Bißchen bei und wir kommen aus den Schulen voll Einbildungen und mit einem wahren Schrecken über unsere Unwissenheit, wenn eines schönen Tages die harte Wirklichkeit an uns herantritt und uns zuruft: Mein elegantes Fräulein, hilf dir jetzt einmal gefälligst selbst durchs Leben!* [1]

Gestickter Spruch
(Deutsches Stickmustermuseum, Celle)

Fanny Lewald war der Meinung, daß eigene Berufstätigkeit für bürgerliche Frauen die wohl aussichtsreichste Möglichkeit darstellte, einer ohne Liebe geschlossenen Vernunftehe zu entgehen und sich nicht *für den Preis einer lebenslänglichen Versorgung zu verkaufen: Unser ganzes Schicksal wurde auf den Zufall gestellt, ob unsere Liebenswürdigkeit oder unsere Schönheit einen Mann soweit zu reizen und zu fesseln imstande wären, daß er uns zu besitzen wünsche und sich deshalb mit der Sorge für unsern standesgemäßen Unterhalt beladen würde.* [1] Der Anschein, in der Lage zu sein, *die*

Töchter lebenslang in müßigem Wohlleben zu erhalten, [1] war jedoch eine Frage der Standesehre. *Mit ungeheuren Anstrengungen hatte er* [der Ernährer] *die Summe alljährlich erworben, deren die Seinen zu ihrem Unterhalte benötigt gewesen waren. Nun aber war der Ernährer tot, die Mutter saß da, die Töchter, die auch alle für die Ehe und für den keuschen Dämmer des Hauses erzogen worden waren, saßen daneben... Man muß zu berechnen anfangen, was von dem Mobiliar dieses keuschen Dämmers verkauft werden soll, um die Kosten der Trauerkleider und des Begräbnisses zu bezahlen, und man ist nur zu froh, wenn man die eine der Töchter mit dem ersten besten Mann verheiraten und die andere in die erste beste Familie bringen kann, in welcher sie mit sechzig Thalern Gehalt als Gesellschafterin ein wenig näht und stickt und vorliest und Clavier klimpert und nebenher mit der standesgemäßen keuschen Ungeduld Tag und Stunden zählt und immer wartet und wartet und hofft und hofft, ob sich nicht Jemand finden werde, sie in den keuschen Dämmer des Hauses, in die Ehe einzuführen. Jedes Jahr macht sie unzufriedener, jedes Jahr wird sie weniger anspruchsvoll, und zuletzt heirathet sie im glücklichsten Falle gleichviel welchen Mann, wenn er sie nur zu ernähren übernimmt.* [1]

Solche männlich tradierten Vorstellungen von der »Lebensaufgabe« der Frau überlebten sich nicht einfach irgendwie, sondern selbständiger werdende Frauen wurden oft angefeindet und mußten sich fast gegen die gesamte Öffentlichkeit - übrigens auch gegen viele Frauen - behaupten.

Literatur / Quellen

[1]   Fanny Lewald: Für und wider die Frauen, Berlin 1870

Der Frauenschutz - ein »Asyl für einsam stehende Jungfrauen«

Amalie Marschner wurde am 30. November, dem ersten Adventssonntag des Jahres 1794, auf Schloß Heldrungen in der Familie eines höheren Militärbeamten geboren. Dicker grauer Nebel lag über dem Schloß und drückte allen Rauch durch den Kamin ins Wohnzimmer zurück, so daß die Mutter und das Neugeborene fast erstickt wären. Doch Amalie überlebte, genauso wie sie eine falsch behandelte Kopfverletzung überstand, wodurch sie ihr Leben lang an einem Nervenfieber zu leiden hatte. Mit fünf Jahren bekam das Mädchen einen Hauslehrer. Nach dem Umzug auf die Festung Königstein blieb sie im Alter von neun bis 13 Jahren ohne Ausbildung, abgesehen von einigen Klavierstunden, die ihr der Vater erteilte, bis er sich endlich entschloß, sie in die Familie des Dresdner Pastors M. Nicolai zur Ausbildung zu geben. In dessen »Selecta für höhere Töchter« strafte der Kirchendiener Mädchen, die einen Fehler machten, indem er sie an den Haaren zog oder mit der Nase auf den Tisch stieß. Lesen hat sie so nicht gelernt. Erst im Krankenbett hatte sie Gelegenheit dazu und verschlang nun die übliche Unterhaltungslektüre. Beim Hoforganisten Dreisig erhielt sie ihre musikalische Ausbildung, außerdem lernte sie, wie damals üblich, Französisch und weibliche Handarbeiten.

Reliefbild am Gebäude der Georgenstraße 3
(Foto: Antje Fenske, Dresden)

Übers Jahr erkrankte ihre Mutter und sie mußte zurückgehen, um sie zu pflegen. Dabei erhielt sie nun gemeinsam mit ihren Brüdern Unterricht bei einem Candidaten Jacochs, den die Kinder sehr liebten. Auch *die schwachsinnige Großmutter, bei der sonst keiner aushielt* [3], und die kranke Schwester wurden von ihr gepflegt. Die schönste Zeit des Tages war für Amalie Marschner die Stunde zwischen 5 und 6 Uhr morgens, die sie nach dem Kaffeekochen für den Vater ganz für sich allein hatte. Ansonsten hatte sie von früh bis spät für andere dazusein, das machte sie *nervös und trübsinnig.* [3] Statt sie ihre eigenen Wege gehen zu lassen, dokterte man an ihrem Nervenfieber, das sich in Gesichtsschmerzen und Starrkrämpfen äußerte, weiter herum. Die Vermutung, es könne ja an den Zahnnerven liegen, kostete sie 12 Zähne! Am liebsten wäre sie damals gestorben: *Jeder Mensch, namentlich in jungen Jahren, glaubt, ein bestimmtes Anrecht auf ein gewisses Lebensglück zu haben; verwirklicht sich dieses nicht, so entsteht sehr häufig eine Gedrücktheit und Überspannung des Geistes.* [2]

Man brachte das kränkliche junge Mädchen zum Arzt Hofrat Althof in der Webergasse in Dresden. Die hier ein und aus gehende Hofrätin Bischoff kümmerte sich mütterlich um sie. Zu Weihnachten träumte sie vom Heiland und schöpfte neuen Mut. In der Neustädter Klostergasse wohnte ihr Bruder, der Geheime Justizrat Dr. Marschner, dessen Haushalt sie zehn Jahre lang führte. Hier lernte die junge Frau Tieck und Weber kennen. Angeregt dadurch und von Gellerts Schriften ermutigt, begann sie Aufsätze und Novellen zu schreiben. Amalie Marschner veröffentlichte anonyme Artikel, die für die Opern Webers Partei ergriffen - zu eben jener Zeit, als auch Wilhelmine Schröder-Devrient das gleiche auf der Bühne tat. Doch die Erkrankung der Mutter rief die gerade aufblühende Frau wieder zurück auf die Festung Königstein, wo sie nun bis zum Tode beider Eltern lebte. Mittlerweile hatte sie sich mit der dienenden Rolle etwas angefreundet, genoß die herrliche Gegend und Ruhe, war mit Haushaltsführung und Vorratswirtschaft stets beschäftigt. Ihre Einsichten in die verschiedensten Familienverhältnisse in der Garnison veranlaßten sie, Aufsätze über Dienstboten und Kindererziehung zu verfassen. Im Klavierspiel fand sie ein Ventil für ihre verschiedenen Gemütsverfassungen. Nach dem Tod des Vaters 1834, die Mutter war schon fünf Jahre zuvor gestorben, zog es Amalie Marschner jedoch wieder nach Dresden.

So stand sie mit 40 Jahren plötzlich allein da, hatte immer für andere gesorgt und sah sich plötzlich nach dem *Absterben* [1] ihrer Verwandten verlassen. Sie nahm die Tochter ihrer verstorbenen Schwester zu sich in ihre Wohnung auf der Neustädter Birkengasse. Mit Klavierunterricht und Handarbeiten hielt sie sich und die Nichte notdürftig über Wasser. Oft trafen sich Amalie Marschner und ihre Freundinnen, denen es ähnlich ging, zum »Damenkränzchen«. *Viele alleinstehende nachgelassene Töchter aus den gebildeten Ständen, denen Selbständigkeit im Handeln und ein sicherer Überblick des Lebens fehlte, waren oft in sehr betrübter Lage, nicht nur in Beziehung auf ihre äußere Existenz, als auch in Betracht ihrer Seelenstimmung. Die meisten hatten keinen Lebensberuf und dadurch keinen Lebensunterhalt; früher nur an das eng geschlossene Familienleben gewöhnt, hatten sie mit diesem jede Lebensstütze verloren.* [1] Sie kamen 1843 nun auf die Idee, ein »Asyl für verwaiste und einsam stehende Jungfrauen höherer Stände« zu gründen. Da es anfangs nicht gelang, Männer für die Sache zu gewinnen, suchten die Frauen Beistand bei verheirateten Frauen der höheren Stände, wie etwa der Baronin von Fink, der Frau Timaeus u.a. und gründeten den Verein zum Frauenschutz.

Stundenplan
(Amalie Marschner: Der Verein zum Frauenschutz..., Leipzig 1852)

Stundenplan für die Anstalt des Vereins zum Frauenschutze.

a. Fortbildungsclasse. — 1. 2. 3. 4. die vier Schulclassen. — b. Kindergarten.

Uhr.	Montag.	Dienstag.	Mittwoch.	Donnerstag.	Freitag.	Sonnabend.
7.	a. Naturlehre.	a. Religiös Unterhalt.	a. Erziehungskunde.	a. Naturgeschichte.	—	—
8.	a. Geographie. / 1. Religion. / 2. Französ. Sprache.	a. Französ. Sprache. / 1. Deutsche Sprache. / 2. Bibl. Geschichte.	a. Französ. Sprache. / 1. Geschichte. / 2. Religion.	a. Geographie. / 1. Religion. / 2. Geschichte.	a. Geschichte. / 1. Bibl. Geschichte. / 2. Deutsche Sprache.	a. Französ. Sprache. / 1. Deutsche Literatur. / 2. Bibl. Geschichte.
9.	a. — / 1. Geschichte. / 2. Religion. / 3. Religion. / 4. Lesen. / b. Gebet. Bibl. Gesch.	a. Geschichte. / 1. Schreiben. / 2. Französ. Sprache. / 3. Denk- u. Sprachüb. / 4. Sprucherklärung. / b. Gebet. Spruchlern.	a. Deutsche Sprache. / 1. Französ. Sprache. / 2. Lesen. / 3. Bibl. Geschichte. / 4. Lesen. / b. Gebet. Bauen.	a. — / 1. Bibelkunde. / 2. Schreiben. / 3. Denk- u. Sprachüb. / 4. Bibl. Geschichte. / b. Gebet. Unterhaltung.	a. Französ. Sprache. / 1. Lesen. / 2. Geographie. / 3. Bibl. Geschichte. / 4. Lesen. / b. Gebet. Überhören.	a. Deutsche Sprache. / 1. Französ. Sprache. / 2. Lesen. / 3. Zeichnen. / 4. Bibl. Geschichte. / b. Gebet. Bauen.
10.	a. — / 1. Französ. Sprache. / 2. Deutsche Sprache. / 3. Schreiben. / 4. Bewegungsspiele. / b.	a. Singen. / 1. Naturgeschichte. / 2. Schreiben. / 3. Naturgeschichte. / 4. Gymn. Übungen. / b.	a. — / 1. Singen. / 2. Singen. / 3. Rechnen. / 4. Rechnen. / b. Bewegungsspiele.	a. — / 1. Deutsche Grammatik. / 2. / 3. Gymnast. Übungen. / 4. / b.	a. Zeichnen. / 1. Schreiben. / 2. Französ. Sprache. / 3. Lesen. / 4. Bewegungsspiele. / b.	a. — / 1. Zeichnen. / 2. Zeichnen. / 3. Rechnen. / 4. Rechnen. / b. Singen.
11.	a. — / 1. Geographie. / 2. Naturlehre. / 3. Französ. Sprache. / 4. Schreiben. / b. Lesen.	a. — / 1. Rechnen. / 2. Rechnen. / 3. Lesen. / 4. Lesen. / b. Singen.	a. — / 1. Geographie. / 2. Rechnen. / 3. Französ. Sprache. / 4. Schreiben. / b. Lesen.	a. — / 1. Naturlehre. / 2. / 3. Schreiben. / 4. Gemeinn. Kenntnisse. / b. Tafelzeichnen.	a. Zeichnen. / 1. Rechnen. / 2. Naturgeschichte. / 3. Französ. Sprache. / 4. Schreiben. / b. Lesen.	a. Zeichnen. / 1. Zeichnen. / 2. Rechnen. / 3. Vaterlandskunde. / 4. Zeichnen. / b. Figurenstechen.
2.—4.	a. 1.—4. weibliche Handarbeiten. / b. Zeichnen. Ballspiel. Bauen.	a. 1.—4. weibliche Handarbeiten. / b. Flechten. Spiel. Falten.	—	a. 1.—4. Weibliche Handarbeiten. / b. Figurenstechen. Ballspiel. Bauen.	a. 1.—4. Weibliche Handarbeiten. / b. Flechten. Spiel. Falten.	—
5. 6.	a. Gymnast. Übungen.	a. Deutsche Literatur und Vorlesen.	—	—	a. Unterr. im Zeichnen u. Flechten f. d. Kindergart.	—

Der Unterricht beginnt täglich mit gemeinschaftlichem Gesang und Gebet.

Die Vereinskasse füllte sich und 1850 konnten die Frauen aus der Glacisstraße 2 in ihr eigenes Grundstück auf der Georgenstraße 3 ziehen. In dem bis heute existierenden dreistöckigen Haus sind die kleinen von einem langen Gang abgehenden Zimmerchen, wo die Schwestern und Pensionärinnen wohnten, noch zu sehen. Aufnahme fand diejenige, die entweder ein Kapital, einen monatlichen Beitrag oder ihre Arbeitskraft einbrachte. Das Zusammenleben der Schwestern, wie sie sich nannten, in »Familien« von meist 9 Mädchen und einer Erzieherin sollte *einsam stehenden Jungfrauen nicht nur einen Zufluchtsort gewähren, nicht nur durch die Vereinigung mehrerer Glieder in eine große Familie das zu ersetzen suchen, was ihnen das Schicksal früh geraubt und später versagt hat, sondern zugleich die Gelegenheit zu einer nützlichen Thätigkeit und gesicherten Existenz eröffnen.* [1] Zu diesem Zweck richteten sie einen Kindergarten, eine höhere Töchterschule mit einer besonderen Abteilung zur Lehrerinnenausbildung sowie eine Fortbildungsschule ein. Im Kindergarten wurden Erzieherinnen ausgebildet. Hier lernten bereits Vierjährige die ersten Buchstaben. Amalie Marschner empfahl diesen Beruf mit der Begründung: *sich herabzulassen, selbst zu vergessen, zu demüthigen, läutert am besten von den Schlacken der Weltlust, Eitelkeit und Selbstsucht.* [1]

Nachdem die ersten Jahre überstanden waren und die Restauration nach dem gescheiterten bürgerlichen Aufbruch von 1848 überall einkehrte, übernahmen Männer das Direktorium, zum Teil auch Ehemänner von Vereinsfrauen: Pastoren, Regierungsräte, Bürgermeister. So heißt es denn auch im Adreßbuch von 1865: *Der Verein will besonders auf die Töchter von Beamten und Staatsdienern Rücksicht nehmen.*

Daß im Laufe der Jahrzehnte immer mehr Mädchen aufgenommen wurden, deren Eltern noch lebten, könnte auch mit der Tatsache zusammenhängen, daß die Gehälter höherer Beamter, die vorrangig in die Ausbildung der Söhne gesteckt wurden, in der zweiten Hälfte des 19. Jahrhunderts kaum anstiegen, während mit zunehmender Technisierung die Haushaltsführung weniger Arbeitsaufwand erforderte, so daß ihnen die »unnützen Töchter auf der Tasche lagen«, solange sie nicht verheiratet waren. So wurde beipielsweise 1875 die Gesellschaft Neustädter Kasino gegründet, die 15 Jahre später ein eigenes Grundstück auf der Königstraße 15 erwarb, die Bachschen Säle. Hier trafen sich *angesehenste und gebildetste Einwohner der Neu- und Antonstadt* [4], wie etwa der Fabrikbesitzer Ernst Jordan oder der Pastor Collenbusch, und veranstalteten gesellige Zusammenkünfte, zu denen auch Frauen und Töchter sowie alleinstehende Herren geladen wurden. Natürlich dienten diese Bälle nicht nur der ungezwungenen Besprechung geschäftlicher Angelegenheiten »unter Männern« (die allein Stimmrecht in der Gesellschaft besaßen), sondern nebenbei eben dem nicht unwichtigen Zweck der Eheanbahnung.

Anzeige
(Salonblatt No. 40, 1910, S. 1287)

Doch zurück zu den unverheirateten Schwestern. Deren Hausordnung legte fest: 5.30 Uhr Wecken und 22 Uhr Nachtruhe, im Winter dauerte der Tag von 6 bis 21 Uhr. Der Gottesdienst war tägliche Pflicht, Ausgang ohne anständige Begleitung nicht denkbar. Andererseits erhielten *die Schwestern, die es wünschen, täglich ein Glas Bier* [1] sowie kostenlose ärztliche Betreuung und Medikamente. Die Hausordnung zielte darauf ab, die Pflegebefohlenen *ihrer weiblichen Bestimmung gemäß zur späteren würdigen Führung eines einfachen und anspruchslosen Familienlebens aufzuerziehen.* [1] Vielleicht war diese angepaßte Haltung - wobei ja nur die schriftlichen Quellen vorliegen und über die tatsächliche Praxis keine Aussagen gemacht werden können - ein Grund dafür, daß der Verein es sich leisten konnte, weitere Grundstücke ringsum zu erwerben und zu bebauen. Im Garten wurde ein Amalienhaus zur Pflege kranker Schwestern eingerichtet. In drei Schwesternhäusern wohnten vor allem Töchter aus den gehobenen gebildeten Ständen, die die höhere Mädchenschule besuchten. Im Schülerinnenverzeichnis fanden sich Namen wie z.B. Timaeus, Lahmann, Bienert, von Lüttichau, von Carlowitz. Bis 1894 erweiterte der Verein sein Areal um die Grundstücke Hospitalstraße 3, 16-22, Oberer Kreuzweg 1 und Georgenstraße 1. Im Jahre 1906 verfügten die Schwestern über 41 Stiftungen für Freistellen und etliche Unterstützungs-, Waisen-, Pensions- und Begräbniskassen, so daß dieses selbstverwaltete Frauenwohn- und -arbeitsprojekt im Grunde finanziell unabhängig und selbständig arbeitete.

Nachdem Amalie Marschner 1871 mit dem Sidonienorden geehrt und sich aus Krankheitsgründen zurückgezogen hatte, wurde sie 1874 zur Ehrenpräsidentin ernannt. Ein Jahr zuvor war Frau Therese von Watzdorf geb. aus dem Winckel Direktorin geworden. Am 29.1.1883 starb Amalie Marschner in ihrem eigenen zu Beginn der Gründerzeit erworbenen Haus auf der Alaunstraße. Die letzte Erwähnung des Vereins zum Frauenschutz fand sich in der Dresdner Zeitung vom 23./24.10.1943, in der zu einer Generalversammlung zwecks Satzungsänderung eingeladen wurde.

Literatur / Quellen

[1]   Amalie Marschner: Der Verein zum Frauenschutz..., Leipzig 1852
[2]   J. B. Heindl: Galerie berühmter Pädagogen... der Gegenwart, 2. Bd., München 1859
[3]   Dresdner Anzeiger vom 31.1.1883
[4]   50 Jahre Gesellschaft Neustädter Kasino, Dresden 1925

Anna Nolden und das Traktionsproblem des Apollonius

1869 erhielt Maria Constantia Hoch die *Concession für eine Schul- und Erziehungsanstalt für Töchter gebildeter Stände in hiesiger Neustadt* [1] und eröffnete diese in der Alaunstraße. 1880 zog die Schule in die Kurfürstenstraße 11, wo ein Jahr später Clara Schmidt die Leitung übernahm. 1887 wurde Christiane Wiederhold Direktorin und verlegte die Anstalt in die Kurfürstenstraße 18.

Büste von Anna Nolden am ehemaligen Mädchengymnasium Weintraubenstraße (heute Gymnasium Romain Rolland) (Plastik: Oskar Döll, Foto: Raja Lentzsch, Dresden)

Als 1900 die höhere Töchterschule des Vereins zum Frauenschutz auf der Georgenstraße 3 aufgelöst wurde, bot der Verein die frei gewordenen Räume der Wiederholdschen Töchterschule zur Miete an. Schulvorsteherin wurde 1901 Anna Nolden. Diese richtete seit 1904 - zwei Jahre vor der Zulassung von Frauen zum Hochschulstudium in Sachsen - vierjährige Realgymnasialkurse ein, in denen sie mit den Mädchen u.a. Logarithmen, Exponentialgleichungen, Imaginäre Zahlen und *das Traktionsproblem des Apollonius* [2] behandelte. Auch Latein und Reißbrettzeichnen erlernten die künftigen Abiturientinnen. Bei Ausbruch des Ersten Weltkrieges bestand lediglich hier und in der städtischen Studienanstalt auf der Weintraubenstraße die Möglichkeit zur Vorbereitung von Mädchen auf die Reifeprüfung.

Während des Krieges mußte die Schule auf Gebäude in der Nieritzstraße 3 und auf dem Oberen Kreuzweg 6 und 1b ausweichen, da die Handwerker mitten in den Arbeiten am Hauptgebäude einberufen wurden. Um Ausfälle zu vermeiden, erteilten die Lehrerinnen sogar in ihren Privatwohnungen Unterricht, Frl. Paula Schlodtmann in der Katharinenstraße 6 und Anna Nolden in ihrem Haus auf der Königsbrücker Straße 9, wo sie nebenbei noch ein Erziehungsheim für Töchter betrieb.

Für Lehrerinnen galt das Zölibat, d.h. bei Verheiratung mußten sie aus dem Berufsleben ausscheiden. Anna Nolden jedoch setzte z.B. 1918 beim Schulamt durch, daß eine ihrer Turnlehrerinnen, deren Familie dadurch in erhebliche finanzielle Schwierigkeiten geraten wäre, weiter unterrichten durfte. 1921 wurde die zehnklassige Privatmädchenschule mit ihren 490 Schülerinnen staatlich anerkannt. Aus den Randnotizen in den Schulamtsakten geht hervor, daß ein kostspieligerer Neubau einer weiteren städtischen Anstalt auf diese Weise der Kommune erspart blieb. 1929 erhielt die Schule die Zulassung, die Prüfungen zur Mittleren Reife selbst abzunehmen.

Zeugnis der Noldenschen Mädchenschule 1935
(privat)

Noldensche Mädchenschule, Dresden-N

Georgenstraße 3

ZEUGNIS

für _____ _vo. lutz_ , Schülerin der _4ᵗᵉⁿ_ -Klasse

Michaelis 19 _34_   Ostern 19 _35_

	Michaelis	Ostern		Michaelis	Ostern
Betragen:	-	1	Fleiß:	-	1
Aufmerksamkeit:	-	1	Ordnung:	-	1
Schulverhalten:	-	1b			

	Michaelis	Ostern
Religionskenntnisse	-	2
Deutsch { mündlich	-	2
Deutsch { schriftlich	-	2b
Englisch { mündlich	-	2b
Englisch { schriftlich	-	2b
Französisch { mündlich		
Französisch { schriftlich		-
Rechnen		3ᵘ
Mathematik	-	2
Naturkunde	-	2b
Physik		-
Chemie		
Geschichte	-	2
Erdkunde	-	2
Kunstgeschichte	-	-
Schreiben bez. Kurzschrift		2ᵘ
Zeichnen	-	2
Nadelarbeit	-	2
Musikunterricht	-	2ᵘ
Turnen	-	2

	Michaelis	Ostern		Michaelis	Ostern
Leistungen	-	II b	Versäumte Schultage	-	9

Besondere Bemerkungen:

M. wird nach Klasse III versetzt

_____

Unterschrift der Schulvorsteherin: Unterschrift der Klassenlehrerin:

Michaelis   Michaelis

Ostern _H. Dukker - Marcks_   Ostern _Lotte Richter_

Unterschrift des Vaters oder seines Stellvertreters:

Michaelis _____

Ostern _____

Wilhelm Volkmann, Dresden-A.

Ehemaliges Mädchengymnasium Weintraubenstraße (heute Gymnasium Romain Rolland)
(Deutsche Fotothek, Dresden)

In diesem Jahr meldete Carlos Pentzke, der in der Bautzner Straße 17 residierende Consul de Nicaragua, der Polizei, daß sein 19jähriger Sohn von der 16jährigen Noldenschen Schülerin Gerti Berger telefonisch belästigt worden sei. Das gemeldete »Vergehen« der beiden bestand in einem *unbeherrschten Liebesverhältnis* und gar *Geschlechtsverkehr in Absteigen übler Art* [1], wie der echauffierte Vater angab. Das beschäftigte nun die Polizei, die Schuldirektorin und das Schulamt. Der »Fall« wurde 1930 »gelöst«, indem das Mädchen ohne Schulabschluß in ein Heim außer Landes verschickt wurde und der Junge, dessen Name in den Akten nicht einmal auftaucht, zum Studium nach Hamburg ging.

1931 trat Anna Nolden aus Altersgründen zurück. Ihre Büste über dem linken Eingang ins Gymnasium auf der Weintraubenstraße 3 bewahrt das Andenken an diese erfolgreiche Pädagogin und Direktorin.

Literatur / Quellen

[1]   Schulamtsakten III, 727, Stadtarchiv Dresden
[2]   Jahresbericht der höheren Mädchenschule von Anna Nolden, Dresden 1906

Dresdner Anzeiger

Amtsblatt des Königlichen Landgerichtes, des Königlichen Amtsgerichtes, der Königlichen Hauptzollämter I und II, der Königlichen Polizeidirektion und des Rates zu Dresden, sowie des Gemeindevorstandes und Gemeinderates zu Blasewitz

Stiftungseigentum

Nr. 352   Sonnabend den 22. Dezember 1906   177. Jahrgang

Ernst von Bergmann..., der gelegentlich seines Jubiläums in der ganzen ärztlichen Welt gefeiert wurde, hat an den Herausgeber der »Medizin für Alle« bei einer Umfrage über das medizinische Studium der Frauen [gemeint war das Medizinstudium] *ein Schreiben gerichtet, in dem es heißt: »... Ich bin ein ausgesprochener Gegner des Studiums der Medizin von Frauen. Weder körperlich noch geistig sind sie ihm gewachsen. Solange die Frauen nicht die Köche und die Schneider aus ihrem Gewerbe zu drängen vermögen und wenigstens diese Gewerbe als ihr Monopol in Anspruch nehmen, werden sie auch neben den Ärzten nur ein kümmerliches Leben führen... Gute wissenschaftliche Arbeiten können Frauen gewiß leisten; die Kämpfe aber mit den Erregungen, Verantwortungen und Verzweiflungen eines Arztes will ich ihnen nicht zumuten, denn dazu schätze ich die Frauen viel zu hoch.« (Wir meinen, es sollte doch Sache der Frauen selbst bleiben, ob sie die Verantwortung und die Erregungen des Arztberufes auf sich nehmen wollten. Auch erscheint es uns nicht logisch, zu sagen, die Frauen seien geistig dem Studium der Medizin nicht gewachsen, gute wissenschaftliche Arbeiten könnten sie aber gewiß leisten. D. Red.)*

Am 22.12.1906 - im Jahr der Zulassung von Frauen zum Hochschulstudium in Sachsen - veröffentlichte der Dresdner Anzeiger dieses aussagekräftige Beispiel für die zahlreichen Widerstände dagegen.

Santa Maria und das Geheimnis der Wüste

Maria Reiche wurde am 15. Mai 1903 als Tochter des Dresdner Landrichters und späteren Amtsgerichtsrates Dr. Felix Reiche-Große auf der Stephanienstraße 11 geboren. Ihre Mutter Elisabeth Reiche-Große geb. Neumann hatte in Hamburg und Edinburgh als eine der ersten Studentinnen Theologie und Pädagogik studiert, mußte aber, wie das damals üblich war, wegen der Heirat kurz vor dem Staatsexamen abbrechen. In der Zittauer Straße 22 wuchs Maria in einem gutbürgerlichen Elternhaus auf, das auf Bildung hohen Wert legte.

Maria besuchte die höhere Mädchenschule der Anna Nolden auf der Georgenstraße. Als eine zu spät erkannte Kurzsichtigkeit ihre Versetzung gefährdete, nahm die Schuldirektorin sich Zeit für das Mädchen und sah dessen seelische Probleme, die durch den Tod des Vaters im Ersten Weltkrieg entstanden waren. Statt sie zurückzustufen, versetzte Anna Nolden die talentierte Maria 1916 ins Reformrealgymnasium auf der Weintraubenstraße. Von den Lehrern dieser städtischen Studienanstalt für Mädchen, wo sie das Abitur ablegte, wurde sie gefördert und lernte selbständiges Denken. *Meine alten Lehrer würden es mir im Himmel nie verzeihen, wenn ich diese Zeit vergessen würde.* [4] Ihretwegen gab sie deshalb die deutsche Staatsbürgerschaft auch später nie auf. Das 16jährige Mädchen träumte in einem Klassenaufsatz davon, Gehilfin eines berühmten Forschungsreisenden zu werden. Mit ihm gemeinsam wollte sie alle Entbehrungen in Hitze und Eis ertragen, schrieb sie damals.

Anschließend absolvierte sie einen zweijährigen Abiturientinnenkursus am Dresdner Lehrerinnenseminar, wodurch sie die Berechtigung zum Volksschuldienst erwarb. Ein Vierteljahr arbeitete sie als Hauslehrerin in Crossen bei Zwickau. Dann schrieb sie sich an der Technischen Hochschule Dresden in den Fächern Mathematik, Physik, Turnen und Geographie ein. Von 1924 bis 1928 studierte sie in Dresden und Hamburg - wo ja auch schon ihre Mutter studiert hatte, die übrigens seit dem Tod des Vaters im kirchlichen Büro der Herrnhuter Brüdergemeine arbeitete und von der sehr bescheidenen Hauptmannswitwenrente und den Ersparnissen allen drei Geschwistern ein Studium finanzierte. Nach der Höheren Lehramtsprüfung in Mathematik, Physik, Philosophie, Pädagogik und Erdkunde arbeitete Maria Reiche als Probekandidatin an der Neustädter Höheren Mädchenschule Weintraubenstraße 3 und ab 1929 an einer privaten Realschule für Mädchen in Hamburg, wohin die Mutter inzwischen gezogen war. 1932 wechselte sie an ein privates Mädchenrealgymnasium. Im selben Jahr bekam sie die Stelle als Hauslehrerin des deutschen Konsuls in Peru, um die sich in jener Zeit der Massenarbeitslosigkeit in Deutschland fast 80 Bewerber bemüht hatten.

Mädchenbild
(Archiv Dietrich Schulze, Langenselbold)

Nach dem Machtantritt der Faschisten in Deutschland entschied sie sich, in Peru zu bleiben. Sie lebte bei ihrer Freundin in Lima und schlug sich mit Übersetzungen, Restaurierungen und Privatunterricht durch. In dem ruhigen ungestörten Leben, das sie hier führte, kam sie zu einer erstaunlichen Klarheit. So schrieb sie ihrer Mutter schon 1935: *Du hast recht. Erst muß man mit sich selbst ins Reine kommen, ehe man etwas für die Welt sein kann. Jetzt erst fange ich an zu wissen, was ich eigentlich will, das heißt, auf einer höheren Ebene. Vielleicht werde ich noch jahrelang so weiter leben in völliger Unbekanntheit, bis mich das Schicksal für würdig befindet, mir die Aufgabe zuzuteilen, für die es mich bestimmt hat. Für die ich geboren bin. Was es ist, weiß ich nicht. Ob ich den Mann finde, der in unserer Linie liegt, d.h. enthaltsam in jeder Beziehung, voll geistigen Lebens und zurückgezogen ist, ist sehr fraglich. Ich habe auch gar nicht mehr so den Wunsch. Ich glaube eher, es ist eine bestimmte Arbeit.* [5]

Durch ihre Übersetzungsarbeiten stieß sie vier Jahre später auf die rätselhaften Linien von Nazca, die zwar schon 1926 von peruanischen Wissenschaftlern entdeckt, aber aufgrund ihrer schlechten Sichtbarkeit wohl wieder vergessen worden waren. Dr. Paul Kosok aus New York, der die ersten kilometerlangen Furchen auf dem wüstenartigen Hochplateau wiederentdeckt hatte und sie für Sonnenwendlinien hielt, erklärte sie begeistert als *größtes Astronomiebuch der Welt* [3] und bat Maria Reiche zu sehen, ob es noch mehr davon gäbe. Nachdem er ihre Fotos unter seinem Namen veröffentlicht hatte, überließ er ihr dieses Forschungsobjekt, das sie von nun an nicht mehr loslassen sollte.

Weit vor Sonnenaufgang - um 3 Uhr - trampte sie mit den durchfahrenden Trucks zu den Scharrbildern. Über weite Strecken schleppte sie Maßband, Sextant, Kompaß, eine selbstgebaute 10 m hohe Aluleiter und später den Theodoliten. Für die oft zehnstündige Arbeit nahm sie häufig nur eine Handvoll Erdnüsse mit. Im Schuppen des Wächters einer Apfelsinenplantage an der großen Panamericana-Straße, die das Gebiet durchschneidet, fand sie schließlich Unterkunft. Er meinte zwar, das wäre kein Platz für eine Dame, aber Maria Reiche antwortete: *Ich bin keine Dame, ich bin ein alter Stock.* [5] In dieser Hütte, dem heutigen Maria-Reiche-Museum, waren weder Wasser noch Licht vorhanden, sie wusch sich im Bewässerungsgraben und kämpfte mit den Mäusen, die ihre Zeichnungen anknabberten. Einmal erlegte sie in einer Nacht 18 Mäuse. *Für seine Bedürfnisse geht man in ein Gräberfeld gegenüber, wo die Schädel weiß und verblichen im Mondschein schimmern.* [4] Auf der Pampa fegte sie die etwa daumestiefen Furchen frei von den dunklen oxydierten Steinen, bis der hellere Boden darunter sichtbar wurde und entdeckte riesige Figuren, die nur aus der Luft vollständig erkennbar sind. Sie vermaß die Zeichnungen und fotografierte sie mit ihrer Dresdner Zeiss-Ikon-Kamera, bis das gleißende Licht und die Hitze nicht mehr zu ertragen waren. Abends zeichnete und rechnete sie dann bei schummrigem Petroleumlicht. Die systematische Kartographierung mit den gründlichen und exakten Berechnungen der »Doktora Alemana« hielt auch späteren Überprüfungen per Computer stand. Dank dieser akribischen Arbeit existiert heute eine komplette Landkarte der mysteriösen Zeichnungen.

Eine Frau sollte ganz allein diese *Großtat der Archäologie und der Mathematik zugleich* [3] vollbracht haben, ohne je Ethnographie oder Archäologie studiert zu haben? Eine einzelne Frau, die anfangs von den Einwohnern Nazcas als Hexe beargwöhnt

Luftbild Affe   Luftbild Spinne

(Fotos: Bert Giesecke, München)

wurde, wenn sie mit ihrem Reiserbesen und ohne Begleitung in die Wüste zog, sollte dem Geheimnis der über 7.000 Linien, geschaffen von den Vorfahren der Inkas auf einer Fläche von 500 km², auf die Spur gekommen sein und sie dokumentiert, erforscht und beschützt haben? *Unmöglich!*, konstatierte die Presse 1955: *Das ist das Werk einer ganzen Gruppe von Wissenschaftlern und das bedeutet Entbehrungen ohne Zahl in der Wüste!* [4]

Und doch ist es allein dieser später von den Einheimischen als »Santa Maria« wie eine Heilige verehrten Frau zu danken, daß dieses Netz von Linien und Abbildungen von Vögeln, Affen, Spinnen, Spiralen u.a. nicht zerstört wurde. Die etwa 23.000 Einwohner des ehemals verschlafenen Städtchens Nazca leben heute fast alle vom Tourismus der jährlich über 30.000 Besucher aus aller Welt. In diesem Gebiet regnete es bis vor wenigen Jahren - statistisch gesehen - aller zwei Jahre eine halbe Stunde, das ist der Grund, weshalb sich das Liniennetz bis heute erhalten hat. (Allerdings ändert sich seit einigen Jahren durch die Industrialisierung das Klima und es regnet jetzt öfter.)

Maria Reiche konnte ein Bewässerungsprojekt für geplante Baumwollplantagen verhindern, indem sie im Eigenverlag »Das Geheimnis der Wüste« dreisprachig herausbrachte. Sie stritt auf Behörden, in der Presse, auf Symposien und Kongressen, durch Ausstellungen im In- und Ausland für den Erhalt dieses Zeugnisses einer hochstehenden Kultur. Die rätselhaften Scharrbilder in der Pampa kehren im aufwendigen Totenkult der Nazca als Symbole auf Textilien, Metall- und Keramikgefäßen wieder, die sich als Grabbeigaben erhalten haben. *In den etwa 1.000 Jahren ihres Bestehens von ca. 400 vor bis etwa 630 nach Christi hat die Nazca-Kultur die wohl raffinierteste Keramik hervorgebracht, die aus Alt-Amerika überliefert wurde.* [3] Viele der Linien stimmen mit dem Stand von Sternzeichen oder Mondphasen und Sonnenwendpunkten am Horizont zur damaligen Zeit überein. Das Spektrum der vielen Hypothesen über die peruanischen Erdzeichen reicht von Bewässerungsgräben über Markierungen zur Bestimmung der Saat- und Erntezeiten bis hin zu Wegen für kultische Priesterhandlungen im Zusammenhang mit der Regenzeit.

Ich habe die Erkenntnis gewonnen, daß man nach einer Anzahl von Kreisbögen immer auf die Zahl 29 1/2, die Länge des Monats, kommt. Die Länge des Monats ist sehr wichtig, weil man hier weiß, daß verschiedene Pflanzen in verschiedenen Phasen des Monats gesät werden müssen, einige, wenn der Mond 8 Tage alt ist, andere, wenn der Mond 14 Tage alt ist oder bei Vollmond. [5]

Viele Jahre verbrachte Maria Reiche auf der Suche nach der altperuanischen Maßeinheit. Ständig führte sie Messungen und Vergleiche durch, schließlich fand sie eine Entsprechung zu der heute noch von Seeleuten benutzten ägyptischen Elle von 38-40 cm. Dabei suchte sie immer wieder Kontakt zu anderen Forschern, die sich aber kaum dafür interessierten, so daß sie allein weitersuchte und schließlich ihre Ergebnisse präsentierte. 1965 schrieb sie an ihre Schwester: *Die Forschungsgemeinschaft wird sich ärgern. Ich schrieb ihnen ganz am Anfang, daß ich die Maßeinheit in der Pampa gefunden habe, welche sie ist und daß sie wahrscheinlich auf kleinere Objekte anwendbar ist. Ich sagte ihnen damals, »das müssen andere studieren«. Geschieht ihnen recht, dumme deutsche Männer, die die Frauen nicht ernst nehmen und eine so wertvolle Information einfach ignorieren. Eine schöne Chance haben sie sich entgehen lassen. Deshalb bin ich froh, daß es mir zuteil wurde, eine wichtige Entdeckung zu machen, es soll helfen, in der ganzen Welt, daß man nicht dauernd die Frauen verachtet und von oben herab ansieht...* [5]

Als Erich von Däniken die Hochebene zum Raumflughafen Außerirdischer erklärte und Scharen von Ufoheilpilgern und Fanatikern anlockte, die die Bilder zu zertrampeln drohten, denn die 5 cm dünne Schicht aus oxydierten gipshaltigen Steinen und Sand bricht bei Belastung durch, ließ Maria Reiche aus eigener Tasche - größtenteils aus den Einnahmen aus ihrem Buch - einen Beobachtungsturm »Mirador« für die Besucher errichten und das Gebiet von vier Wächtern bewachen. Es dauerte lange und kostete die Hochfläche einige Narben, bis zuverlässige Leute gefunden waren. Außerdem stellte sie zwei Gehilfen für die Messungen an. In ihrem Testament verfügte sie die kostenlose Benutzung des Turms. Über Dänikens Veröffentlichung äußerte sich die Forscherin damals: *Ein Drittel des Buches ist annehmbar, der Rest Unsinn. Der Mann ist eben wissenschaftlich ungeschult, etwas eitel und phantastisch, die letzteren Sachen sind seiner großen Jugend zuzuschreiben...* [5] Inzwischen verdienen fünf private Fluggesellschaften an jedem Passagier rund 220 DM, während die Stadt bei ihren Flügen 2,20 DM pro Platz einnimmt, die sie wiederum für Verwaltungsaufwand und andere archäologische Stätten ausgibt, statt für den Schutz der Pampa.

Immer wieder mußte Maria Reiche ihre Untersuchungen unterbrechen, um mit Übersetzen oder Unterrichten ihren Lebensunterhalt zu sichern, ihre krebskranke Freundin zu pflegen und für ihre Forschungen zu sparen. Um die Pampa zu bewahren, beschloß sie, ihren Forschungsergebnissen durch den Doktorgrad mehr Nachdruck zu verleihen: *Der Prophet gilt nichts in seinem Lande und eine Frau gilt nichts in Deutschland, dann wird man mich mehr respektieren in Deutschland. Meine Sache ist so fabelhaft, wirklich bahnbrechend, da kann man Neid und Schikane erwarten. Den deutschen Männern wird das nicht gefallen, daß eine Frau wissenschaftlich bahnbrechende Wege geht... Falls eine deutsche Universität Interesse hat, die aufsehenerregenden Entdeckungen ... zuerst zu veröffentlichen und mir dafür den Doktortitel gibt, bin ich bereit, es zuerst in Deutschland zu präsentieren, das würde mir lieber sein, schon aus immateriellen Gründen, nämlich schon daß ich diese unabhängige wissenschaftliche Eroberung nur dank der Vorbildung der städtischen Studienanstalt machen konnte, am liebsten hätte ich die Sache in der Technischen Hochschule Dresden gemacht, aber dann wird man als Kommunist hier gebrandmarkt... Ich brauche natürlich einen ausnahmsweise noblen Professor... Viel Arbeit - und was schlägt er heraus? - das Prestige der deutschen Wissenschaft. Und keinen Weiberfeind. Die meisten deutschen Männer sind Weiberfeinde.* [5] Dr. h. c. mult. Maria Reiche wurde in Peru mit dem Orden der Weisen des Inkareichs und der Ehrenbürgerschaft Perus ausgezeichnet.

1970 brachte sie auf dem Amerikanistenkongreß eine Resolution ein, die Pampa zu schützen. *Meine Feinde haben sie verdreht und haben vom Podium verkündet: »Der Kongreß hat sich entschlossen, daß Seniora Maria Reiche ihr Studium weiterführen soll.« Ich bin aufgestanden und habe gesagt (ich mußte schreien ohne Mikrophon): »Es handelt sich nicht um meine Person, sondern um den Schutz der Pampa. Die Kongreßleitung hat den Mitgliedern nicht die Gelegenheit gegeben, sich darüber auszusprechen, daß die Pampa unter Denkmalschutz gestellt werden soll. Ich bitte um Applaus für dieses Gesuch...« Die Zeitungen haben all meine Interventionen im Kongreß und meinen Vortrag totgeschwiegen... Hoffentlich werden sie* [die ausländischen Teilnehmer] *genügend Propaganda für die Pampa machen, daß sich die Regierung endlich dafür interessiert.* [5] Im Jahr darauf berichtete sie: *Der Bürgermeister von Nazca, der reichste Landbesitzer, war auf der Pampa mit zahlreichen Familien, kleinen Kindern und zwei Hunden und sie sind auf der Spinne und dem großen Vogel herumgetrampelt. Ich glaube, mit Willen, denn es sind dieselben, die sich diese Länder für die Landwirtschaft aneignen wollen und es zusammen mit den Archäologen verhindern, daß die Pampa unter Denkmalschutz gestellt wird.* [5] 1976 wurde die Hochebene von Nazca als »Archäologische Zone« ausgewiesen und erst 1995 erklärte die UNESCO die Linien in der Pampa zum kulturellen Erbe der Menschheit. Maria Reiche verstummte in den Jahrzehnten ihres Kampfes gegen Gleichgültigkeit, Dummheit und Bürokratie, gegen Männermacht in der Wissenschaft, auf ihrer einsamen Suche in der Wüste allmählich.

Die Sache ist so: Ich habe 2 Aufgaben im Leben: 1. Die Wahrheit über Nazca herauszufinden. 2. Der Welt zu beweisen, daß eine Frau ohne Mithilfe eines Mannes ein wertvolles wissenschaftliches Ergebnis bekommen kann. Wenn ich jetzt an diesem wichtigsten Punkt einen Mann dazulasse, wird die Welt sofort sagen: »Jetzt endlich hat sie ein Ergebnis, weil ein Mann dazugekommen ist. Das ist

Ana Maria Cogorno
(Foto: Bert Giesecke, München)

es, was nötig war.« Sogar Männer, mit denen ich gesprochen habe, haben dieses zuge-geben. *In jetziger Zeit, wo es nötig ist, die Proliferation* [engl.: Bevölkerungsexplosion] *auf ein Minimum zu reduzieren, ist es nötig, der Frau einen Lebensinhalt zu geben, der jenseits der bisherigen schmutzigen oder langweiligen Aufgaben liegt, die man ihr bis jetzt zugeteilt hat... Was ich brauche, ist eine Frau zwischen 40 und 50, resistent, schweigsam, an Mathematik interessiert.* [5] Diese fand sie später in Ana Maria Cogorno, ihrer Adoptivtochter und offiziellen Vertreterin.

Über all die Jahre hielt sich Maria Reiche fit, schwamm jeden Morgen mehrere Kilometer im Humboldtstrom, lebte sehr spartanisch und fastete oft. So machte es ihr nichts aus, mit 52 Jahren unter die Kufen eines Helicopters geschnallt zu werden, um Luftbildauf-nahmen zu machen, mit 58 Jahren den Führerschein abzulegen oder mit 73 Jahren zu schwärmen: *Jedesmal wenn ich fliege, fühle ich mich 10 Jahre jünger danach. Das soll noch mehr sein, wenn man Fallschirm springt.* [5] Zwei Jahre später berichtete sie: *Eine Menge kleiner Jungen rief: »Maria Reiche, zeig uns, wie du vorwärts Kopfsprung machst!« und klatschten dann Applaus.* [5] Noch im Alter von 80 Jahren fuhr sie jeden Morgen um 4 Uhr mit ihren Mitarbeitern in die Pampa.

In einem anderen Brief teilte sie ihrer Schwester mit, was ihre Mitarbeiterin ihr anvertraut hatte: *Was sie mir erzählt von der Sierra, ist ganz phantastisch. Reines Mittelalter. Hexen, Zauberer, Magier, Medien - Eidechsen, Kröten, Schlangen - Kräuterweisheit - die Göttin der Erde, die man nicht - nicht einmal in Worten beleidigen darf - primitive,*

effektive Heilverfahren - ungeheuer inter-essant... Interessant ist, daß wie überall, in Mexico auch, der Karfreitag als der Tag angesehen wird, wo der neue Gott geboren wird und die alten Götter für einen Tag wieder leben... Die Hirten und Hirtinnen spiegeln sich an von einem Berg zum an-deren. Wenn der Hirt das Lichtzeichen gibt, antwortet die Hirtin mit ihrem Spiegel, wenn sie ihn will... Alle jungen Leute und Mäd-chen nehmen immer ihren Spiegel mit auf den Berg. [5]

Der peruanische Staat stellte Maria Reiche ein Zimmer im Hotel »Turista« auf Lebenszeit zur Verfügung, wo sie täglich mehrere Vor-träge in Englisch, Spanisch, Deutsch oder Quetschua für Touristen hielt. Unterstützung

Maria-Reiche-Büste
(Plasik: Hoyos Guevara, Peru,
Foto: Lothar Sprenger, Dresden)

erhielt sie u.a. von ihren Freunden, von einfachen Bauern, der peruanischen Luftwaffe, der Wenner Gren Foundation und natürlich von ihrer Schwester, die nach der Pensionierung zu ihr zog, um sie zu pflegen. Die Stuttgarter Ärztin Renate Reiche-Große hatte ihr schon nach einem Besuch in den 60er Jahren einen VW geschenkt und 1993 die Büste, die in der Aula des Gymnasiums auf der Weintraubenstraße steht, gestiftet. Kaum bekannt in ihrer Heimat erhielt sie die höchste staatliche Auszeichnung Perus, den Sonnenorden, wurde als Frau des Jahres und auf einer Briefmarke geehrt und mehrere peruanische Universitäten verliehen ihr die Ehrendoktorwürde. 1983 erhielt sie das Bundesverdienstkreuz erster Klasse.

In ihrer Geburtsstadt gibt es eine Wanderausstellung der Gleichstellungsstelle der Technischen Universität Dresden, deren Vorschlag, einen Gebäudeteil nach Maria Reiche zu nennen, abgelehnt wurde. Der Maria-Reiche-Verein zeigte 1997 eine Sonderausstellung zu ihrem Leben und Werk im Dresdner Rathaus. Ihre Autobiographie wolle sie mit 90 oder 100 Jahren schreiben, sagte die Wissenschaftlerin 1967, doch die Parkinsonsche Krankheit fesselte sie bis zu ihrem Tod am 8.6.1998 an den Rollstuhl.

Literatur / Quellen

[1]   Maria Reiche: Geheimnis der Wüste, Enotria, 6. Auflage 1996
[2]   Renate Reiche-Große: Maria Reiche und deren Forschungsarbeit auf der Pampa von Nazca in Peru, Manuskript, Stuttgart 1983
[3]   Sammelmappe des Museums im Stadtpark, Grevenbroich 1989
[4]   unveröffentlichtes Manuskript zur Biographie Maria Reiches und Brief 1996 von Dietrich Schulze, Langenselbold
[5]   Briefauszüge Maria Reiches, 1932-1978, Archiv Dietrich Schulze, Langenselbold, (unveröffentlicht)
[6]   FAZ vom 6./7.4.1996
[7]   Fernsehfilmmitschnitt »Das Rätsel von Nazca«, WDR 1981

Industrialisierung

Gewerbegruppen mit hohem Frauenanteil (Hauptberuf)		
Gewerbegruppe	Gewerbezählung 1875	Berufszählung 1895
Textilindustrie	762 F. (333 M.)	1.269 F. (637 M.)
Bekleidungs- und Reinigungsgewerbe	3.835 F (5.138 M.)	10.940 F. (8.575 M.)
Nahrungs- und Genußmittel	1.041 F. (3.288 M.)	3.192 F. (6.095 M.
Warenhandel	1.756 F. (6.937 M.)	5.200 F. (12.892 M.)
Beherbergung und Erquickung	1.315 F. (1.623 M.)	3.892 F. (3.149 M.)
Häusliche Dienste u. Lohnarbeit wechseln der Art		4.617 F. (848 M.)
Dienstboten	14.082	13.084

Die weibliche Bevölkerung in Dresden		
	1875	1895
weibliche Bevölkerung	99.310	162.630
Handel und Gewerbe	24.846 (25%)	49.791 (30,6%)
darunter Dienstboten	14.082	13.084 (12.578 ledig; meist bis 30 Jahre alt)
Haushaltsangehörige ohne Hauptberuf (älter als 16 Jahre)	ca. 25.000 (nur von Handel- u. Gewerbetreibenden)	59.490 (ab Alter von 20 Jahren ganz viele Frauen verheiratet, bis 60 Jahre ca. 45.000)
(jünger als 16 Jahre)	25.000	40.359
Berufslose (ohne Haushaltsangeh.)	?	12.298 (darunter von Unterstützung Lebende: 1.839)
sonstige, nicht erfaßte Personen	ca. 25.000	--

Ergebnisse Dresdner Gewerbezählungen (F. – Frauen, M. – Männer) [1,2]

Die Aufhebung der von 1806 bis 1812 während Kontinentalsperre hatte zum völligen Zusammenbruch der jungen Industrie geführt, die sich in der Residenz durch die demographischen Gegebenheiten besonders spät entwickelt hatte. Erst in den sechziger und siebziger Jahren setzte erneut ein starker industrieller Aufschwung ein: Großbetriebe (1875 wurde ein Betrieb mit mindestens fünf Mitarbeitern als solcher gerechnet) begannen, traditionelle Gewerbeformen wie Handwerk und Kleingewerbe zu ergänzen und teilweise abzulösen.

Die einsetzende Industrialisierung eröffnete ab der ersten Hälfte des 19. Jahrhunderts auch Frauen anfänglich neue Erwerbsmöglichkeiten. Durch Manufakturarbeit und industrielle Anbindung von Näherei, Wäschefabrikation, Schneiderhandwerk und Putzmacherei (Bekleidungsgewerbe) sowie Strickerei, Wirkerei, Stickerei und Wäscherei (Textilgewerbe) wurden mehr Arbeitskräfte benötigt. Die Anzahl der in Handel und Gewerbe tätigen Frauen, die nicht als Dienstmädchen arbeiteten, stieg von 10,8 % im Jahre 1875 innerhalb von 20 Jahren auf 22,6 % der weiblichen Gesamtbevölkerung Dresdens, denn die »aufmüpfigeren« Städterinnen gingen wegen höherer Verdienste und besserer Arbeitsbedingungen lieber in die Fabrik als in Stellung. Doch auch hier wurden sie im Vergleich zu ihren männlichen Kollegen geringer entlohnt und führten die schlechter bezahlten und weniger angesehenen Tätigkeiten aus. Daran änderte sich nur in Not- und Kriegszeiten etwas, wenn Frauen als Arbeitskraftreserve auf den von den Frontkämpfern geräumten Stellen gebraucht wurden.

Die Frauenarbeit in Industrie und Handel war gekennzeichnet durch:
- Beschränkung auf einige besondere Berufsgruppen,
- niedrige Qualifikation der Frauen (technisch gebildetes Personal gab es unter ihnen kaum),
- geringe Löhne,
- geringen Grad an Selbständigkeit (selbst in Berufen mit vielen Geschäftsleiterinnen und -inhaberinnen meist starke Anbindung an größere Unternehmen),
- hohen Anteil an unverheirateten Beschäftigten.

Zwischen Verheirateten und Unverheirateten wurde in der Entlohnung nicht unterschieden. Seit der zweiten Hälfte des vorigen Jahrhunderts mußten demzufolge Ledige und Witwen beispielsweise von einem Einkommen leben, das im Zusammenhang mit der Etablierung des Ernährermodells (auch in den zu etwas Wohlstand gekommenen Arbeiterkreisen) als phasenweiser »Zuverdienst« für Ehefrauen konzipiert war, während der gängige Lebensentwurf für Männer die lebenslange kontinuierliche Erwerbsarbeit vorsah. Die Argumentation dazu war anfangs noch recht widersprüchlich, aber deutlich von bestimmten Interessen geprägt. So wurde von der notwendigen Kinderpflege gesprochen, als Kinderarbeit noch allerorten gang und gäbe war. Oder es wurde behauptet, Frauen wären von Natur aus weniger geeignet für andauernde schwere Arbeit, auch könne man ihnen das nicht zumuten, da sie ja durch den Haushalt und das Kinderkriegen anderweitig beschäftigt seien. Welcher Hohn angesichts der vielen Wäscherinnen, Tagelöhnerinnen und der Kinder, Wasser und Holz schleppenden Frauen überall in den Straßen! Vermutlich ging es den Arbeitgebern weniger um das Zumutenkönnen als das Zumutenwollen. So begegnete man geschickt einer durch die immer effizientere Maschinenarbeit anwachsenden Massenarbeitslosigkeit durch Teilung der inzwischen gefährlich großen Menge an Arbeitssuchenden. Das Ernährermodell mutete die alleinige Verantwortung den Ehemännern und Vätern zu und machte dies zum festen Bestandteil der geltenden Vorstellungen von »männlicher Ehre«.

1823 wurde die Chocoladen- und Cichorienfabrik Jordan & Timaeus auf dem Gelände zwischen der heutigen Jordan- und der Timaeusstraße gegründet. Die damit älteste deutsche Schokoladenfabrik beschäftigte um 1850 etwa 200 überwiegend weibliche Arbeitskräfte und war damit zeitweise eine der größten Fabriken Dresdens. Außer Schokolade und Kaffeesurrogaten wurden hier Kakaopulver, Zuckerwaren und Lebkuchen hergestellt. Auch in der 1877 an der Königsbrücker Straße gegründeten Schokoladenfabrik von Richard Selbmann wurden die oft monotonen Tätigkeiten vorrangig von Frauen ausgeführt. 1886 zog die Firma in das Gebäude an der Ecke Eschenstraße/Dammweg, das heute noch steht. Die Genußmittelindustrie hatte in der Königlichen Residenzstadt Tradition, um die Jahrhundertwende war Dresden in der kakaoverarbeitenden Industrie Deutschlands führend. So waren 1895 ca. 1.000 Frauen in überwiegend größeren Betrieben (mehr als 50 Personen) beschäftigt.

Ähnliches gilt für das Genußmittel Tabak. Die erste deutsche Zigarette wurde in Dresden gedreht. Zwei Drittel der deutschen tabakverarbeitenden Industrie waren im letzten Jahrhundert hier angesiedelt. Auch hier leisteten zum größten Teil Frauen die eintönige Fabrikarbeit oder schlechtbezahlte Zulieferdienste in Heimarbeit. 1895 arbeiteten 1.845 Frauen in 16 Dresdner Großbetrieben mit mehr als fünfzig Beschäftigten, aber auch in kleineren Produktionsstätten mit zwei bis fünf Personen. Die Tätigkeiten selbst erforderten kaum Vorbildung. Vor allem also Schulabgängerinnen begannen als Ungelernte, Zigaretten zu drehen, oftmals am Anfang unbezahlt. Fingerfertigkeit zu entwickeln brauchte jedoch längere Übung. Anfängerinnen und Heimarbeiterinnen kamen oft nur auf 5 bis 10 Mark pro Woche, Fabrikarbeiterinnen erhielten 12 bis 14 Mark. Der Wochenlohn eines männlichen Kollegen betrug mindestens 18 Mark. Dabei wurde gerade von den Frauen in der Zigarettenindustrie erwartet, daß sie sich Arbeit mit nach Hause nahmen. Also klebten die Frauen noch durchschnittlich zwei Stunden pro Abend (auch sonntags) Hülsen für die Fabrik. Auf diese Weise verrichteten viele Frauen oft weit mehr als elf Stunden Lohnarbeit am Tag.

Nach der Heirat verließen die meisten Frauen die Fabrik und arbeiteten in Heimarbeit weiter. Man pries ihnen als Vorzug an, daß sie Hausarbeit und Kinderbetreuung so nebenbei erledigen könnten. Doch in der Realität ließen zu windelnde und stillende Babys und quengelnde Kleinkinder den Frauen nur wenig Zeit. Die größeren Kinder aber arbeiteten in Stoßzeiten mit. Da es sich häufig um Saisonarbeit mit wechselnder Auftragslage handelte, mußten vielen Heimarbeiterinnen vier Stunden Nachtschlaf ausreichen. Während die Fabrikherren auf diese Weise Material, Werkzeuge, Arbeits-räume, Heizungs- und Beleuchtungskosten sparten, konkurrierten die voneinander isolierten und von Aufträgen abhängigen Frauen untereinander in schärfster Selbstaus-beutung, so daß sie Feierabend und Wochenende kaum kannten. Der Gewerkverein der Heimarbeiterinnen, der seinen Sitz auf der Hauptstraße 38 hatte und dem in der Mehrzahl Näherinnen angehörten, machte es sich zur Aufgabe, die Frauen kostenlos in rechtlichen und behördlichen Angelegenheiten zu beraten, bei Streitigkeiten mit den Arbeitgebern die Frauen zu vertreten, günstigere Anschaffungspreise für Nähma-schinen auszuhandeln, Wöchnerinnen und Kranken Unterstützungen zu zahlen sowie durch Versammlungen und ein Vereinsblatt die Isolation zu überwinden.

Nachdem 1862 in Sachsen erstmals weibliche Angestellte im Post- und Telegraphen-dienst zu arbeiten begannen, waren 30 Jahre später 111 Frauen in diesem Bereich tätig. Weitere beliebte neue Berufsbilder zu Beginn des 20. Jahrhunderts waren Sekre-tärin, Kontoristin, Handlungsgehilfin, Stenographistin oder Laborassistentin.

Literatur / Quellen

[1]   Die Resultate der 1875er Gewerbezählung, in: Mitteilungen des Statistischen Bureaus der Stadt Dresden, Dresden 1878
[2]   Ergebnisse der Gewerbezählung vom 14.6.1895 in Dresden-Pieschen und Trachen-berge, in: Mitteilungen des Statistischen Amtes der Stadt Dresden, Dresden 1901
[3]   Robert Wuttke: Untersuchungen über die Heimarbeit der Frauen in Dresden, Dresden 1902
[4]   Stadtlexikon Dresden A-Z, Dresden 1994

Neue Frauenberufe und Dr. Schurigs Soziale Frauenschule

Elisabet Lotte Schurig kam am 3. Dezember 1862 in der Forststraße 12 zur Welt. In dem aristokratischen Villenviertel östlich der Prießnitz lebten viele höhere Beamte und Militärs. Über die Kindheit und Jugend dieser Tochter des Generalleutnants Johann Karl August Schurig ist nichts bekannt. Vermutlich waren ihr die Bestrebungen der in der Nähe wohnenden fast gleichaltrigen Katharina Scheven nicht entgangen, die im Kampf der damaligen Frauenbewegung um die Erschließung der Hochschulen für das weibliche Geschlecht eine führende Rolle spielte. Im Jahre 1900 öffnete die Heidelberger Universität als erste in Deutschland ihre Pforten für Studentinnen. Unter den argwöhnischen Blicken von Kommilitonen und Dozenten eroberten sie die lang vorenthaltene und daher so lockende Welt der Wissenschaften. Als im Jahr darauf Lotte Schurigs Vater starb, reichte die 38jährige ein Gesuch an der Technischen Hochschule Dresden ein, die Physikvorlesungen des Prof. Hallwachs besuchen zu dürfen, was trotz geäußerter Bedenken der Herren Professoren schließlich genehmigt wurde. Zwei Jahre später legte sie die externen Prüfungen zur Hochschulreife am Königlichen Gymnasium für Knaben in Dresden-Neustadt auf der Holzhofgasse ab. Nun stand ihrem Wissensdurst nichts mehr im Wege, sie ging nach Heidelberg und studierte Philosophie. Anschließend schrieb sie ihre Promotion zur Entwicklung der politischen Anschauungen Heinrich von Treitschkes, insbesondere über die Ausgestaltung seines theoretischen Staatsideals und den Ausbau der innerstaatlichen Institutionen für das konstitutionelle Preußen. Als 47jährige kehrte Lotte Schurig 1909 mit dem Doktortitel und voller Ideen und Tatkraft nach Sachsen zurück. Sie zog wieder in ihr Geburtshaus in der Forststraße 12, das ihrer Mutter Laura Isidore Schurig gehörte.

Angeregt durch das Vorbild des Berliner Lyceumklubs, initiierte und gründete Lotte Schurig den »Frauenklub Dresden 1910«. Eine Mitgliederliste ist allerdings nicht überliefert. So weiß man nicht, ob Helene Schurig, die ebenfalls in der Forststraße 12 wohnte, auch dazugehörte. Jene war in den 20er Jahren im Ortsverband Dresdner Künstlerinnen organisiert, der der Gemeinschaft Deutscher und Oesterreichischer Künstlerinnen und Kunstfreunde (Gedok) angeschlossen war. Dort jedenfalls finden sich übrigens viele Neustädterinnen, etwa Margarethe Faltin von der Kurfürstenstraße 6, Elisabeth Schönleber von der Theresienstraße 14, Gerty von Seydlitz von der Nordstraße 6, Adelheid Kohlschütter von der Bettinastraße 14, Annie und Dora Seifert von der Carolastraße 9 und Marianne von Mühlen von der Körnerstraße 9. In der Hospitalstraße 2 wohnten Elisabeth Müller und Emmy Müller-Müller (von letzterer erwarb das Stadtmuseum einige Gemälde).

Der »Frauenklub Dresden 1910« dagegen vereinigte auch Musikerinnen, bildende Künstlerinnen und Kunstgewerblerinnen, die gemeinsame Verkaufsausstellungen organisierten. Um das Gefühl der Solidarität unter den *in künstlerischer, wissenschaftlicher und sozialer Arbeit stehenden und an solcher Arbeit interessierten* [4] adligen und bürgerlichen Frauen zu stärken, fanden diese sich zu wöchentlichen Teenachmittagen in der Wohnung des Sanitätsrates Klotz auf der Sidonienstraße 2 zusammen. Schon zum ersten Treffen kamen etwa 200 Damen. Die Klubmitglieder richteten ein Musik-, ein Spiel- und ein Lesezimmer ein, im gelben Gartenzimmer wurde der Fünf-Uhr-Tee eingenommen. Sie stellten eine Bibliothekarin ein, und eine Hausdame verwaltete die

Räume mit *weiblicher Umsicht*.[4] Die Besucherinnen bekundeten nicht nur an den Ausstellungen und musikalischen Darbietungen Interesse, sondern nahmen auch an den angebotenen literarischen Vorträgen und Diskussionsabenden teil, wobei Frauenfragen und soziale Frauenarbeit durch Lotte Schurigs Einfluß eine große Rolle spielten. In ihrer Eröffnungsrede hatte die Doktorin nämlich den Wunsch geäußert, *dass es auch in Dresden gelingen möge, durch diese neue Schöpfung diejenigen Frauen einander menschlich nahe zu bringen, die sich als Träger des geistigen Lebens fühlen.* [4]

Musikalischer Tee im Frauenklub
(Salonblatt 1910)

Lotte Schurig begann, an der der Neustädter städtischen Höheren Mädchenschule (NHM) angeschlossenen Frauenschule zu unterrichten, die jedoch vorrangig auf hauswirtschaftliche Tätigkeit und Ehe vorbereiten sollte. Dieses Profil war vom Gesetz über das höhere Mädchenbildungswesen vom 16.6.1910 in Sachsen vorgegeben, worin es hieß: *Die Frauenschule dient der wissenschaftlichen Weiterbildung der weiblichen Jugend, ohne zu dem Ziele akademischer Studien zu führen, sowie der Vorbereitung auf den besonderen Beruf der Hausfrau.* Das war der engagierten Frau zu wenig. Der Landesverband Sächsischer Frauenvereine schrieb übrigens in einer Eingabe zur Reform der höheren Schulen noch 1924 an das Volksbildungsministerium: *Die ... Frauenschule hat nach den gemachten Erfahrungen sich nicht durchgesetzt, da die schwierigen wirtschaftlichen Verhältnisse es Eltern nur in ganz seltenen Fällen gestatten, ihre Töchter nach zehnjährigem Schulbesuch noch weitere 2 Jahre eine Schule besuchen zu lassen, die keine Berechtigungen gewährt. Es erscheint darum zwecklos, die Frauenschule in der alten Form beizubehalten.* [1]

Die bürgerliche Frauenbewegung hatte nach 1850 vor allem um bessere Ausbildungsmöglichkeiten für Frauen gekämpft. Beispielgebend war dabei der Berliner Letteverein vorangegangen, der ab 1885 Qualifizierungen zur Röntgenassistentin, Fotografin, Buchbinderin und Schriftsetzerin anbot. Angeregt durch die Kindergartenidee Fröbels, die in England ins staatliche Volksbildungssystem integriert wurde, während sie in Deutschland erst verboten und dann vor allem von Privatinitiativen weitergetragen wurde, entwickelte dessen Nichte Henriette Schrader-Breymann das Ideal der »geistigen Mütterlichkeit«. Neue Erziehungs- und Pflegeberufe entstanden. In diesem Kontext gründete 1909 Alice Salomon in Berlin eine Soziale Frauenschule.

Wieder war es Dr. Lotte Schurig, die die Idee nach Dresden brachte und im Oktober 1913 begann, die ersten Sozialen Frauenkurse anzubieten: *In den Räumen des neugegründeten Friedrich-Adolf-Kinderhorts, Feldgasse 9, wurden am Montag die Sozialen Frauenkurse durch eine kurze begrüßende Ansprache an die Dozenten und die 22 Schülerinnen und Hospitantinnen von der Leiterin Frl. Dr. L. Schurig eröffnet, die systematisch und nach festem Lehrplan Frauen und Mädchen für berufliche und ehrenamtliche soziale Arbeit ausbilden wollen.* [2] Die Lehrerin unterrichtete nebenbei jedoch (vermutlich, um ihren Lebensunterhalt zu bestreiten) bis in die 20er Jahre weiter an der Frauenschule auf der Weintraubenstraße, deren Abschluß auch eine der möglichen Zugangsvoraussetzungen für die Soziale Frauenschule darstellte.

Ein Jahr nach ihrer Gründung wurde die Soziale Frauenschule gewerblich genehmigt und dem Stadtrat sowie dem Innenministerium unterstellt. Nach zweijähriger Ausbildung eröffnete sie den Einstieg in eine ganze Reihe neuer Frauenberufe wie Wohnungsinspektorin, Jugendpflegerin, Polizeiassistentin, Bahnhofsmissionarin, Gewerbeinspektorin, Vereinssekretärin, Leiterin von Frauenauskunftsstellen oder Kinderbewahranstalten, Beamtin in Arbeitsnachweisbüros. Die Lehrkräfte waren in der Mehrzahl weiblich. Die langjährige Leiterin des Kleinkinder-Lehrerinnen-Seminars von der Holzhofgasse, Frl. Heinsius, unterrichtete in ihrem Fach direkt am praktischen Beispiel im benachbarten Kinderhort. Dr. Schurig selbst gab Theorie und Praxis des Armenwesens und Jugendfürsorge. Zur praktischen Anschauung der Arbeits- und Lebenssituationen von Frauen in Dresden besuchten die Schülerinnen Volksküchen, Nähstuben, Kinderbewahranstalten, das Armenamt oder die älteste deutsche Nähmaschinenfabrik Seidel & Naumann.

Ausschnitte aus einem Werbefilm der Nähmaschinenfabrik Seidel & Naumann (Archiv ddp goldenbogen, Dresden)

Häufig mußte die Schule aus Geldschwierigkeiten die Räumlichkeiten wechseln. So zog sie zunächst in die Leubnitzer Straße 3, ab 1919 wechselte sie auf die Neustädter Seite hinüber: zuerst ins Kanzleigäßchen 1, ein Jahr darauf auf den Kaiser-Wilhelm-Platz 7 und 1923 in die Große Klostergasse 2. Im selben Jahr erhielt die Schule auf Betreiben der sächsischen Regierungsrätin Dr. Else Ulich-Beil die staatliche Anerkennung, und die Stadt Dresden genehmigte erstmals eine Unterstützung: 107 Millionen Mark Inflationsgeld. Dem waren zehn Jahre aufopferungsvollen Kampfes ums Überleben dieser Frauenbildungseinrichtung vorausgegangen. *Wie alle Pionierarbeit nur geleistet werden könne unter Einsetzung aller Kräfte, so sei die Entstehung und Erhaltung der Schule nur möglich unter Hingabe der ganzen Persönlichkeit an die Sache... ohne Beachtung einer materiellen Nutzbarkeit der Sache habe in den Tagen der Entmutigung ...[Idealismus]... über die Schwierigkeiten hinweggeholfen... so sehe sie es gleichzeitig als ihre Pflicht an, in den Schülerinnen den Geist weitestgehender Duldung für die Gesinnung Andersgerichteter zu erziehen und zu festigen.* [2] 1929 wurde die Schule verstaatlicht, Dr. Else Ulich-Beil übernahm die Direktion und verlegte sie nach Hellerau, wo sie bis 1933 bestand.

Lotte Schurig engagierte sich außerdem im Vorstand des von Marie Stritt gegründeten Dresdner Rechtsschutzvereins für Frauen und im Vorstand des Stadtbundes der Dresdner Frauenvereine. Weitere Lebensdaten dieser mutigen und klugen Frau, die dem Dresdner Geistesleben neue Impulse gab und heute fast vergessen ist, konnten nicht ermittelt werden.

Literatur / Quellen

[1] Landesverband Sächsischer Frauenvereine an das Ministerium für Volksbildung, in: Stadtbund der Dresdner Frauenvereine, Aktenstück 20, Bl. 219, Stadtarchiv Dresden
[2] Schulamtsakten 1913 -1923, Sect. I Kap. X Nr. 231, Stadtarchiv Dresden
[3] Salonblatt 1910, Nr. 2 u. 7, Dresden 1910
[4] E. L. Schurig: Frauenklub Dresden 1910. in: Das neue Dresden, Dresden 1911
[5] Jahresverzeichnis der an den Deutschen Universitäten erschienenen Schriften XXIV, Berlin 1910
[6] Dresdner Journal 1914
[7] Adreßbücher Dresdens

»Eine teilt's der Andern mit - Favorit - der beste Schnitt!«

Schon 1838 machte die Neustadt in puncto Mode von sich reden. In jenem Jahr war an der Bautzner Straße im heutigen Waldschlößchen-Areal die erste Dresdner Aktienbrauerei eröffnet worden, ein beliebter Ausflugsort für die Dresdner. Aber auch die Dresdnerinnen zog es hierher. Der Verfasser eines »Modenberichtes« zur damaligen Zeit konnte *nichts Unanständiges, Unsittliches an der Tatsache feststellen, daß auch die Damenwelt die Brauerei immer zahlreicher mit ihrer Gegenwart erfreut.* [1] Er berichtete sodann von der neuesten Mode: weit ausgeschweifte und an den Seiten nach außen gebogene Hutblenden. Die Damen waren nämlich mit den Bierkrugdeckeln immer an den nach vorn ausladenden Huträndern angestoßen und hätten, um an den edlen Tropfen zu gelangen, die Hüte absetzen müssen.

Wenige Jahre später siedelte sich in der Nähe ein Unternehmen an, das europäische Geschichte auf dem Gebiet der Mode schrieb: Die Europäische Modenakademie, die seit 1857 in die Neustadt gezogen war. Hier erwarb und baute die Akademie verschiedene Gebäude in der Forst-, Nord- und Bachstraße. Dieser Aus- und Weiterbildungsbetrieb mit angeschlossenem Moden-Verlag war 1850 an der Frauengasse in der Dresdner Altstadt von G. A. Müller und H. Klemm gegründet worden. Mit mehreren international verbreiteten Modezeitschriften sowie Lehr- und Fachbüchern für das Schneiderhandwerk war dieses Unternehmen marktbeherrschend und beeinflußte dadurch den Modetrend in allen Bevölkerungsschichten Deutschlands. 1893 war die Akademie an der Weltausstellung in Chicago beteiligt.

Anzeige Wohlaufs Korsetthaus
(Lokalanzeiger für Dresden-Neustadt vom 1.4.1911)

In vielen europäischen Hauptstädten und Übersee gründeten sich Filialen. Die berühmten Favorit-Schnitte der zugehörigen Internationalen Schnittmustermanufaktur, die in alle Welt gingen, wurden hier erfunden. Nach dem Erlaß des Königlichen Ministeriums betreffs des Tragens einer vernünftigen Schul- und Turnkleidung in den Mädchenschulen erhielt 1907 diese Schnittmustermanufaktur den Auftrag zur Herstellung der Schnitte. Sie mußten zu mäßigen Preisen und genau nach den Angaben der Dresdner Turnlehrerschaft und des Dresdner Vereins für deutsche Frauenkultur und Frauenkleidung (unter Leitung der engagierten Kämpferin für eine Reform der Frauenkleidung Ella Law) hergestellt werden. Dem war ein jahrelanger Kampf des Vereins vorausgegangen, der sich für luftdurchlässige Stoffe und vorn zu schließende mehrteilige Kleidung eingesetzt hatte, die die Bewegung der Mädchen nicht einengte. Der Verein war übrigens 1930 durch Margarete Schuster vom Bischofsweg 112 im Stadtbund der

Dresdner Frauenvereine vertreten und forderte praktische und gesunde, aber auch schöne und moderne Kleider für Frauen, wie sie u.a. die Deutschen Werkstätten Hellerau entwickelten, statt der einschnürenden Korsetts, die der unterdrückten Stellung und einzwängenden Rollenfestlegung der Frau entsprachen.

Zum Verlag gehörten der Internationale Mode-Club für Damenschneider und die Freie Vereinigung der Herren- und Damenschneider. In der exklusiven Europäischen Modenakademie erhielten bald auch Frauen Zugang zu der begehrten soliden und umfassenden Ausbildung. Die heute 91jährige Johanna Beuchel, die ihr Leben lang in der Böhmischen Straße 41 wohnte, legte 1938 an der Akademie ihre Meisterprüfung mit »sehr gut« ab. Damit war es ihr möglich, eine bescheidene selbständige Existenz aufrechtzuerhalten und auch in den schweren Zeiten für sich und andere zu sorgen. Zu ihren Kundinnen gehörten viele arme Frauen. Sie staffierte die ganze Umgebung aus und kaufte sich selbst die Konfektion von der Stange.

Lehrbügeleisen der Europäischen Modenakademie
(Archiv Una Giesecke, Dresden)

Literatur / Quellen

[1]   Der Sammler aller Merkwürdigkeiten in Beziehung auf Geschichte, Alterthum, Kunst, Natur und Gewerbe im Königreich Sachsen, Dresden am 12.4.1838
[2]   Dresdner Volkszeitung vom 18.9.1907
[3]   Sächsische Zeitung vom 13.7.1993

Die Ehrenamtlichen

Dresdner Frauenvereine zwischen Emanzipation und Anpassung

Luise von Schönberg
(Stadtarchiv Dresden)

Nach den Napoleonischen Kriegen und der Aufhebung der Kontinentalsperre waren durch die Plünderungen und die Arbeitslosigkeit Hunger und Armut in Deutschland an der Tagesordnung. Nach dem Vorbild des in München wohnenden Grafen Benjamin Thompson von Rumford gründeten im Jahre 1814 eine Anzahl Dresdner Frauen um Luise von Schönberg, geborene Gräfin zu Stolberg-Wernigerode, eine Suppenküche, um wenigstens *den nagenden Hunger von den Armen fernzuhalten.* Etwas, das der öffentlichen Armenpflege infolge der Teuerung nach dem Kriege nicht mehr gelungen war. Aus der Suppenküche sollte noch im selben Jahr ein umfassenderes Projekt hervorgehen - der **Frauen-Verein zu Dresden**.

Das historische Originalrezept der *Rumfordschen Suppe* lautete folgendermaßen:

Für 50 Personen sind nötig:
1 Metze 1 Mäßchen Kartoffeln,
1 Mäßchen Graupen,
2 Mäßchen Erbsen,
5 Pfund Brot,
16 Lot Bauchspeck.

Die Kartoffeln werden gekocht, geschält, gerieben; die Graupen und Erbsen gekocht und letztere durchgeschlagen; mit den Kartoffeln vermischt, aufgekocht und mit Salz und Pfeffer nach Gutdünken gewürzt. Der Bauchspeck wird mit den Graupen zugleich gekocht, und diese müssen gleich im Anfange gesalzen werden. [1]

In der Neustadt und am Queckbrunnen verteilten die Damen den Winter über die Suppe an die Hausarmen und Alten, die ihnen persönlich bekannt waren. Das Brennmaterial zum Kochen lieferte der Königliche Holzhof an der Neustädter Holzhofgasse.

Ausgehend von der Speisung der Armen erweiterte sich der Wirkungskreis dieser *wahrhaft edlen Frauen* auf die Kontrolle der Schulspeisung in den Armenschulen.

Gustav Nieritz, an den ein Denkmal und eine Straßenbenennung in der Neustadt erinnern, berichtet von einem solchen kurzfristig angekündigten Besuch in der Neustädter Schule seiner Eltern: *Durch diese Nachricht außer sich, traf mein Vater im Verein mit meiner Mutter in aller Eile die nötigen Vorkehrungen... Die beiden Lehrzimmer wurden süß durchräuchert, weißer Sand in die beschmutzten Gänge gestreut, unsere kleine Orgel gesäubert... und die Schüler zur Artigkeit ermahnt. Bald kamen die angstvoll Erwarteten. Zwei vierspännige Staatswagen, der eine mit königlicher Bedienung, ein Zwei- und ein Einspänner fuhren in einer langen Reihe vor unserem Hoftore auf und machten die ganze Nachbarschaft stutzig. Vier weibliche Exzellenzen, darunter eine Gräfin, eine Marquise, eine Frau Minister, eine Frau General nebst anderen vornehmen Damen erschienen... durchrauschten mit ihren Seidengewändern die schmalen Gänge... und ließen sich herab,... auch mit unsern armen Schülern zu sprechen... [Sie] waren entzückt und gerührt, als die Kinder zu den Orgelklängen ihre kindlichen Stimmen erschallen ließen und kosteten schließlich das Essen, welches unsern hundert Kost-*

Frau von Ferber
(Stadtarchiv Dresden)

gängern dargereicht wurde. Das letztere war stets so beschaffen, daß meine wackere Mutter auch die überraschendste Untersuchung nicht zu fürchten brauchte... [So] fanden die Damen die Küche meiner Mutter mit dem blitzenden Kupfer, Zinn und Topfgeschirr in der schönsten Ordnung und das ihr deshalb von den Damen gespendete Lob war ein wohlverdientes.

Der Frauenverein widmete sich ab 1830 auch dem Aufbau und der Unterhaltung von Kinderkrippen und »Kinderbewahranstalten« - wie die Vorläufer des Kindergartens genannt wurden. Im Jahr darauf übernahm er außerdem noch die Versorgung von Wöchnerinnen mit kräftigender Kost in der Zeit zwischen Weihnachten und Ostern. *Als Norm bei der Auswahl der Wöchnerinnen gilt, daß nur solche von der vierten Niederkunft an und zwar nur ehelich entbundene angenommen wurden.* [2] Das waren immerhin 200 zu Versorgende jährlich. Die frisch Entbundenen erhielten in den ersten drei Tagen Suppe und an weiteren sechs Tagen Fleisch und Gemüse; nach Möglichkeit sollte auch die Familie ein paar Semmeln, Feuerung und Wäsche für Mutter und Kind bekommen.

Kinderkrippe Bischofsweg 106
(Stadtarchiv Dresden)

Von 1836 an übernahmen dann Männer (Kammerherren, Advokaten, Adlige) die Geschäftsführung der erfolgreichen von Frauen gegründeten und betriebenen Unternehmung. Von den Krippen und Bewahranstalten hat sich die älteste bis in die Gegenwart erhalten. Das Grundstück der heutigen Böhmischen Straße 32 - direkt neben der später dort gegründeten Diakonissenanstalt - hatte der Verein bereits 1837 gekauft. Die Bewahranstalt mit ungefähr 60 Plätzen nahm die Kinder auf, sobald sie laufen konnten. Vierzig Jahre später eröffnete im selben Haus eine Krippe des Vereins für etwa 30 Kleinkinder frühestens ab dem 30. Tage nach der Geburt. Dabei wurden *nur sauber gekämmte, rein gekleidete, arme, an keiner ansteckenden oder ekelerregenden Krankheit leidende eheliche und getaufte Kinder kirchlich getrauter Eltern, die in Dresden ihren Unterstützungswohnsitz haben, aufgenommen.* [3] Täglich wurden die Kleinen gebadet und nuckelten aus ihren nummerierten Fläschchen *nur beste Pfundsche Vollmilch.* Wohlgemerkt: fünf Wochen alte Säuglinge wurden mit Kuhmilch genährt. 1912 zogen Kindergarten und -krippe auf den Bischofsweg 106, wo sie sich noch heute befinden.

Insgesamt betrieb der Frauenverein sechs Kinderbewahranstalten und fünf Krippen in Dresden, die sich auf vereinseigenen Grundstücken befanden. Auf diese Weise war man in der Lage, eine Pensionskasse für die Pflegemütter anzusparen. Außerdem stand ein von Frau von Jordan gestiftetes Freibett in der Neustädter Kinderheilanstalt zur Verfügung. Jede der 350 Vereinsdamen hatte konkrete Aufgabe übernommen. Unterstützungen gewährten verschiedene Prinzessinnen und Königinnen des sächsischen Herrscherhauses jeweils als *Obervorsteherin und höchste Schutzfrau* und Stiftungen, wie etwa die »Timaeus-Stiftung« seit 1842 und die »Clara-von-Bondi-Stiftung« (auf eine auf dem ältesten erhaltenen jüdischen Friedhof Sachsens an der Pulsnitzer Straße ruhende Bankiersgattin zurückgehend) ab dem Jahre 1869.

Anzeige
(Dresdner Anzeiger 1905)

Sammlungen und Weihnachtsbasare stellten die Haupteinnahmequelle dar, um den Verein, der sich in den 80er Jahren zu einer Genossenschaft umgebildet hatte, bis zur Inflationszeit durchzubringen. Die Basare allerdings mußten wegen der störenden Konkurrenz im Weihnachtsgeschäft schon 1913 eingestellt werden. 1923 übernahmen dann das städtische Fürsorgeamt, das bis dahin regelmäßig Zuschüsse gezahlt hatte, und der »Verein der Kinderfreunde« die bestehenden Einrichtungen.

Der Frauenverein zu Dresden wurde 1914 als einer der Frauenvereine beschrieben, *die nicht den Frauen Rechte erobern, sondern die schönste Pflicht der Frauen üben wollen: anderen wohltun, anderer Not und Leiden lindern.* [4] Damit ist schon ein Dissens benannt, wie er im Selbstverständnis innerhalb von Vereinen und zwischen ihnen beobachtbar war, den Charakter ihrer Arbeit mitbestimmte und ihr Verhältnis zur Emanzipation widersprüchlich erscheinen ließ. Ab 1870 (Errichtung des zentralistisch regierten Staates und Industrialisierung, die in der Residenzstadt Dresden später einsetzte als im Reich) entstanden in verstärktem Maße Vereinigungen von Frauen, die in einem weitgefächerten Spektrum sozialer Betätigungsfelder wirksam wurden.
Neben dem traditionellen Zweig der Armenfürsorge und Krankenpflege bildeten sich neue Aufgaben heraus, die den veränderten sozialen, wirtschaftlichen und politischen Verhältnissen geschuldet waren. Beachtung erfuhr nun auch der Bereich der bisher vernachlässigten Schulbildung der Mädchen und ihre spätere Zurüstung zur Erlangung einer Erwerbstätigkeit. Angesichts der vielen jungen Frauen, die zunächst ohne Aussicht auf rasche Heirat waren oder den sozial unterprivilegierten Schichten angehörten, war dies von großer Bedeutung. So war seit 1871 der **Frauenverein zur Fortbildung unbemittelter Mädchen** in Dresden auf diesem Gebiete tätig, ab 1877 unter dem Namen **Frauen-Erwerbsverein** be- und anerkannt. Auch die Schwesternschule der Diakonissen wäre hier zu nennen, viele Vereine boten zumindest Kurse an. Andere Vereine widmeten sich den emanzipatorischen Bestrebungen (wozu auch die Bildung zu rechnen ist), wie z.B. der **Allgemeine Deutsche Frauenverein - Staatsbürgerinnen-verband**, der, maßgeblich von der Dresdnerin Marie Stritt mitbegründet, für die politischen Rechte (Wahlrecht, politische Betätigung) und die Zulassung der Frauen zum Universitätsstudium eintrat. Die erste Ortsgruppe des Vereins entstand in Dresden.
Oder der **Rechtsschutzverein für Frauen**, aus der Ortsgruppe des Allgemeinen Deutschen Frauenvereins *herausgewachsen* [5], wie Marie Stritt, die diesen Verein 1894 gemeinsam mit Adele Gamper gründete, den Entstehungsprozeß bezeichnete. Der Verein war der erste seiner Art in Deutschland und ohne Beistand von Adligen entstanden. Seinen Sitz hatte er in der Vitzthumstraße 7. In den zwanziger Jahren fungierten Julie Salinger, Gabelsberger Straße 20, als Vorsitzende und Dr. Helene Luedtke als Stellvertreterin. Im Vorstand arbeiteten u.a.: Marie Stritt, Reißiger Straße 17; Frl. Dr. Schurig, Forststraße 12; Frau H. Schubart, Hospitalstraße 2b; Frl. Annemarie von Wilucka, Bürgerwiese 24 und Frl. Dr. Georgi, Klarastraße 7.
Die Entstehung des Rechtsschutzvereins, der die ehe- und arbeitsrechtlichen Benachteiligungen von Frauen auszugleichen oder aufzuheben versuchte, indem er eine intensive Beratungstätigkeit und Aufklärungsarbeit leistete, auch Rechtsbeistand gewährte, ist nicht zuletzt einer Anregung der ersten deutschen Juristin, Dr. Emilie Kempin, zu verdanken, die seinerzeit in Dresden einen Vortrag hielt und mit den Frauen ins Gespräch kam. Den großen Aufklärungsbedarf in rechtlichen Fragen unter den Frauen kennzeichnet die Tatsache, daß bereits im ersten Jahr 553 Rechtsfälle bearbeitet wurden, und im Jahre darauf schon um ein Drittel mehr. [6]

Da Frauen zunehmend ihre Erwerbsmöglichkeiten in Handel, Gewerbe, Post und Verwaltung fanden, schufen sie sich ab der Jahrhundertwende entsprechende Berufsorganisationen, denn die Gewerkschaften und Parteien der Männer waren kaum bereit und in der Lage, ihre Interessen konsequent wahrzunehmen. So wurde schon 1868 der *Verein der Handlungsgehilfinnen für Dresden und Umgegend* gegründet. Das in der Fa. C. A. Petschke arbeitende Frl. Minna König teilte sich den Vorsitz mit Kommerzienrat Pfund, Bautzner Straße 79. Der Verein unterhielt ein Heim für die Gehilfinnen, eine Stellenvermittlung und gewährte auch eine Unterstützung für Stellungslose. Förderung der Fach- und allgemeinen Bildung, das Eintreten für einschlägige soziale Reformen und unentgeltliche Auskunft in Berufsfragen umreißen den Wirkungskreis des Vereins.

Die *Berufsorganisation der Krankenpflegerinnen Deutschlands* entstand im Jahre 1903, die für Dresden zuständige »Sächsische Gruppe« jedoch frühestens 1914. Sie trat für die Ausübung der Krankenpflege durch ausgebildete Schwestern ein, für

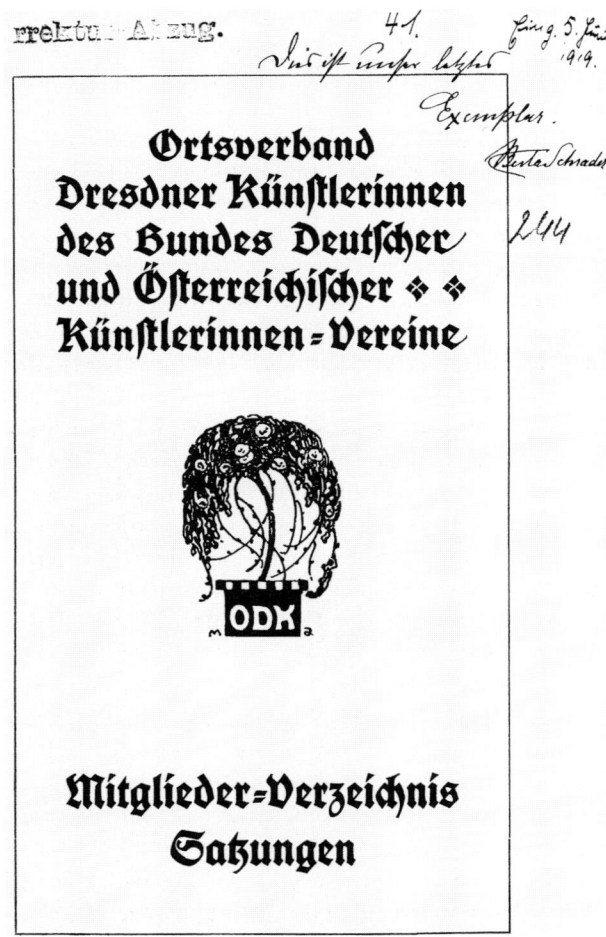

Titelblatt der Satzungen und des Mitgliederverzeichnisses des ODK aus dem Jahre 1912 (Stadtarchiv Dresden)

die Förderung der allgemeinen Kranken- und Armenpflege und die Hebung des Standes der Krankenpflegerinnen. Letzteres versuchte die Organisation durch Schaffung von Schwesternheimen zu verwirklichen, die selbständigen Krankenschwestern sowohl Kost, Logis und Geselligkeit boten als auch Arbeit in Privatpflegen und Dauerstellungen in Krankenhäusern, Sanatorien und Kliniken vermittelten. Das Büro der »Sächsischen Gruppe« befand sich in der Sedanstraße 17, *für das Publikum Tag und Nacht zum Pflegenachweis geöffnet*. Von dort aus wurden die Schwestern gegen Erstattung einer Gebühr in Familien oder Anstalten vermittelt. Dabei fanden ausdrücklich zuerst die im Heim wohnenden Schwestern Berücksichtigung. Die Dienstkleidung setzte sich aus einem Waschkleid mit weißer Schürze und Haube (*bei einfach gemachtem Haar*) zusammen, die Schwester hatte das Abzeichen der Berufsorganisation und das der »Sächsischen Gruppe« zu tragen.

Der wahrscheinlich 1918 gegründeten **Dresdner Schulpflegerinnen-Vereinigung** eignete sowohl der Charakter einer Wohlfahrtseinrichtung als auch der einer Berufs-organisation. Die Geschäftsstelle in der Altstädter Grünen Straße 1 fungierte für die Pflegerinnen als Beratungsstelle. In der Neustadt waren sie z.B. in der 4., 5. und 22. Bezirksschule (Glacisstraße 30, Görlitzer Straße 10 und Louisenstraße 40/42) aktiv, sowie an den Volksschulen. Ihr Einsatz erfolgte nur im Einverständnis mit dem Schulamt. Stellte die Schulpflegerin bei Schulkindern Armut, Unterernährung und andere gravierende Mängel fest, mußte sie den Ursachen nachgehen und die zuständigen behörd-lichen Armen- und Fürsorgeorgane sowie die in Betracht kommenden Organisationen und Vereine hinzuziehen (z.B. den Hilfsverein, oder im Falle einer Erkrankung der Mutter den Hauspflege-Verein). Besonderes Augenmerk sollte sie dabei auf Kinder mit mangelndem Leistungsvermögen *wegen Übermüdung im Elternhaus* (infolge von *Heimarbeit, Teilnahme an Lustbarkeiten, Brötchen- oder Milchaustragen vor Schul-beginn...*) legen, in solchen Fällen setzte sie sich mit der Gewerbebeamtin *ins Einver-nehmen*. Die Schulpflegerin hatte nach der 1918 verabschiedeten Vereinssatzung die Aufgabe, die Fürsorgetätigkeit bestehender Vereine zu vermitteln, und nur wenn diese versagten, sollte sie selbst eingreifen, sei es durch *Verabreichung von Stärkungs- und Reinigungsmitteln*, Gewährung von Kleidung oder durch Übernahme von Schulauf-sichten, Kinderhortbezahlung usw. Zum Beruf der Schulpflegerin führte die einjährige praktische Tätigkeit als Schulhelferin, während der sie einer Schulpflegerin beigeordnet war, verbunden mit einer theoretischen Ausbildung und abschließender Prüfung. Die Bestätigung wurde durch eine entsprechende Ausweiskarte des Vereins erteilt. Bei nur stundenweiser Betätigung in der Schulpflege galt sie als »Freie Helferin«. Im Jahre 1925 wurden die Schulpflegerinnen in städtische Anstellung übernommen, wofür sich auch Stadtverordnete seit 1924 eingesetzt hatten. 1930 jedoch wurde im Interesse einer »Familienfürsorge« daran gedacht, die bewährte Schulpflege einzustellen - die Stadtverordnete Frau Müller setzte sich im Rahmen der Verhandlung im Stadtverord-neten-Kollegium für die Bewahrung dieser Einrichtung ein.

Auf kulturellem Gebiete fanden sich Frauen zusammen, um einerseits Erziehungs- und Bildungsarbeit zu leisten und andererseits das künstlerische Wirken von Frauen öffentlich zu machen. Beispiele dafür sind der **Ortsverband Dresdner Künstlerin-nen**, der 1912 ca. fünfzig Mitglieder zählte, oder der von Lotte Schurig in Dresden gegründete **Frauenklub 1910**.

Im Selbstverständnis vieler Aktivistinnen wurde der *Erziehungsberuf* als der *Kulturberuf der Frau* angesehen. [7] Im Anspruch darauf, die Erziehungsarbeit an der Jugend zu leisten und diesen Bereich selbst zu verantworten, lag ein Moment der Befreiung, ihm immanent war aber auch von Anfang an das retardierende Element der Beschränkung auf die Vermittlung des tradierten und im Lichte der Moderne lediglich modifizierten Frauenbildes. In ihrem Verständnis kam der Erziehungs- und Bildungsarbeit, insbesondere der schulischen, hohe gesellschaftliche Bedeutung zu. Doch reklamierten sie in der Folge nur die volle Verantwortung in Bezug auf die Mädchenbildung für sich, statt auf ein gemeinschaftliches Wirken der Geschlechter bei der Erziehung von Mädchen und Jungen zu orientieren. Das Bemühen der Vereine und Berufsorganisationen, den Lehrerinnenanteil in den öffentlichen Schulen zu erhöhen (in Sachsen 1905 mit 3,9 % einer der niedrigsten, während Lübeck sich mit 46,8 % auszeichnete) [8] und auch mehr auf die oberen Klassen auszuweiten, wenigstens jedoch in der Mädchenbildung mehr Verantwortung in die eigenen Hände zu bekommen, macht diesen Zusammenhang deutlich. Der **Allgemeine Deutsche Frauenverein** (ADF) forderte 1906 einen *adäquaten Einsatz von Lehrerinnen und Lehrern* im Schulbereich. [9]

Weniger gesellschaftlich anerkannt bzw. gewürdigt wurde und wird, neben der Lehrerinnentätigkeit in den untersten Klassenstufen, die sozialpädagogische Arbeit mit Kleinkindern, der sich viele der Frauenvereine verschrieben hatten und die ja sowieso vorwiegend, sei es in privaten oder öffentlichen Einrichtungen, sei es daheim, Frauensache war. *Die Tätigkeit in den sozialpädagogischen Berufen wird ebenfalls in der heutigen Zeit als nicht für die Beamtung geeignet bezeichnet. Wir weisen darauf hin, daß die Erziehung des Kleinkindes genauso im Interesse des Staates liegt, wie die Erziehung des Schulkindes* [10] stellte Erna Anke von der Frauengruppe des Sächsischen Gemeindebeamtenbundes 1932 in bezug auf staatliche und städtische Sparmaßnahmen, die sich besonders negativ in der Wohlfahrtspflege bemerkbar machten, fest.

In der Praxis waren die im sozialen Bereich tätigen Frauenvereine bereits vor der Jahrhundertwende behördlich oder gar königlich legitimiert, wie z.B. der **Frauen-Erwerbsverein**, bei dem das Sächsische Königshaus kunsthandwerkliche Arbeiten in Auftrag gab bzw. erwarb. Die Absolventinnen der vereinseigenen Gewerbezeichenschule waren ab 1879 zum Staatsexamen zugelassen. [11] Das Gros der Zeichenlehrerinnen in Dresden ist aus dieser Schule hervorgegangen.

Ob der gesetzlich festgelegten »Geschäftsunfähigkeit« der (verheirateten) Frau aber waren in den Vorständen einiger Vereine auch Männer integriert, als Geschäftsführer oder Schatzmeister, wie z.B. im Dresdner **Hauspflege-Verein**. Das politische Bemühen des Allgemeinen Deutschen Frauenvereins und des Bundes Deutscher Frauenvereine (BDF) ging (nicht nur) deshalb dahin, die volle juristische Anerkennung der Vereine und der in ihr tätigen Frauen zu erlangen, das Recht, als offizielle Person in der Öffentlichkeit für die Interessen der Vereinigungen einzutreten. In Petitionen an den Reichstag zum Ende des 19. Jahrhunderts wurde diesem Willen Ausdruck gegeben. [12]

1908 wurde das »Reichsvereinsgesetz« verabschiedet. Die Reichsregierung begründete das Gesetz folgendermaßen: *Eine Besprechung der Berufsinteressen der Frauen wird aber heute kaum möglich sein, ohne dabei auf politische Fragen einzugehen, indem gesetzliche Maßnahmen berührt oder gesetzliche Bestimmungen befürwortet oder bekämpft werden. Die Frauen, die auf ihren selbstständigen Lebensunterhalt angewiesen sind* [also nicht die verheirateten!], *haben durch ihre wirtschaftlichen auch politische*

Interessen und müssen sich über diese auch in der Form von Vereinen und Versammlungen verständigen können. [13] Ob die ausschließliche Hinweisung der Frauen auf die berufliche Ebene bzw. Dimension des Gesetzes durch diese Regierungserklärung einen bewußten Versuch der Einschränkung weiblicher Aktivitäten bedeutete, ist heute nicht mehr zu klären. Deutlich wird aber, wie selbstverständlich die Diskriminierung der verheirateten Frau, die doch dank ihres Ehestandes in einem sicheren und anerkannten »Familienstande« schien, in bezug auf das öffentliche Leben Bestandteil politischen Denkens und gesellschaftlicher Praxis war.

Unter besonders diffizilen Bedingungen vollzog sich die Gründung und Arbeit von Frauenvereinen im konfessionellen Bereich. Von Anbeginn trugen sie einen Zwiespalt in sich: den Willen zu eigenverantwortlichem Tun, ohne dabei die Lehrsätze der patriarchalisch verfaßten Kirchen in Frage zu stellen. Die »Oberhirten« gaben kund, unter welchen Voraussetzungen die Frauen ihre Aktivitäten wahrzunehmen hätten, wollten sie unterm Dach der Kirche einen anerkannten Platz finden. Dabei wiesen sie ihnen bestimmte Tätigkeitsbereiche zu. *Die Vereinigung der katholischen Frauen wird für die einzelnen Mitglieder nicht ohne Vorteil und Nutzen sein. Denn der Katholische Frauenbund will mitarbeiten an der Lösung der Frauenfrage. Es ist daher zu erwarten, daß auf seinem planvollen Wirken im Sinne der katholischen Weltanschauung reicher Segen auf die Mitglieder und deren Familien sich ergießen werde. Das darf der Frauenbund nie aus dem Auge lassen, daß der Beruf der Frau in der Begründung und Förderung des Familienglückes gelegen ist. Das Haus ist die Welt der Frau...der Frauen eigentlicher Beruf und Tagewerk. ... Liebe, Milde, Sanftmut, Verträglichkeit, große Geduld...Ein solches Benehmen wird den Frieden bewahren, Segen der ganzen Familie bringen. Solche Tugenden soll der Frauenbund seinen Mitgliedern immer und immer wieder empfehlen* [14], äußerte der Bischof zu Meißen anläßlich der Gründung des Dresdner Zweigvereins des **Katholischen Frauenbundes** im November 1905. Einberufen wurde die Gründungsversammlung von Kaplan Feßler, man sprach von der *Einführung des Katholischen Frauenbundes in Dresden* [15].

Während der Generalversammlung des Dresdner Zweigvereins im Jahre 1910 bekräftigte das Vorstandsmitglied Frl. Marie Glöckner die vorgegebene Richtung weiblicher Vereinstätigkeit: *Der katholische Frauenbund steht in der großen Frauenbewegung, die, aus der Not der Zeit hervorgegangen, die Frauensorge zu lösen bestrebt ist. Er sucht deshalb Wege zu bahnen, auf denen die Frau wirtschaftlich und wissenschaftlich sich selbst helfen kann, schaltet aber dabei alles aus, was sich mit der katholischen Weltanschauung nicht verträgt.* [16] Der emanzipatorische Schub für die vielen *unversorgten Töchter* des Mittelstandes (die aus der sozialen Unterschicht mußten sowieso schon seit längerem nach Schulabgang in Lohnarbeit oder Stellung gehen) läßt sich am Tätigkeitsspektrum des Vereins ablesen. Die *Fürsorge für schulentlassene Mädchen* bildete eine eigene Abteilung - im Berichtszeitraum erhielten *10 Mädchen Mittel zur Berufsausbildung, und zwar zur Erlernung der Handelswissenschaften, der Hauswirtschaft und des Weißnähens; außerdem wurden 12 Mädchen Stellungen vermittelt und andere mit Wäsche, Kleidungsstücken und Reisegeld versehen.* [17] Innerhalb des Jugendbundes wurden ein Kunstgeschichtskursus und ein Samariterkursus abgehalten, Betriebe besichtigt (z.B. die Zigarettenfabrik Yenidze).

Die Geschäftsstelle des Frauenbundes befand sich in der Königsbrücker Straße 15, zugleich Wohnsitz der Vorsitzenden Frau Gäbler, die ihre Sprechzeiten *vom 1. Oktober bis 1. Mai, Mittwoch 3 - 5 Uhr* dort abhielt. Von Anfang an war auch Marie Glöckner, Unterer Kreuzweg 5, im Vorstand tätig.

Das Hauptgewicht katholischen Frauenwirkens bildeten aber Familienarbeit, Hauspflege (Pflege für arme Wöchnerinnen), Bahnhofsmission (die sich der protestantischen angeschlossen hatte), Erziehung sittlich Gefährdeter und *Bekämpfung der Unmoralität in Wort und Bild*. [18] Kirchliche Verfassung und Ungleichbehandlung der Geschlechter wurden nicht infrage gestellt. Vielmehr wurde den Frauen anläßlich eines Vortrages, den Rechtsanwalt Dr. Pauwels 1906 vor der Versammlung des Katholischen Frauenbundes in Dresden hielt, vermittelt, daß es mit ihren privaten und bürgerlichen Rechten bestens bestellt und *seit dem Jahre 1900 die Stellung der Frau auf rechtlichem Standpunkte fast überall der des Mannes gleich* sei, so auch im Vormundschaftsrecht oder Eherecht. *Der Mann hat zwar die Nutznießung ihres Vermögens, muß aber die Frau standesgemäß unterhalten. ... So hat die neue Gesetzgebung der Frau alles gegeben, was sie nur wünschen kann.* [19]

In den Kontext der konfessionellen Vereine gehörten auch der 1790 gegründete **Israelitische Frauenverein** und der **Schwesternbund der Fraternitas-Loge**, dessen Gründung im Jahre 1902 erfolgte. Diese Organisationen waren fest in die Israelitische Religionsgemeinde integriert bzw. aus ihr entstanden. Der Schwesternbund, der seinen Sitz in der Moritzstraße 1b hatte, bemühte sich insbesondere um die Arbeit mit Kindern, er beteiligte sich maßgebend am Aufbau einer Ferienkolonie, unterhielt ein Tagesheim für Kinder von 3 - 14 Jahren, *deren Eltern sich aus Mangel an Zeit nicht kümmern können*, und organisierte im Winter *Heimabende für erwerbstätige Mädchen*. Im Jahre 1931 stand Julie Salinger-Braun, Bayreuther Straße 17, dem Schwesternbund vor. Der Israelitische Frauenverein, Zeughausstraße 3, zählte im Jahre 1914 etwa 430 Mitglieder (bei 4.255 Gemeindemitgliedern 1910). Während des Weltkrieges schloß er sich wie andere Wohltätigkeitsvereine der »Kriegsorganisation Dresdner Vereine« an, bewilligte größere Spenden an diese sowie an das Rote Kreuz, den Albert-Verein und die »Kindergruppe III«. *Damen der Gemeinde* sorgten auf dem Hauptbahnhof für die *Verpflegung belgischer Flüchtlinge*. Charlotte Elb, zu jener Zeit Vorsitzende des Vereins, stand auch der Herminenstiftung (*zum Besten hiesiger armer Kinder jüdischen Bekenntnisses, vorzugsweise zu Milchspenden während der Sommerferien, evtl. zu kleinen Spenden für das Weihefest bestimmt*) vor. Desweiteren waren im Vorstand Therese Prister, Grace Winter (Gattin des Oberrabbiners), Toni Wolf, Rosamunde Schlesinger und Gertrud Mattersdorf. In der Schulkommission wirkte unter anderen Frau Bankdirektor Charlotte Klemperer mit. [20] 1931 leitete Elli Lesser, Hübnerstraße 18, den Israelitischen Frauenverein, der von Käte Wiener, Reichenbachstraße 69, im Stadtbund vertreten wurde.

Im **Deutsch-Evangelischen Frauenbund**, 1899 als Hauptverein auch unter maßgeblicher Beteiligung von Theologen der Amtskirche gegründet, wurde die Stellung der Frau in der Gesellschaft etwas differenzierter beurteilt als im katholischen Umfeld. Hier spielte, aufgrund des synodalen Charakters der protestantischen Kirche, auch das kirchliche und politische Wahlrecht für Frauen eine Rolle. Wobei führende Vertreter des Protestantismus durchaus das kirchliche Wahlrecht in den Vordergrund rückten, es galt das Interesse der Frauen an der gemeindlichen Arbeit wachzuhalten und mit der Gewährung des kirchlichen Stimmrechts dem Verlangen nach politischen Rechten die Spitze zu nehmen. [21] In einer Selbsteinschätzung der ebenfalls im Jahre 1899 gegründeten Dresdner Ortsgruppe des Deutsch-Evangelischen Frauenbundes werden die Ansätze der eigenen Arbeit in bezug auf die organisierte Frauenbewegung kritisch gesehen: daß *die evangelische Frau erst soviel später in die Schar dieser um das Wohl ihrer Schwestern bewegten Frauen eintrat*, weil sie lange Zeit *zu sehr auf den einzelnen Bedürftigen gerichtete Fürsorge, stillen Dienst* in kirchlichem Rahmen betrieben und erst spät ein Bewußtsein für die Wurzeln der Frauenfrage und deren Lösung, *das Aufsuchen der Wurzeln dieser Not*, die sie linderte, entwickelt habe. [22] Dies muß auf dem Hintergrund gesehen werden, daß sich der Deutsch-Evangelische Frauenbund 1908 nur unter Vorbehalten dem BDF, dessen Ziele ja auch politischer Natur waren (das politische Stimmrecht z.B.), angeschlossen hatte und die Verbindung bereits zehn Jahre später wieder löste, da er die zunehmende Politisierung der bürgerlichen Frauenvereine nicht mittragen mochte. Dabei standen die Vereinsfrauen auch unter dem Druck evangelikaler Emanzipationsgegner. Die Dresdner Ortsgruppe hingegen gliederte sich in die nachgeordneten Strukturen des BDF - den Landesverband Sächsischer Frauenvereine (LSF) und den 1918 gegründeten Stadtbund der Dresdner Frauenvereine - ein und verblieb in ihnen bis zu deren Auflösung im Frühsommer 1933.

In ihrer Wohnung Kurfürstenstraße 10, heutige Hoyerswerdaer Straße, hielt die stellvertretende Vorsitzende der Ortsgruppe, E. Klahre, in den 20er Jahren ihre Sprechstunden ab, sie gehörte spätestens seit 1917 dem Vorstand an und war zugleich Vorstandsmitglied der Ortskrankenkasse. Frau Major Brückner, Fischhausstraße 2; Frl. von Zezschwitz, Hohnsteiner Straße 7 und Frau von Prosch, Arndtstraße 10 zählten zu den Neustädter Frauen im Vorstand. Im Jahre 1917 hatte die Ortsgruppe 256 Mitglieder. Sie entsandte Vertreterinnen für Fraueninteressen in den Ausschuß und Vorstand der Ortskrankenkasse, stellte Helferinnen für die Wahl. Im Ersten Weltkrieg war sie im »Nationalen Frauendienst« und der »Kriegsorganisation Dresdner Vereine« integriert, wo sie in der Gruppe III für die Fürsorge durch den Krieg erwerbslos Gewordener zuständig war. Sie unterhielt eine Stellenvermittlung in der Altstadt, Mathildenstraße 23, zeitweise wurde diese auch als Auskunftsstelle für die *herandrängenden Helferinnen* im Krieg und Nähstube des Nationalen Frauendienstes genutzt. Dort befand sich außerdem der Treffpunkt der »Jugendgruppe für soziale Hilfsarbeit« - ein Drittel der Mitglieder arbeitete im Dienst des Roten Kreuzes - und eine kleine Bibliothek.

Gemeinsam mit dem **Dresdner Lehrerinnenverein** wurde eine Eingabe an den Rat der Stadt zur Errichtung einer *Pflichtfortbildungsschule* für schulentlassene Mädchen der Volksschule gerichtet, ergänzend dazu eine Petition an den Nationalen Frauendienst mit der Forderung nach einer *Zentralstelle für weibliche Berufsberatung*.

Innerhalb der Ortsgruppe waren die Frauen in fünf Kommissionen aktiv: die erste war zuständig für die Vorträge für junge Frauen und Mädchen, Samariterkurse und Exkursionen; die zweite für die von Frau Brückner geleiteten Nähabende im Zeichensaal der 22. Bezirksschule Louisenstraße 42: *Unter den 40 bis 50 Teilnehmerinnen befinden sich mehrere Kriegerfrauen, die dankbar sind, für sich und ihre Kinder selbst schneidern und nähen zu können. Durch den guten Besuch war es möglich, den Abendbetrag von 15 Pfennig beizubehalten trotz der erhöhten Zwirnpreise.* In der dritten Kommission, der Beschäftigungsstube, Am See 2, III. Etage, wurden von sechzehn *vor allem älteren verdienstunfähigen Frauen* mit Papierschnitzeln gefüllte Kissen für die Lazarette sowie Strickwaren und Scheuertücher (*in einem Jahr 48.000 Stück*) hergestellt. Die vierte bildete die Stellenvermittlung und die fünfte die Jugendhilfe (Vors. Frau Prosch). Diese übernahm *Schutzaufsichten* für straffällig gewordene Jugendliche - im Berichtszeitraum sechs, weil *es immer noch an Helferinnen fehlt*. [23]

Im Haus der Mägdeherberge auf der Holzhofgasse gründete sich 1864 der **Verein für weibliche Diakonie**, der zum Zweck der *Krankenpflege in Wohnungen* entstand, als das Diakonissenhaus infolge der Blatternepidemie völlig überlastet war. Während an der Spitze des Vereins Männer saßen, wurde die Arbeit vor Ort wie üblich von Frauen geleistet: von je einer Vorsteherin für die Alt- und die Neustadt, vier *Districtdamen* und drei Diakonissen. Die Neustädter Vorsteherin, Frau Oberst Brinckmann, wohnte in der Kurfürstenstraße 15. Sie half den Kranken bei der Arzt- und Krankenhauswahl und setzte für sie 25 % Rabatt für die nötigen Medikamente bei den Apotheken durch. Oftmals ging es einfach nur darum, *den Druck der Einsamkeit zu lindern oder der Vereinsamung vorzubeugen*, so daß auch Weihnachtsbescherungen zur Arbeit des Vereins gehörten. *Erschreckend tritt freilich zuweilen die Gefühllosigkeit zu Tage, mit welcher dem Trunke ergebene Familienväter die kranke Frau und die Kinder vernachlässigen. Bilden doch auch die verlassenen und getrennt lebenden Ehefrauen mit ihren Kindern einen großen Procentsatz in der öffentlichen Krankenpflege.* Als Ursache für viele Krankheiten stellten die Vereinsfrauen *gesundheitsschädliche Wohnungen, Untervermiethung oder fehlende kräftige Kost* fest. In diesen Fällen benachrichtigten sie die Wohlfahrtspolizei, verteilten Essenmarken, vermittelten Hilfe durch andere Wohltäter, die Königin, den Rat oder das Armenamt der Stadt, in Form von Kohlen, Geld oder Essen. Im Jahre 1887, so der Jahresbericht, versorgten sie auf diese Weise 43 Witwen, 24 Ledige, 70 Ehefrauen, 52 Männer und 48 Kinder.

Eine engagierte Vertreterin der Mäßigkeitsbewegung Anfang des Jahrhunderts war die dem vornehmen sächsischen Adel entstammende Emily Freiin von Hausen. Als Vorsitzende der **Ortsgruppe Dresden des Deutschen Bundes abstinenter Frauen e.V.** ist sie im Adreßbuch von 1911 auf der Kurfürstenstraße 10 verzeichnet. Der Bund kämpfte

Briefkopf des Deutschen Frauen-Bundes für alkoholfreie Kultur e.V., Ortsgruppe Dresden
(Stadtarchiv Dresden)

Ortsgruppe Dresden
des Deutschen Frauen-Bundes für alkoholfreie Kultur e.V.

Von ihr unterhaltene Gaststätten:

Feldgasse 7, mit Hospiz — Telefon 22741
Zentralheizung — 5 Minuten vom Hauptbahnhof
Johann-Georgen-Allee 16 — Telefon 22542
mit Hospiz, Saal und Vereinszimmer
(Straßenbahn 1, 5, 12, 9, 11, 8, 10 und 26)

Sidonienhof, mit Hospiz — Telefon 17434
Reitbahnstraße 34, Ecke Sidonienstraße
2 Minuten vom Hauptbahnhof
mit ständiger Schaufenster-Ausstellung
Winckelmannstraße 4, Saal — Telefon 41909
2 Minuten vom Hauptbahnhof
Schöner Saal
Wettinerstraße 5, I, Vereinszimmer — Tel. 22924
1 Minute vom Postplatz

Geschäftsstelle: Sidonienstr. 18, Telefon 22450
Bankkonto: Dresdner Bank, Dep.-Kasse B, Prager Str. 45
Postscheck-Konto der Ortsgruppe: Dresden Nr. 11701

Dresden-A., den 21.Juni 192 7.

An Frau ~~~~~~

D̲r̲e̲s̲d̲e̲n̲-̲A̲.
Pillnitzerstrasse 65,III.

Sehr geehrter Frau ~~~~!
Soeben lese ich in dem
Nachrichtenblatt des Bundes Deutscher Frauenvereine,
dass Sie als "Vertrauensmann" für die Zusammenarbeit
mit dem Zweig=Ausschuss Sachsen des Verbandes für
Deutsche Jugendherbergen vom Landesverband Sächs.
Frauenvereine ernannt worden sind.

gegen die Trinksitten - vor allem der Männer, die damit ja oft die gesamte Familie ruinierten -, richtete aber auch Heilanstalten für Trinkerinnen und alkoholfreie Speisehäuser, die sogenannten »Weißen Schleifen«, Erholungsstätten und Kaffeestuben ein. Nach § 2 der Satzung stehen die Vereinsmitglieder vor der Aufgabe, *dem Alkoholismus, welcher Familienglück und Volkswohlfahrt untergräbt, entgegenzuwirken mit allen Mitteln, die den Frauen zu Gebote stehen.* Dies soll erreicht werden durch: (§ 3) *Enthaltsamkeit der Mitglieder, Aufklärung über den verderblichen Einfluß des Alkohols, Erziehung und Belehrung der Jugend aller Stände in Schule und Haus, Bekämpfung der Trinksitten in Haus und Gesellschaft, Errichtung vorbeugender Wohlfahrtseinrichtungen.* Das Abzeichen des Bundes ist die *kleine Weiße Schleife. Das Tragen dieses Abzeichens ist erwünscht als Propagandamittel. Das Aufgeben der Enthaltsamkeit ist dem zuständigen Vorstande unter Rücksendung des Vereinsabzeichens sofort anzuzeigen.* 1919 wirkte Emily von Hausen bereits in der Bundeskommission des BDF zur Vorbereitung des Gemeindebestimmungsrechts und zur Bekämpfung des Alkoholismus.

Den Vorsitz dieser Kommission hatte bis 1931 ebenfalls eine Dresdnerin inne - Gustel von Blücher, die in der Liebigstraße 22 wohnte (und 1911 auch als stellvertretende Vorsitzende in der Ortsgruppe Dresden des Bundes abstinenter Frauen genannt wird). Emily von Hausen war indessen Ortsgruppenvorsitzende des **Deutschen Frauenbundes für alkoholfreie Kultur** geworden und in die Sidonienstraße 18 gezogen.

In der Glacisstraße 44 befand sich der 1875 gegründete **Stadtverein für innere Mission**, dessen erklärter Zweck darin bestand, *innerhalb Dresdens der Entchristlichung und Entkirchlichung unseres Volkes durch die Verbreitung christlicher Erkenntnis und durch die Hilfeleistung werktätiger Liebe bei leiblicher und geistiger Not an seinem Teile entgegenzuwirken.*

1906 beispielsweise umfaßte das Aufgabenfeld des Vereins die Armenpflege, Lehrlings- und Jugendpflege, Sommerpflege für Kinder und Frauen, die Einrichtung einer Weihnachtskasse, Verteilung von Schriften und Buchhandel in der Zinzendorffstraße 23. Für Kinder wurden *Rettungshäuser* eingerichtet, Kindergottesdienste in der St. Pauli-Kirche abgehalten. Mittellose erhielten die Möglichkeit, an einem sonntäglichen Gottesdienst mit anschließendem Frühstück teilzunehmen (»Frühstückskirche«). Der Stadtverein unterhielt eine »Flußschiffermission« und Blau-Kreuz-Gruppe (Trinkerfürsorge).

Neben dem 1874 gegründeten Jungfrauenverein fanden auf der Langebrücker Straße 10 auch ein Kindergarten und Mädchenhort Platz. Die Mädchen vom Jungfrauenverein wanderten sonntags an der Elbe entlang zum Abendgottesdienst in der Heide, nähten Puppenkleider für kranke Kinder des Diakonissenhauses und der Kinderbewahranstalt, und hörten Vorträge über berühmte Frauen wie die Jungfrau von Orleans, Amalie Sieveking, Elisabeth Fry.

Auf der Friedensstraße 25-31 und der Rudolfstraße 14 unterhielt der Verein sogenannte Friedenshäuser, im letzteren auch eine Volksbibliothek. In der Friedensstraße 29, Langebrücker Straße 10 und auf dem Hohenthalplatz 1 arbeiteten eigene Nähstuben, im letztgenannten Gebäude war außerdem eine Knabenbeschäftigungsanstalt untergebracht. Der Frauenbeschäftigungsnachweis hatte sein Büro im Vereinshaus Zinzendorffstraße 17. In der Prießnitzstraße 16 betrieb die Innere Mission 1920 einen Kinderhort.

Nach der Zerstörung der Geschäftsstelle des Stadtvereins 1945 suchte er sich neue Räume auf der Neustädter Seite. So erinnern sich alte Dresdner noch an die »Goteshütte« auf dem Oberen Kreuzweg und die »Sonntagsstube«, einen Treff für Alleinstehende in der Nachkriegszeit.

Heute befindet sich eine »Begegnungsstätte der Inneren Mission« in der Rothenburger Straße 46. Hier können SeniorInnen ein warmes Mittagessen einnehmen, haben Gelegenheit zum Duschen und Wäschewaschen und finden vor allem sozialen Kontakt. Hervorgegangen ist sie aus dem Rentner-Treff der »Volkssolidarität«.

1893 begann die Diakonissin Elisabeth Lindner als erste Gemeindeschwester, die **Frauenarbeit der Martin-Luther-Gemeinde** aufzubauen. Sie gründete einen Nähverein, einen Jungfrauenverein, dessen Vorsitz übrigens der Gemeindepfarrer übernahm, und einen »Großmütterchenverein«. Die Frauen trafen sich zunächst in verschiedenen Wohnungen. Zehn Jahre später rief Marie Rost den Frauenverein der Gemeinde ins Leben, der sich vor allem der Unterstützung bedürftiger und würdiger Gemeindemitglieder widmete. Er veranstaltete dazu aus eigenen Mitteln Basare und gab Konzerte, beschaffte Kleidung, Lebensmittel, Wäsche, Kohlen, Stiefel, Strümpfe und Weihnachtsgeschenke für »verschämte Arme«, kirchlich getraute Wöchnerinnen, kranke Kinder und »arme, alte Mütterchen«. Er kümmerte sich um die Ausstattung von Konfirmanden und Dienstboten und organisierte Erholungszeiten für Mütter sowie Unterhaltungsabende.

Während des Ersten Weltkrieges richteten die Mitglieder eine Nähstube und einen Kinderhort ein. Als viele ihrer 16- bis 18jährigen Jungen, die ja damals begeistert und als geschlossene Schulklassen in den Krieg gezogen waren, nicht zurückkehrten, stifteten sie ein Denkmal, das ihrer Trauer Ausdruck geben sollte und das noch heute hinter der Kirche steht.

Die 1919 erfolgte Trennung von Staat und Kirche - der Religionsunterricht wurde abgeschafft - war einerseits mit einer großen Verunsicherung verbunden, andererseits gab das eingeführte allgemeine Wahlrecht für die Frauen Anstoß zum Nachdenken. Als im gleichen Jahr etwa 2.000 Frauen unter dem Vorsitz von Frau Prof. Becher in der Martin-Luther-Kirche den »Frauenbund« gründeten, der den »Frauenverein« ablöste, verabschiedeten sie bei dieser Gelegenheit auch eine Petition, die das Frauenwahlrecht in den kirchlichen Körperschaften einforderte.

Der 1921 gegründete Arbeiterinnenverein der Gemeinde traf sich in der Glacisstraße 44, um gemeinsam zu wandern, zu spielen, zu singen und zu turnen. Ein Jahr später wurde vom Frauenbund auf dem Bischofsweg die Wärmestube »Altersfreude« eingerichtet. Als 1923 infolge der Inflation die Gemeindeschwester nicht mehr bezahlt werden konnte, gründete Frau Bernhard einen Diakonieverein. [24]

Die **evangelische Frauenarbeit in Sachsen** geht auf das Jahr 1836 zurück. Königin Maria Leopoldine von Bayern, nach der die Marienbrücke benannt wurde, rief angesichts der sozialen Nöte jener Zeit zur Gründung von Frauenvereinen auf. 1859 erfolgte der Zusammenschluß der entstandenen Vereine unter dem »Landesverband für christlichen Frauendienst in Sachsen e.V.«. Aus ihm gingen u.a. 1907 die Zeitschrift »Tabea« (später »Frauendienst«) und ab 1913 Ausbildungskurse für christlichen Frauendienst in der Kirchgemeinde, der Inneren Mission, in Staat und Kommunalverwaltung hervor. Diese Kurse bildeten 1916 den Grundstock der konfessionellen Sozialen Frauenschule. 1922 erhielt sie die staatliche Anerkennung zur Ausbildung von Wohlfahrtspflegerinnen für die Einrichtungen der privaten und öffentlichen Wohlfahrt. Die Schule trug den Namen »Amalie Sieveking« und hatte ihren Standort in Radebeul; bis in die 80er Jahre hinein blieb das »Amalie-Sieveking-Haus« eine Ausbildungsstätte für Gemeindehelferinnen und andere weibliche Berufszweige in der sächsischen Landeskirche.

In der Zeit des Nationalsozialismus beschränkte sich die Tätigkeit des Landesverbandes, der seine Geschäftsstelle auf der Kaulbachstraße 7 hatte, auf Bibelarbeit und christliche Mütterlehre. Nach dem Krieg begannen die Frauen in allen Gemeinden, an Rogate (»Betet!« 5. Sonntag nach Ostern) ihre eigenen Treffen zu organisieren, Umsiedlerinnen fanden Aufnahme in den Frauenkreisen und in den Mütterkreisen gab es viele Frauen, deren Männer im Krieg geblieben waren. In der Nachfolge des Landesverbandes wurde nun das Landeskirchliche Amt für kirchlichen Frauendienst gebildet, das seine Stätte in dem Hause auf der Bautzner Straße 102 fand, in dem vorher Dora Göttes private Mädchenberufsschule untergebracht war.

Eine gewisse Sonderstellung im Spannungsfeld zwischen Emanzipation und Anpassung nahm auch der 1914 gegründete **Dresdner Hausfrauenverein** ein. Er versammelte vor allem Frauen der höheren und mittleren Schichten um sich, die Ehefrauen von Beamten, besseren Angestellten, Handwerkern... Etliche dieser Frauen aber waren, so sie Hausbedienstete beschäftigten, auch Arbeitgeber, und in einem gewissen Maße fungierte der Hausfrauenverein, der seinen Sitz in der Winckelmannstraße 4 hatte, als Vertreter von Arbeitgeberinteressen.

Mit der Verarmung eines Teiles des Mittelstandes infolge von Krieg und Inflation wuchs aber dem Verein eine Mitgliederschaft zu, die im Haushalt nun gänzlich auf sich selbst gestellt war und mit einem veränderten Bewußtsein, dem Bewußtsein der selbst Betroffenen, die Leistungen, Belastungen und Verantwortlichkeiten der Hausfrauen wahrnahm. Es galt jetzt die Interessen beider Gruppen ausgewogen darzustellen und zu vertreten. So ist zum einen der Verdienst des Hausfrauenvereins hochzuschätzen, die von Frauen häuslich zu verrichtende Arbeit und deren Ausmaß bewußtgemacht und thematisiert, die gesellschaftliche Anerkennung dieser Leistung eingefordert und mehr gesellschaftliche Verantwortung und Mitspracherecht für die Hausfrauen verlangt zu haben. *Überall der eine Gedanke: Die Arbeit der Hausfrau muß als Beruf anerkannt und ihrer Wichtigkeit entsprechend bewertet werden* [25], ist in der ersten Nummer der »Dresdner Hausfrauen-Zeitung« zu lesen. Eine Frage, die auch noch heute z.B. in bezug auf die Anrechnung von Kindererziehungszeiten von Gewicht ist.

Und da die Hausfrau als eine der größten Verbraucherinnen gilt, *ist es doch nur die notwendige Folge, daß sie auch bei so manchen volkswirtschaftlichen Einrichtungen und Plänen zugezogen und gefragt wird. Das bedingt freilich..., daß sie gut vorgebildet ist. So gehört es denn auch zu den ernstesten Zielen des Hausfrauenvereins, für die Möglichkeit guter Aus- und Weiterbildung der Hausfrau zu sorgen.* [26]

Zum andern verfolgte der Hausfrauenverein als Arbeitgeberverband eine rigide Politik den Hausangestellten gegenüber, war nur schwer zu Zugeständnissen in Sachen Lohn- und Arbeitszeitregelungen (auch abgesicherten Freizeiten für die Hausangestellten) zu bewegen. Die Diskrepanz zwischen eigener Betroffenheit als Hausfrau und Arbeitgebermoral wird auch im äußerst strengen Reglement der vom Hausfrauenverein betriebenen »Dienstbotenschule« deutlich. *Bei Aufnahme in die Anstalt hat das Mädchen dem Vorstand und der Oberin durch Handschlag unbedingten Gehorsam zu versprechen,* heißt es in der Satzung der 1916 gegründeten Schule.

Da Mitglieder des Vereins sich in allen wichtigen Gremien und Beiräten, die die Arbeitswelt betrafen, fanden, übte der Hausfrauenverein einen erheblichen gesellschaftlichen Einfluß in der Stadt aus, während viele der Hausangestellten noch kaum organisiert waren. Der Hausfrauenverein, so eine Bilanz für das Jahr 1924, ist vertreten *im Ausschuß der*

REICHSVERBAND
DEUTSCHER HAUSFRAUENVEREINE
BERUFSORGANISATION

Was wollen wir?

Wir wollen die Anerkennung der Hausfrauentätigkeit als Beruf.

Wir wollen Sitz und Stimme in allen wirtschaftlichen Behörden.

Wir wollen die pflichtmäßige wirtschaftliche Ausbildung der gesamten weiblichen Jugend.

Wir wollen eine Berufsausbildung der Hausangestellten, und Einfluß auf die Gestaltung des häuslichen Arbeitsverhältnisses.

Wir wollen eine bessere Berufsausbildung der Hausfrau.

Wir wollen Besserung des Miet- und Wohnungswesens und beratende Mitarbeit beim Wohnungsbau.

Wir wollen Einfluß auf Herstellung und Preise von hauswirtschaftlichen Gegenständen zur Entlastung der Hausfrau.

Wir wollen Durchgeistigung der Hausfrauentätigkeit durch Kurse, Vorträge und sonstige preiswerte Bildungsmöglichkeiten.

Wir wollen Einrichtung von Erholungsheimen für minderbemittelte Hausfrauen.

Hausfrauen!

Nur zusammengeschlossen werdet Ihr dies erreichen!
Die einzelne vermag in der Allgemeinheit nichts!
Jede von Euch gehört in den Hausfrauenverein!
Nur wenn Millionen Frauen dasselbe wollen, werden ihre Wünsche erfüllt!

Werbet für uns, um Euch selbst zu helfen!

Forderungen des Reichsverbandes Deutscher Hausfrauenvereine
(Dresdner Hausfrauen-Zeitung vom 15.7.1925)

Ortskrankenkasse, dem Fachausschuß für Hausangestellte, in der Fachabteilung für Krankenpflege, Bade- und Massagepersonal, im Wohnungsamt, im Ausschuß für die Mädchenberufsschule; die Leiterin der Abteilung *vermietende Hausfrauen* ist Sachverständige beim *Mieteinigungsamt* und eine Vertreterin sitzt im Beirat der *Berufsberatungsstelle des Öffentlichen Arbeitsnachweises*. [27] Zwei Vorstandsmitglieder, Frau Weißwange, Lindenaustraße 2a, und Frau Brückner, Fischhausstraße 2, waren in den 20er Jahren als Stadtverordnete tätig. Im Vorstand arbeitete ebenfalls die Juristin Frl. Dr. Luedtke mit.

1917, so der Jahresbericht, konnte der Verein bereits 2.500 Mitglieder vorweisen. Er verfügte über Verkaufsstellen für Mitglieder, eine davon in der Neustädter Heinrichstraße 2, wo nichtrationierte Lebensmittel wie Kakao, Reis, Tee, Suppen, Speck, Margarine... verkauft wurden, z.T. gekoppelt mit Beratungsangeboten in hauswirtschaftlichen Fragen. Eine »Kochkistenpropaganda« machte mit energiesparender Speisezubereitung vertraut, und infolge der Kriegsnöte wurden über 2.000 Stück verkauft.

In den zwei Verkaufsstellen der »Zweit-Fides GmbH«, eine davon befand sich in der Bautzner Straße 56, konnten Mitglieder dieses Vereins in den 20er Jahren gegen Vorzeigen der Mitgliedskarte rabattierte Waren erwerben, Lebens- und Genußmittel sowie Haushaltungsartikel.

Die Gründung des **Stadtbundes der Dresdner Frauenvereine** unter Mitwirkung von Dr. Lotte Schurig, der ersten Vorsitzenden dieser Vereinigung, Marie Stritt und anderen Aktivistinnen stellte einen Höhe- und Wendepunkt in der Vereinsarbeit dar. Effektiver als zuvor konnten nun gemeinsame Interessen vertreten oder die Interessen einzelner Vereine zu einem gemeinsam durchzusetzenden Anliegen gemacht werden. Gerade in Hinblick auf das Geschehen vor Ort gewannen die Frauenvereine mit dem Stadtbund ein wichtiges Instrument, um auf die Entwicklungen Einfluß zu nehmen. Die Erfahrungen der Zusammenarbeit in der »Kriegsorganisation Dresdner Vereine« während des Ersten Weltkrieges bildeten ebenso wie die schon gegen Ende des 19. Jahrhunderts einsetzende Vernetzung der Frauenvereine und Frauenberufsverbände - der »Bund Deutscher Frauenvereine« wurde 1894 gegründet - einen weiteren Hintergrund für diese Vereinigung. Nicht zuletzt auch die Aufbruchsstimmung unter den »bewegten« Frauen. Etwa dreißig Frauenvereine schlossen sich sofort dem Stadtbund an, andere stellten zumindest Arbeitskontakte her oder wurden im Laufe der Jahre hinzugewonnen - bis 1933 blieb dann die Zahl der Mitgliedsvereine annähernd konstant. Vergleichbare Bündnisse existierten auch in anderen Großstädten, z.B. in Hamburg.

Im Dresdner Stadtbund fanden sich ausschließlich bürgerliche und konfessionelle Frauenvereine ein, denn selbst der nominell der Arbeiterschaft zuzurechnende »Fabrikarbeiterinnenverein« war nur eine Organisation *für* Fabrikarbeiterinnen, von Frauen aus dem kirchlichen und bürgerlichen Umfeld geleitet. Vereine, die dem kommunistischen Spektrum angehörten, wie etwa die »Frauenabteilung des Rot-Front-Kämpfer-Bundes«, führten im öffentlichen Bewußtsein eher ein Schattendasein, Emanzipation wurde in proletarischen Kreisen nicht betrieben. Eine Ausnahme bildeten aber die sie vertretenden Parteien (KPD und SPD), in denen auch weibliche Funktionäre tätig waren und die über eigene Frauengruppen verfügten.

Die im Stadtbund bearbeiteten und zur Sprache gebrachten Themen waren, der permanenten Notlage in den Jahren der Weimarer Republik entsprechend, vor allem sozialer Natur und davon bestimmt, die errungenen Frauenrechte zu sichern und auszugestalten bzw. überhaupt zur Wirkung zu bringen. Die Arbeitsprogramme wurden z.T. mit denen des Landesverbandes Sächsischer Frauenvereine (LSF) abgestimmt, um perspektivisch auch in einem größerem Umfang und über die Stadt hinaus Veränderungen zu erreichen. Die besonders intensive Verflechtung von LSF und Stadtbund zeichnete sich nicht nur im in der zweiten Hälfte der zwanziger Jahre überaus regen Briefwechsel zwischen Frau Müller vom Vorstand des Stadtbundes und der seit 1926 den LSF leitenden Frau Königsdörffer ab. Sie ist auch in der Tatsache begründet, daß ab 1926 allein fünf Frauen des Dresdner Stadtbundes oder seines Umfeldes im Vorstand des Landesverbandes tätig waren: Marie Stritt, Elisabeth Müller, Julie Salinger, Elsbeth Krüger und Else Ulich-Beil. Sie brachten ihre Themenvorschläge in das Jahresprogramm des Verbandes ein - Marie Stritt: *Rechtsstellung der Frau*, Julie Salinger: *Rechtsstellung des unehelichen Kindes (Regierungsentwurf und Gegenentwürfe)*, und Dr. Ulich-Beil die Themen *Siebentes Schuljahr* und *weibliche Polizei*. [28]

Die soziale Lage der Hebammen bildete ein regelmäßig wiederkehrendes Thema. Der Stadtbund unterstützte den **Verein Dresdner Hebammen**, Große Brüdergasse 25 II., in seinen Bemühungen nach Besserstellung der in diesem Berufe arbeitenden Frauen. Weder die Reichsgewerbeordnung von 1920, die den Hebammen die Niederlassungsfreiheit zusicherte, noch die zusätzlichen Bestimmungen, die 1924 von der Sächsischen Landesregierung verabschiedet worden waren, hatten ihnen ein ausreichendes Mindesteinkommen und eine entsprechende Altersversorgung gebracht. Und das vom Verein Dresdner Hebammen im Dezember 1924 an den Rat der Stadt gestellte Gesuch um eine feste Anstellung und Erhöhung des Ruhestandsgeldes war zwar von der Stadtverordnetenversammlung eingehend behandelt worden, die Stadtverordneten Dorothea Wettengel und Klara Noack hatten sich für das Anliegen eingesetzt, die Lage folgendermaßen charakterisierend: *Es kommt sehr oft vor, daß die Hebammen, wenn sie überhaupt gesucht werden, was schon selten vorkommt, die Bezahlung nur mangelhaft oder gar nicht erhalten, ja, es ist schon vorgekommen, daß man die Hebamme in natura entlohnt hat, weil die betreffenden Familien das Geld nicht aufbringen konnten*. [29] Die Lösungsangebote des Rates aber erwiesen sich als mangelhaft. Im Mai 1927 mahnt der LSF in einem Rundschreiben an die Frauenvereine, daß der *Hebammenfrage mehr Beachtung* geschenkt werden soll, insbesondere in bezug auf eine gesicherte Existenz und *angemessene Altersversorgung*. [30]

Als Anfang 1927 das »Gesetz zur Bekämpfung der Geschlechtskrankheiten« verabschiedet wurde, erfuhr die Arbeit des Stadtbundes auf diesem Gebiet und in der Fürsorge für Prostituierte eine Intensivierung. Ein im Vorjahr vom LSF beschlossenes Arbeitsprogramm lenkte bereits damals das Augenmerk auf die Betroffenen - der Landesverband bat die angeschlossenen Frauenvereine, sich für die regelmäßige Beschäftigung der in den Krankenhäusern befindlichen geschlechtskranken Frauen einzusetzen, die Pflegeämter und weiblichen Stadtverordneten dafür zu interessieren. Als vorbildlich hierbei wurden u.a. die Dresdner Einrichtungen genannt. [31] Frau Müller (Stadtbund) notierte während einer Vorstandssitzung des LSF hinsichtlich der Beschäftigung geschlechtskranker Frauen: [In] *Dresden vom Pflegeamt aus in Verbindung mit der städtischen Fürsorge, vom Pflegeamt geht wöchentlich 2x eine Fürsorgerin ins Krankenhaus. Die Mädchen werden beschäftigt mit Näh- und Flickarbeit. Sie erhalten dazu altes Material geliefert*. [32] Ein 1927 eingesetzter städtischer Fürsorgeausschuß beschäftigte sich

speziell mit den Fragen der Bekämpfung der Geschlechtskrankheiten und Bordellauflösung, eine dazu herausgegebene Ratsdrucksache erhielt das Vorstandsmitglied Frau Müller allerdings nur *durch Vermittlung* ihres *Mannes*, so daß sich die Vorsitzende des LSF *das Gewünschte... herausschreiben* mußte. [33] Anfang November setzte der Stadtbund einen eigenen Fachausschuß ein, der die mit den verschiedenen zuständigen Behörden geplante Besprechung von Problemen, die mit der Durchführung des Gesetzes zur Bekämpfung der Geschlechtskrankheiten zusammenhingen, vorbereiten sollte.

In einer an die Stadtverordneten gerichteten Eingabe wird deutlich, woran der städtische Ausschuß anscheinend krankte: Wir fordern die *Bildung eines Ausschusses beim Pflege-amt, in dem die freie Wohlfahrtspflege und die Frauenorganisationen, deren Aufgabe insbesondere die Bearbeitung von Sittlichkeitsfragen ist, ausreichend vertreten sind.* [34] Außerdem wird darin eine *gründliche Änderung der Wohnungsverhältnisse in den sogen. Toten Gassen, wo noch bordellartige Betriebe bestehen sollen*, gefordert, sowie die *Änderung des Namens der beiden Frohngassen und Verbesserung der Beleuch-tung in den sogen. Toten Gassen.* [35] Diese Eingabe wurde jedoch erst 1929 und wiederholt 1931 im Stadtverordneten-Kollegium verhandelt. Während der Hauptver-sammlung des LSF im November 1929 kam auch zur Sprache, warum die Durchführung des Gesetzes bisher so wenig erfolgreich war: *Das Dulden des Zuhältertums ist der Grund für die vergebliche Arbeit der Fürsorgeanstalten.* [36]

Einen wichtigen Gesichtspunkt der Mitarbeit der Frauenvereine im Stadtbund bildete die konzeptionelle Arbeit, die nicht nur der Beseitigung aktueller Mißstände galt, sondern für die Frauen und die Gesellschaft lebbare Strukturen zu schaffen versuchte. Eine dieser Ideen schlug sich in der »Mütterschulen«-Gründung nieder, die Ende der zwanziger Jahre im Denken der Dresdner Stadtbundfrauen einen hohen Rang einnahm, sicher in konzeptioneller Nähe zu den Bestrebungen des Hausfrauenvereins nach einer umfassenden hauswirtschaftlichen Ausbildung, und auch in geistiger Nachfolge des von Helene Stöcker geförderten Mutterschutzgedankens. Mit der Betonung des »Mütterlichen« gaben sie aber auch einer konservativen, die Frauen in die Schranken von Heim und Herd verweisenden Denkrichtung ideellen Raum und stützten mittelbar das in jenen Kreisen gepflegte Frauenbild. Der »neuen Frau« indes, wie die sich selbstverwirklichende, Karriere in Politik, Verwaltung oder Wirtschaft machende Zeitgenossin genannt wurde, eignete nach deren Ansicht kaum Familiengeist oder Mütterlichkeit. Sie wurde als streng und unfähig zur Hingabe bezeichnet. In den dreißiger Jahren geriet sie endgültig zur Karikatur: die »neue Frau« hatte, so vermittelten es nicht nur NS-Ideologen, ihre Weib-lichkeit eingebüßt. Zum Thema »Mütterschule« berief der Stadtbund eine Versammlung ein, die am 11.11.1929 im Mädchengymnasium Weintraubenstraße stattfand.

Eine Vertreterin der schon bestehenden Mütterschule in Stuttgart stellte in ihrem Vortrag »Aufgaben der Frau im Volke« sowohl diese als auch die in Elberfeld und Chemnitz eingerichteten Mütterschulen vor. [37] Frau Müller notierte zu diesem Vortrag: *Mütter-lichkeit. Die Mutter als natürliches Verständnis. Mütterschulen auch in anderen Ländern. (Kriegsfolge) Comenius Salzmann Pestalozzi. ... Der Grundgedanke vorbeugende Arbeit. Der richtigste Platz die Mädchenschulen. In der Schule nur* [ist] *der Gedanke der Müt-terlichkeit zu pflegen, zu erreichen.- Der Sinn der Erziehung die Mutter anzuleiten, das Kind als in die Allgemeinheit hineingehörig aufzufassen.- ... Sie wirkt erzieherisch, volksbildend. Sie trägt insofern dazu bei, bevölkerungspolitisch das Beste zu wirken, was es gibt. Dr. Indl erklärte neulich „Die Mütterberatungsstellen machen doch schon diese Aufklärungen." Ist gegen neue Wege.* [38] Doch der Stadtbund erarbeitete Vorschläge zur Errichtung von Tages- und Abendkursen für die verschiedenen Stadtteile, der theoretische Kurs sollte in der Mädchenberufsschule gehalten werden, die praktischen Übungen im Säuglingsheim oder in den Mütterberatungsstellen. [39]

Seit 1927 fanden, ergänzend zum Angebot der Mütterberatungsstellen, »Mütterkurse« statt, zunächst im Hygiene-Museum. Sie erwiesen sich allerdings für Unbemittelte als zu teuer, später sollte deshalb eine Möglichkeit dafür im neuen Säuglingsheim geschaffen werden. [40]

In die seit Beginn dieses Jahrhunderts wiederholt aufflammende Kampagne gegen »Schund- und Schmutzliteratur« versuchte der Stadtbund positive Gewichtungen einzubringen, indem er sich für die Einrichtung von »Kinderlesestuben« in den öffentlichen Bibliotheken engagierte, eine Anregung des LSF aufnehmend. [41] In einem Schreiben an das Stadtverordneten-Kollegium formulierte der Stadtbund 1928: *Wir sehen in der Einrichtung von Kinderlesestuben einen Weg, die Kinder von der Straße abzuziehen und bei ihnen Verständnis, Sinn und Freude für gute Bücher zu wecken; und halten dies im Hinblick auf die Flut von Schundliteratur und schlechter Kinovorstellungen für durchaus nötig,* dabei auf andere Städte, z.B. München, verweisend, die bereits über solche Einrichtungen verfügten. [42] Der Rat der Stadt entgegnete, *daß sowohl in der im Bau befindlichen Büchereizweigstelle Neustadt-Nordwest... als auch in den neuen Räumen der Büchereizweigstelle Neustadt, Bautzner Straße 21, je eine Kinderlesestube eingerichtet werden soll.* [43]

In der Jugendarbeit versuchte der Stadtbund gestaltend tätig zu sein, er nahm in der zweiten Hälfte der 20er Jahre Kontakte zu den »Jugendwohlfahrtsverbänden« auf, plädierte für Einrichtung und Ausbau von Jugendherbergen, vor allem im Interesse der weiblichen Jugendlichen. [44] In dieser Angelegenheit richtete der Stadtbund 1928 auch eine Eingabe an den Rat: die Schaffung eines Jugendheims mit angeschlossener Herberge sei erforderlich, um auch *der wandernden Jugend tiefere Werte* zu vermitteln. [45]

Die sich verschärfende Krise machte es wenig später nötig, zuerst nach Beschäftigungsmöglichkeiten für die wachsende Zahl erwerbsloser Jugendlicher, insbesondere schulentlassener Mädchen, zu suchen. Als eine der Möglichkeiten wurde die Einrichtung eines *freiwilligen Arbeitsdienstes für die weibliche Jugend* erwogen (für die männliche existierte ein Arbeitsdienst seit 1925). Dr. Ulich-Beil hielt anläßlich der Vertreterinnenversammlung des Stadtbundes am 9.12.1932 im Neustädter Mädchengymnasium einen Vortrag über diese Frage. Grundsätze des Arbeitsdienstes sollten *Selbstverantwortung und Freiwilligkeit* bilden. Wegen der männlich geprägten und auf diese ausgerichteten Strukturen in den bestehenden Lagern wäre es zunächst schwierig gewesen, einen Arbeitsdienst für Mädchen aufzubauen. [46]

Letztendlich verlor sich jeglicher alternative Ansatz im »Jugendnotwerk« des Stadtbundes: hier galt es, unmittelbarer Not zu wehren, mit den geringen Mitteln, die zur Verfügung standen. Die arbeitslosen Mädchen sollten in den Vormittagsstunden in Handarbeiten unterrichtet werden. In der Stadt ansässige Firmen wurden in einem Schreiben um Unterstützung mit Restbeständen an Stoffen und anderen Materialien ersucht. *Heute: in der 3. Mädchen-Berufsschule Fröbelstraße 1 hat Frl. Thiele nun ein Jugendnotwerk eingerichtet. Täglich 25 Portionen für 5,-M. von Hausmannsfrau gekocht. Lehrkräfte grundsätzlich nicht. Arbeitsamt gibt kleinen Beitrag, 2 St. berufl. Betreuung für 1,50 pro Stunde. Schulamt gibt nur einen Raum in der Schule, 4 Näh-*

maschinen hineingestellt. Küche grundsätzlich nicht gegeben. Kochen, Nähen, Kinderpflege. Erst Textilwarenkunde. Jugendpflegerische Betreuung. Der Kursus ange-meldet als Schulungskursus, lautete die Notiz von einer Vorstandssitzung des Stadt-bundes am 1.2.1933. [47]

Schon bald nach der Errichtung des NS-Staates Ende Januar 1933 sollte der Niedergang der ca. 230 bürgerlichen und religiösen Frauenorganisationen Deutschlands eingeleitet werden. Am 10. Mai d.J. wurde die dem rechten Spektrum zugehörige Frauenführerin Lydia Gottschewski von ihrem Vorgesetzten Ley, dem Leiter der »Arbeitsfront«, beauftragt, die verschiedenen Frauenvereine *gleichzuschalten* und unter dem Dach der »Frauen-front« bzw. des wenig später gegründeten »Deutschen Frauenwerkes« zu vereinen. »Gleichschaltung« bedeutete dabei auch, Mitglieder jüdischer Herkunft zuerst aus den Vorständen und kurz darauf aus den Organisationen selbst auszuschließen.
Im März hatten sich BDF und LSF aufgelöst, um den angeschlossenen Verbänden eigene Entscheidungsfreiheit zu gewähren. Der Stadtbund beschloß in der Vorstands-sitzung vom 23.5., seine Auflösung in einer eigens dazu einzuberufenden Vertreterinnen-versammlung zur Sprache zu bringen. Diese Versammlung fand am 31.5. statt. Doch schon zwei Monate zuvor hatte die Vorsitzende, Elisabeth Müller, im wesentlichen formuliert, was sie nun den Anwesenden vortrug: *Werte Anwesende, aus der Tages-ordnung, die Ihnen zugegangen ist, haben Sie ersehen, daß der Vorstand die Frage der Auflösung erörtert hat. Es ist Ihnen sicher nicht entgangen, daß der Bund deutscher Frauenvereine diesen Schritt schon... vollzogen hat, damit seine einzelnen Verbände [die] eigene Freiheit des Handelns erhielten. Der Stadtbund befindet sich in ähnlicher Lage wie Bundes- und Landesverbände, nur ich bin der Ansicht, daß auch wir zur Auflösung schreiten müssen. Ich berufe mich dabei auf § 726 des BGB, in dem es unter der Rubrik „Gesellschaften" heißt: Die Gesellschaft endigt, wenn der vereinbarte Zweck erreicht, oder dessen Erreichung unmöglich geworden ist. Diese letzten Gedankengänge scheinen mir für uns maßgebend zu sein, in der Vorstandssitzung war eine gleiche Einstellung vorherrschend, nur so entschlossen wir uns, Sie zur Beschlußfassung über die Auflösung zusammenzubitten. § 2 unserer Satzungen besagt: „Der Stadtbund bezweckt den Zusammenschluß aller Frauenvereine Dresdens, die der Förderung der Frauen in geistiger, sittlicher, körperlicher, in wirtschaftlicher, rechtlicher und politischer Hinsicht und die Förderung des Allgemeinwohls anstreben, zu gemeinsamer Verfolgung dieser Ziele." Diese Möglichkeiten sehe ich infolge der nationalen Revolution nicht mehr gegeben, da, wie Sie ja alle schon wissen und z.T. schon selbst erlebt haben, zunächst in den beruflichen Organisationen große Ein- und Umgruppierungen statt-gefunden haben, so daß dadurch zumTeil schon verschiedene Frauengruppen nicht mehr bestehen, sondern in die Fachgruppen zusammen mit den gleichen männlichen Organisationen eingereiht wurden. Andere Frauenorganistionen schlossen sich der Frauenfront oder dem Ring nationaler Frauen an, würden also auch bei uns aus-scheiden. Wenn weiter dem Ziele der jetzigen Regierung nachgekommen wird, alle anderen nicht berufsmäßig gegliederten Verbände in neue gemeinsame Arbeitsgebiete zusammenzufassen, so würde meines Erachtens damit zunehmen, daß in absehbarer Zeit durch den neuen Formungswillen die jetzt noch auf alter Tradition bestehenden Vereine und Verbände auch aus unserer Gemeinsamkeit herausgehen müßten. Im Hinblick auf diese Entwicklung ist es richtiger, die Dinge zu sehen wie sie sind, und der Vorstand hält es darum für angebracht, den Vereinen die Freiheit des eigenen Handelns durch die Auflösung des Stadtbundes zu geben. ... Positiv ausgetreten ist bis*

heute der Deutsch-Evangelische Frauenbund [am 15.5.]*, soweit ich es übersehe ist aber bei den Hausfrauen, den Lehrerinnen, den Akademikerinnen, dem Verband für Handels- und Büroangestellte, den Gemeindebeamtinnen die Vereinslage so verändert, daß wir mit dem Austritt zu rechnen haben, er nur noch nicht erklärt ist. Ja ich bin der Überzeugung, daß noch mehr Vereine mit dieser Nachricht kommen werden. Der Stadtbund war anerkannt und arbeitsfähig als eine geschlossene Gemeinsamkeit vieler Einzelvereine und hatte als solcher Aufgaben in einer Zeit, die hinter uns liegt; er verliert die Betätigungsmöglichkeit, wenn große Gruppen sich von ihm trennen, er verliert sie weiter in einer Zeit, in der der Staat ganz neue Formen annimmt und den Frauen völlig neue Wege weist. In der Gleich- und Umschaltung der Verbände liegen die neuen Wurzeln. Diese Form kommt meines Erachtens für den Stadtbund nicht infrage, so muß er also die alte Form lösen, wie ich dieses ja schon eingangs nach § 726 zu beweisen suchte.* [48] Im Vorfeld dieser Versammlung bekundeten mehrere Vereine ihr Bedauern über die Absicht, den Stadtbund aufzulösen, der Hauspflege-Verein erklärte, daß er *kein Interesse an der Auflösung* habe, sondern dessen *erfolgreichen Fortbestand wünsche*, in ähnlicher Weise äußerten sich die Schwesternschaft des Jungdeutschen Ordens und der Bund abstinenter Frauen. Der Dresdner Hausfrauenverein hatte sich hingegen schon der »Frauenfront« angeschlossen. [49]

Ende Oktober 1933 erhielt Elisabeth Müller einen Brief der früheren Stadtbundvorsitzenden Frau Hertwig-Bünger aus Leipzig: *Nun geht die Werbung für den Verein „Auguste-Schmidt-Haus" weiter. Wir haben davon abgesehen, eine neue Vereinigung zu bilden, wie wir zu der Auflösung des Landesverbandes beschlossen hatten, um Schwierigkeiten zu vermeiden. Der Gedanke, ein geistiges Zentrum für die „bewegten Frauen" zu schaffen, ist auf diesen Verein übertragen worden. Bis jetzt haben wir einige 80 Neuanmeldungen. Frau Dr. Magnus brachte aus Westfalen auch eine Liste mit; wir wollen aber Massen für diesen Gedanken gewinnen. Bitte werben Sie auch mit. Im Auguste-Schmidt-Haus sollen auch die Akten der aufgelösten Frauenorganisationen aufbewahrt werden, soweit die früheren Vorstände das wollen.* [50]
Zwei Jahre später lieferte Frau Müller die Aktenbestände des Stadtbundes in das Ratsarchiv der Stadt Dresden ein. Nicht bekannt ist, wo die Dokumente anderer Frauenvereine verblieben sind.

Literatur / Quellen

[1]   Paul Scheven: Allerlei aus und über Dresden, Dresden 1903
[2]   Instruction für die Mitglieder des Vereins zur Unterstützung hilfsbedürftiger Wöchnerinnen, eine Abteilung des Frauenvereins zu Dresden, Dresden 1858
[3]   Bedingungen für die Aufnahme von Kindern in den Anstalten des Frauenvereins zu Dresden, Dresden 1908
[4]   Minde-Ponet: 100 Jahre Frauenverein zu Dresden, in: Dresdner Anzeiger, 25.11.1914, S. 19
[5]   Marie Stritt: Der Rechtsschutzverein für Frauen, in: Quellenhefte zum Frauenleben in der Geschichte. Hrsg. von der Helene-Lange-Stiftung Berlin. Heft 19b: Die organisierte Frauenbewegung, II. Teil. - Berlin: Herbig, 1927, S. 36/37
[6]   ebenda
[7]   Marie Sturm: Die Frauenschule und der gebildete Mittelstand, in: Die Entwicklung der höheren Mädchenbildung in Deutschland von 1870 - 1914, Quellenhefte, a.a.O., Heft 26, 1936, S. 169

[8] ebenda

[9] ebenda

[10] Schreiben der Unterfachgruppe der Sozialbeamtinnen vom 19.3.1932 an die Landes-
     fachgruppe der Kranken- und Wohlfahrtspflege, in: Stadtbund der Dresdner Frauen-
     vereine, Aktenstück 20, Bl. 12-14

[11] Jahresbericht des Frauen-Erwerbsvereins zu Dresden, Bd. 5ff., 1876ff.

[12] Die organisierte Frauenbewegung, II. Teil. in: Quellenhefte, a.a.O.,

[13] Dr. Charlotte Fischer-Bickhardt: Die Stellung der erwerbstätigen Frau zur Politik,
     in: Führer durch die Ausstellung »Die Frau von Heute«, Dresden 1931, S. 10

[14] Konstituierende Generalversammlung des Katholischen Frauenbundes in Dres-
     den, in: Sächsische Volkszeitung vom 24. November 1905, Titelseite

[15] ebenda

[16] Die Tätigkeit des katholischen Frauenbundes in Dresden, in: Sächsische Volks-
     zeitung vom 4. Dezember 1910

[17] ebenda

[18] ebenda

[19] Versammlung des Katholischen Frauenbundes in Dresden, in: Sächsische Volks-
     zeitung vom 3. November 1906

[20] Jahresberichte der Israelitischen Religionsgemeinde zu Dresden auf die Jahre
     1914-1916, Dresden 1917

[21] Auseinandersetzungen um das (kirchliche) Wahlrecht, in: Frauen in der Kirche
     Hrsg. von Annette Kuhn, Düsseldorf, 1985, S. 31

[22] Deutsch-Evangelischer Frauenbund, Ortsgruppe Dresden, Jahresberichte
     1914-1916, Dresden 1917

[23] ebenda

[24] Archivmaterialien der Martin-Luther-Gemeinde

[25] Aufgaben der Hausfrau, in: Dresdner Hausfrauen-Zeitung, Monatsblatt des Haus-
     frauen-Vereins für Dresden und Umgebung e.V., 1. Jg. 1925, Nr. 1, S. 2

[26] ebenda

[27] Jahresbericht 1924 des Hausfrauen-Vereins, ebenda S. 3ff.

[28] Mitgliederversammlung des LSF vom 19.9.1926, Abschrift, in: Stadtbund, a.a.O.,
     Aktenst. 20, Bl. 236-237 (Diese Versammlung fand im »Italienischen Dörfchen« statt.)

[29] Antrag Stadtverordnete Wettengel, in: Stenographische Sitzungsberichte des Stadt-
     verordneten-Kollegiums zu Dresden, 11. Öffentliche Sitzung, März 1925,
     S. 288-290

[30] Rundschreiben des Landesverbandes Sächsischer Frauenvereine an die Mitglieds-
     vereine, Mai 1927, in: Stadtbund, a.a.O., Aktenst. 20, Bl. 169-170

[31] ebenda

[32] Notizen Elisabeth Müllers [handschr.] zur Vorstandssitzung des LSF vom 30.4.1927,
     in: Stadtbund, a.a.O., Aktenst. 20, Bl. 184-187

[33] Brief Frau Müller, Stadtbund, an Frau Königsdörffer, LSF, vom 16.8.1927 [Durch-
     schlag], in: Stadtbund, a.a.O., Aktenst. 20, Bl. 160

[34] Bericht des Prüfungsausschusses, in: Stenographische Sitzungsberichte, a.a.O.,
     3. Öffentliche Sitzung vom 29.1.1931, S. 51

[35] ebenda

[36] Protokoll der Hauptversammlung des LSF in Chemnitz am 24.11.1929, in: Stadt-
     bund, a.a.O., Aktenst. 20, Bl. 31-36

[37] Einladung des Stadtbundes zu einer Versammlung zum Thema Mütterschule, in: Stadtbund, a.a.O., Aktenst. 14, Bl. 89

[38] ebenda [Rückseite, handschriftl. Notizen]

[39] Stadtbund, a.a.O., Aktenst. 14, Bl. 81

[40] Vorstandssitzung des LSF vom 29.9.1927. Bericht des sozialen Ausschusses, in: Stadtbund, a.a.O., Aktenst. 20, Bl. 137-138

[41] Rundschreiben des LSF s.a.a.O., Stadtbund, Aktenst. 20, Bl. 169-170

[42] Schreiben an das Stadtverordneten-Kollegium vom 3.1.1928, Stadtbund, Aktenst. 14, Bl. 152

[43] Schreiben des Rates vom 31.12.1928 bzw. 8.12.1928 auf das Gesuch des Stadtbundes, in: Stenographische Sitzungsberichte, a.a.O., 1. öffentliche Sitzung vom 10.1.1929, S. 2/3

[44] Rundschreiben des LSF, a.a.O., Stadtbund, Aktenst. 20, Bl. 169-170

[45] Schreiben an den Rat der Stadt und den Vorsteher des Stadtverordneten-Kollegiums vom 27.7.1928, in: Stadtbund, Aktenst. 21, Bl. 48

[46] Handschriftliches Protokoll des Vortrages von Dr. Ulich-Beil auf der Vertreterinnenversammlung, in: Stadtbund, Aktenst. 10, Bl. 29-38

[47] Vorstandssitzung 1.2.1933 handschriftl. Protokoll, in: Stadtbund, Aktenst. 10, Bl. 25-28

[48] Handschriftliches Konzept, 31.3.1933, in: Stadtbund, ebenda, Bl. 4-6

[49] Handschriftliches Protokoll der Vertreterinnenversammlung vom 30.5.1933, in: Stadtbund, ebenda, Bl. 7-9

[50] Hertwig-Bünger an Elisabeth Müller, 28.10.1933, in: Stadtbund, Aktenst. 19, Bl. 25

Die Staatsbürgerin

»Als mein Mann die Broschüren sah, mußte ich sie auf der Stelle verbrennen« - Mutter Auguste

In der Familie eines armen Elbschiffers in Pirna-Copitz wurde Auguste Pauline Gantze am 1. April 1868 geboren. Nach dem Besuch der Volksschule verdingte sie sich zur Landarbeit, hielt aber die Enge und Abhängigkeit nur zwei Jahre aus. Mit 17 Jahren ging sie als Arbeiterin in die Zellulosefabrik Hoesch & Co. in Heidenau - blieb aber auch hier nicht lange, denn es zog sie in die Großstadt. Sie fand in Dresden eine Anstellung als Dienstmädchen. Doch was für eine Freiheit war das! Später erinnerte sie sich in ihrer politischen Arbeit daran und gründete eine spezielle Dienstbotenkommission der SPD, die die Mädchen aufrief, Klagen gegen ihre Herrschaft aufs Arbeitersekretariat zu bringen. Schließlich begann die damals 18jährige, in der Zigarrenfabrik von Eugen Uhlemann in der Alaunstraße 18 als Zigarrenwicklerin zu arbeiten.

Alaunstraße 18
(Archiv Una Giesecke, Dresden)

Hier kam sie in Kontakt mit der Arbeiterbewegung, erlebte die Kämpfe und Erfolge der Tabakarbeiter, deren Streiks über Deutschlands Grenzen hinaus bekannt wurden. Sie hatten sich u.a. das Recht des Vorlesens erkämpft, konnten demzufolge während der Arbeitszeit die Gewerkschaftspresse und täglich die Dresdner Volkszeitung hören. Gemeinsam mit anderen Kollegen gründete Auguste Gantze eine Zweigstelle des Tabakarbeiterverbandes in Dresden. Sie lernte den politikinteressierten Buchhändler Salomon Lewinsohn von der Schönfelder Straße 17 kennen und lieben. Sie heirateten und traten gemeinsam der illegalen SPD bei. Bald gehörten die Lewinsohns zum führenden Kern der Genossen in Dresden. Auguste organisierte Streiks und Demonstrationen gegen Kinderarbeit, Hunger und Lebensmittelteuerung. Die engagierte Frau ging 1890 mit dem Fall des Sozialistengesetzes in den Vorstand des Frauenvereins der SPD, eine juristische Konstruktion zur Umgehung des gesetzlichen Parteiverbots für Frauen. Hier setzte sie sich vor allem für Erwerbsarbeit von Frauen und ihre Teilnahme am politischen Leben ein. Zwei Jahre später fiel das Verbot, der Frauenverein konnte aufgelöst werden und Auguste legal in die SPD eintreten.

In ihrer Wohnung in der Görlitzer Straße 23 zog Mutter Auguste, wie sie liebevoll von ihren Freunden genannt wurde, vier Söhne groß. Oft empfing sie hier Besuch von

Clara Zetkin sowie Käte und Hermann Duncker, von denen sie viel lernte. Als 1907 die sächsischen SPD-Genossen bei der Wahl zum Internationalen Sozialistenkongreß *keine weibliche Delegierte gewährten*, handelten die Frauen auf eigene Faust: *Wir sahen uns deshalb gezwungen, uns auf eigene Füße zu stellen, und wählten in einer dazu einberufenen Frauenversammlung die Genossin Lewinsohn als Delegierte für den Stuttgarter Kongreß.* [1] Dort lernte sie Lenin, August Bebel, Karl Liebknecht und Rosa Luxemburg kennen. Dadurch gehörte die Familie Lewinsohn schon vor dem Ersten Weltkrieg zum Spartakusbund. Als die Polizei eines Tages bei den Verdächtigen eindrang und alle Betten und Schränke durchwühlte, lagen die Spartakusbriefe offen auf dem Tisch. Dahin schauten die Polizisten jedoch nicht und zogen unverrichteterdinge wieder ab, während die Lewinsohns erleichtert auflachten.

Ein andermal hatte vermutlich ein Spitzel verbotene Schriften bei ihr gesehen und angezeigt. Geschickt spielte sie bei der Polizeikontrolle die unwissende Ehefrau und behauptete: *»Als mein Mann abends heimkam und die Broschüren sah, da war er böse und ich mußte sie auf der Stelle im Herd verbrennen.«* *»Soso, naja«*, brummte der Beamte, *»das hat mein Kommissar gleich gesagt, daß sie die vernichtet haben. Nun, dann wäre ja alles in Ordnung.«* *»Ja, alles in Ordnung!«* [3] Denn sie hatte das Material inzwischen im Viertel verteilt.

Innerhalb der SPD gründete Auguste Lewinsohn eine Kinderschutzkommission für Sachsen und stand ihr vor. Diese kämpfte gegen Kindesmißhandlungen, Verwahrlosung in moralischer und körperlicher Hinsicht und Kinderausbeutung. Gemeinsam mit anderen Frauen, Jugendlichen und Freidenkern hielt sie bei Ausbruch des Ersten Weltkrieges der allgemeinen Kriegsbegeisterung pazifistische Gedanken entgegen. Als 1918 endlich das Wahlrecht für Frauen erkämpft wurde, zog sie in den Sächsischen Landtag ein. Doch aus Enttäuschung über die damalige SPD-Politik legte sie bald schon ihre Ämter nieder und trat in die KPD ein.

Gemeinsam mit Dr. Kohn begründete Auguste Lewinsohn die Arbeitersanitätskolonnen. Nach 1923 organisierten sie und Liesel Sparschuh im Rahmen der Internationalen Arbeiterhilfe für arme und kranke Kinder Erholungen in Gottleuba. Die als resolut, mutig, energisch und bescheiden beschriebene Auguste Lewinsohn organisierte in der Zeit der Inflation, des Hungers und der Arbeitslosigkeit Suppenküchen in der Altstadt und auf der Neustädter Hechtstraße.

Während der NS-Zeit mußte sie allein für die Familie sorgen, denn ihr Mann war schon 1923 gestorben. Unbeirrt verteilte sie Flugblätter und sammelte Geld für die Angehörigen politischer Häftlinge. Natürlich stand sie unter Beobachtung der Gestapo. Immer wieder kam es zu Hausdurchsuchungen. 1934 wurde die 66jährige festgenommen und nach zehn Monaten Untersuchungshaft zu der verstrichenen Frist nachträglich verurteilt. Da ihr aber nichts nachgewiesen werden konnte, mußte sich die Anklage auf weitergezahlte Beiträge für die von den Nazis verbotene KPD und den Kauf der »Arbeiterstimme« beschränken.

Ihr Sohn Felix konnte 1937 mit seiner Frau und seinem Sohn Alexander nach Schweden fliehen. Während Felix nach Kriegsende in Schweden blieb, kam der Enkel nach Dresden zurück und stellte einen Antrag auf Anerkennung als Opfer des Faschismus in der Bautzner Straße 2. Ihren Sohn Walter, der schon 1914 nach Spanien gegangen war, hatte sie Ende der zwanziger Jahre in Barcelona zum letzten Mal gesehen. Die Söhne Erich und Willy waren überzeugte Dresdner KPD-Genossen wie ihre Mutter. Beim Gründungskongreß des Demokratischen Frauenbundes Deutschlands in Sachsen 1947 in der »Nordhalle«, dem heutigen Militärhistorischen Museum, saß sie im Ehrenpräsidium. Mit der Clara-Zetkin-Medaille wurde Auguste Lewinsohn in der DDR geehrt. Zu ihrem 80. Geburtstag spielte ein Polzeitrupp eine Stunde lang Platzmusik vor ihrem Fenster. »Wer noch nicht gewußt hat, wer die Lewinsohns waren, jetzt wissen sie's.« [5], schrieb sie an ihre Freundin Käte Duncker. 1957 starb Auguste Lewinsohn 89jährig.

Kurz vor ihrem Tod überreichte Hermann Duncker Auguste Lewinsohn in ihrer Wohnung auf der Görlitzer Straße 23 eine Auszeichnung der SED
(Deutsche Fotothek, Dresden)

Literatur / Quellen

[1] Sächsische Arbeiterzeitung vom 21.8.1907
[2] Dresdner Volkszeitung vom 20.5.1908
[3] SZ-Beilagen »wir« vom 27.12.1968 und vom 31.12.1970
[4] Frölich: Aus dem Leben der Genossin Auguste Lewinsohn, Dresden. (Material für die Rede anläßlich der Trauerfeier am 14.11.1957), Hauptstaatsarchiv Dresden
[5] Brief Auguste Lewinsohns an Käthe Duncker 1949, Bundesarchiv Berlin, Akte NY4445/254
[6] Akte 1750/34 des Sondergerichtes Freiberg, Hauptstaatsarchiv Dresden

Dr. Else Ulich-Beil - eine frauenbewegte Regierungsrätin

Else Beil stammte aus Elberfeld, wo sie am 30.8.1886 in der Familie eines freiberuflichen Verlagsredakteurs geboren wurde. Nachdem ihr Vater gestorben war, eröffnete die Mutter Emilie Beil eine Fremdenpension, um ihren beiden Töchtern von den Einnahmen eine Ausbildung zu ermöglichen. Außerdem erhielt Else ein Stipendium, mit dessen Hilfe sie die dortige Höhere Mädchenschule und später das Lehrerinnenseminar besuchen konnte.

Gegen den im Schulbetrieb herrschenden Zwang entwickelte sie bald Widerwillen. In ihrem Drang nach freier Geistesentwicklung eignete sie sich Latein im Selbststudium an und bestand die Abiturprüfungen. Sie begann ein Philosophie-, Geschichts- und Germanistikstudium in München, wo sie auch ihren späteren Mann Robert Ulich kennenlernte. Die beiden gingen nach Leipzig, wo Else Beil das Staatsexamen mit Auszeichnung bestand. 1914 schrieb sie ihre Doktorarbeit zur Entwicklung des Begriffs der Weltliteratur im 18. Jahrhundert und schloß mit »summa cum laude« ab. Neben ihrer Tätigkeit als Verwaltungsdirektorin der Hochschule für Frauen in Leipzig baute die damals 29jährige seit 1915 zusammen mit Robert ein Forschungsinstitut für Kultur- und Universalgeschichte auf. Durch den Ausbruch des Ersten Weltkrieges kam diese Arbeit jedoch zum Erliegen.

Else Beil wurde zur Leiterin des Frauenreferats beim Kriegsamt Leipzig berufen. Zu ihren Aufgaben zählte beispielsweise neben der Propaganda für die Kochkiste vor allem die Werbung von Studentinnen und arbeitslosen Frauen für die Landarbeit in Ostpreußen und - als Ersatz für die an die Front geschickten Männer - für die Rüstungsindustrie. Sie organisierte für über 10.000 sächsische Frauen Arbeitsplätze. Doch in Ostpreußen galt noch die Gesindeordnung, d.h. die Mädchen wurden untervertraglich entlohnt und oft auch geschlagen. Wenn sie wegliefen, drohte nach dortigem Gesetz vier Wochen Gefängnishaft. Auch zu unsittlichen Übergriffen kam es, wenn die Mädchen aus Bettenmangel die Schlafstelle z.B. mit dem Bruder der Bäuerin teilen mußten. Den Munitionsarbeiterinnen winkten im Vergleich dazu zwar bessere Bedingungen und eine höhere Entlohnung, aber natürlich nicht mehr als die üblichen 50 % des Männerlohnes. Daran, daß die Arbeitsschutzbestimmungen für Frauen außer Kraft gesetzt wurden, konnte auch Else Beil nichts ändern. Der ständige Äther-Alkoholgeruch in diesen Werken überreizte die Nerven, die verwendete Pikrinsäure hinterließ eine rot-grünliche Haarfärbung und eine kanariengelbe Schicht auf Schutzkleidung, Gesicht und Händen. Immer wieder kam es in einzelnen Rüstungsbetrieben zu Explosionen.

Kurz nach Kriegsende heirateten Else Beil und Robert Ulich. Dr. Else Ulich-Beil zog 32-jährig als Abgeordnete der Deutschen Demokratischen Partei in den Landtag ein und wurde ins Sächsische Innenministerium berufen. Sie mußte also nach Dresden ziehen und Arbeit für ihren Mann finden. Es ist naheliegend, daß seine Berufung zum Leiter der Zentralstelle für Volksbildungswesen in Sachsen und Hochschulreferent im Kultusministerium ihrem Einfluß zu verdanken war. Da Robert Ulich in die SPD eingetreten war, sah sich das »sozialistisch-demokratische Ehepaar« immer wieder Anfeindungen ausgesetzt. Unter Ministerialdirektor von Pflugk war die frischgebackene Regierungsrätin nur von Männern umgeben, fast sämtlich sächsische Adlige. Dem Referat

Wohlfahrtspflege unterstanden das Medizinal-, Apotheken- und Hebammenwesen, außerdem die Landesanstalten wie Krankenhäuser, Gefängnisse, Erziehungsanstalten und Irrenhäuser.

Die Lingner-Stiftung zur Bekämpfung der Säuglingssterblichkeit ermöglichte den Aufbau von Mütterberatungsstellen unter Leitung von Else Ulich-Beil. Ebenfalls unter ihrer Führung entstanden einheitliche Ausbildungspläne und Prüfungsordnungen für die drei staatlich anerkannten Wohlfahrtsschulen: die private von Dr. Lotte Schurig, die des Landesverbandes für christlichen Frauendienst und die in eine sozialpädagogische Fachschule umgewandelte Leipziger Frauen-Hochschule. Dr. Ulich-Beil gründete außerdem das Landesamt für Wohlfahrtspflege und gab monatlich die »Blätter für Wohlfahrtspflege« heraus. Zu ihrem Verantwortungsgebiet gehörten die Schulkinder-

Dr. Else Ulich-Beil
(Sächsisches Hauptstaatsarchiv, Dresden)

speisung, die Erholungsfürsorge für Kinder, der Wohnungsbau und die Verwaltung von Spenden aus den USA und England für die hungernden Kinder in Sachsen.

Die Jungvermählten suchten sich eine Wohnung in der Nähe des Ministeriums in dem kleinen Biedermeier-Haus am Unteren Kreuzweg 1 in der Dresdner Neustadt. *Ihr Heim liegt ganz im Grünen. Wenn die Sonne durch die Fliederbüsche des Hauses am Kreuzweg blitzt, sieht man ihre zwei blonden Jungen um den Rasen des schönen altmodischen Gartens springen.* [2] Am 20.3.1923 hatte sie ihren Sohn Pitter zur Welt gebracht und am 18.11.1924 wurde Konrad Heinrich geboren. Sie hatte außerdem ihre Mutter, der sie viel zu verdanken hatte, zur Pflege zu sich genommen. Doch Robert und die Schwiegermutter *verstanden einander nicht.* [1] Außerdem hatte er Elsa Brandström, die als »sibirischer Engel« berühmte Retterin deutscher Kriegsgefangener, kennengelernt, die er kurz nach seiner Scheidung von Else Ulich-Beil 1929 heiratete. Obwohl Elses Ehe in freundschaftlicher Übereinkunft auseinandergegangen war, lassen ihre knappen Äußerungen zu diesem Thema den Schmerz um die Trennung ahnen.

Der nach der Reichsexekution gegen die legitime Zeigner-Regierung 1924 neu eingesetzte Ministerialdirektor hatte die sogenannte Doppelverdienerin mit Verweis auf die Personalabbau-Verordnung, die verheiratete Beamtinnen weitgehend aus der Berufstätigkeit entfernte, entlassen. Dr. Ulich-Beil erhielt eine einmalige Abfindung von 600 Mark und blieb ohne Altersvorsorge. *Es dürfte kaum einen Mann in der ganzen sächsischen Verwaltung geben, der über seine Vorbildung wie über seine Amtstätigkeit glänzendere Zeugnisse aufzuweisen hätte,* empörte sich die Zeitschrift »Die Frau« im Mai 1924 vergeblich. Anläßlich einer Umfrage des Staatsbürgerinnenverbandes forderte Dr. Ulich-Beil, den Stellenabbau im öffentlichen Dienst nach sachlichen und paritätischen Gesichtspunkten durchzuführen. Als Sprecherin ihrer Fraktion blieb sie bis 1929 im Landtag. Erst durch die Scheidung in jenem Jahr durfte sie wieder eine Erwerbsarbeit aufnehmen.

Seit 1921 vertrat Else Ulich-Beil den Staatsbürgerinnenverband als dessen zweite Vorsitzende im BDF-Vorstand und im Weltbund für Frauenstimmrecht, dessen deutscher Zweig 1904 übrigens von ihrer Dresdner Freundin Marie Stritt gegründet worden war. In dieser Eigenschaft unternahm die selbstbewußte, gewandte Frau Dr. Ulich-Beil als Vertreterin Deutschlands Vortragsreisen, fuhr zu Kongressen und unterzeichnete 1929 die Resolution des Weltbundes gegen Giftgasproduktion und -einsatz, denn in der Weimarer Zeit war sie zur Kriegsgegnerin geworden.

Sie steht lebendig, nie versagend, mit der auch in ernstesten Dingen immer spürbaren frohen Art der Rheinländerin im Brennpunkt aller Frauenfragen und Fraueninteressen. Alle Fäden dieser Bewegung laufen zu ihr hin. Bei den Tagungen, Vortragsversammlungen der großen sozialen, caritativen, wirtschaftlichen, wissenschaftlichen

Frauenvereine Dresdens fehlt sie nur, wenn die Pflichten der Landtagsabgeordneten, der Delegierten für viele Frauenkongresse sie nicht freigeben. Ihre besondere Arbeit und Aufgabe war, bis das Übermaß der Pflichten sie hiervon löste: die Ortsgruppe Dresden des Allgemeinen Deutschen Frauenvereins zu leiten ... mit der noch unverbrauchten Kraft der reifen Frau, die manche Engigkeit aus den ersten Jahren dieser Bewegung weit von sich weist und doch der Art ihrer Vorbilder aufs innigste verbunden bleibt. [2] Auch im Vorstand des Landesverbandes der Sächsischen Frauenvereine fand sich ihr Name wieder. In einem ihrer zahlreichen in der Zeitschrift »Die Frau« veröffentlichten Artikel beklagte Else Ulich-Beil den Mißstand, daß Frauen in Beruf und Politik immer wieder von ihren männlichen Kollegen auf die Gebiete der Wohlfahrtspflege und Sozialpolitik festgelegt wurden. Sie forderte politische Bildung für Frauen und Männer, Quotenregelungen oder eine Frauenpartei bzw. -liste.

Altersbild Dr. Else Ulich-Beil
(Archiv des Staatsbürgerinnenverbandes, Berlin)

Nach der Scheidung übernahm sie die private Soziale Frauenschule von Dr. E. Lotte Schurig und baute die staatliche Wohlfahrtsschule in Hellerau auf. Die dortigen Schüler stammten zu zwei Dritteln aus bürgerlichen und einem Drittel aus proletarischen Schichten. *In der chaotisch wütenden Industriegesellschaft* lehrte Else Ulich-Beil das Ideal, *dem Raubtier Technik eine menschliche Seele entgegenzusetzen und das Gesunde im Verletzten zu stärken.* [5] Sie wollte ihre Schüler dazu erziehen, Menschen wirklich zu helfen und nicht Fälle zu erledigen. Auf dem herrlichen Gelände, in den italienisch anmutenden offenen Höfen mit Marmorfliesen und Blumenranken, spielten ihre beiden Söhne währenddessen Indianer.

In ihrem Bericht über die Abteilung »Die Frau« auf der Internationalen Hygiene-Ausstellung 1930 in Dresden wies sie besonders auf die Bedeutung der seelischen Hygiene hin, womit sie *eine Wiederherstellung des verlorengegangenen Gleichgewichts* meinte. *Das Maschinenzeitalter mit seinen Mietskasernen, der Naturferne, Arbeitshast und den vielen Giften* [5] verursache zunehmend nervöse Erscheinungen. 1932 wurde sie von der Internationalen Frauenorganisation zur Übernahme der Sozialabteilung im Völkerbund vorgeschlagen. Sie lehnte jedoch zugunsten der Leitung der Staatlichen Wohlfahrtsschule Hellerau ab.

In den Jahren vor der Machtergreifung Hitlers trat sie in öffentlichen Versammlungen gegen den Nationalsozialismus auf, z.B. in Stuttgart gemeinsam mit Theodor Heuss. *Tatsächlich war Else Ulich-Beil eine der pointiertesten Nazi-Gegnerinnen vor 1933 im BDF-Vorstand.* [6] Die SA erklärte, *das demokratische Nest da oben im Festspielhaus* [1] ausräuchern zu wollen. Ihre Entlassung 1933 war unvermeidlich, Hilfe erhielt sie nur durch ihren geschiedenen Mann, der ihr seine Pension von 200 Mark überweisen ließ. Sie wurde unter Aufsicht der Politischen Polizei gestellt. 1934 verließen Robert Ulich und dessen neue Frau Deutschland in Richtung Amerika. Else Ulich-Beil siedelte mit den Kindern nach Berlin über. Drei Jahre später bot Robert Ulich, der inzwischen eine Professur an der Harvard-Universität innehatte, an, die beiden Jungen, die gerade bei ihm zu Besuch waren, dazubehalten. Schweren Herzens lehnte die Mutter ab.

Das Jahr 1933 bedeutete für den Bund Deutscher Frauenvereine und den Allgemeinen Deutschen Frauenverein die Auflösung. 1935 warnte Dr. Ulich-Beil in einer historischen Betrachtung über die Frauenbewegung zwar vor der einseitig radikalen Naivität in der Gegenwart, blieb aber vorsichtigerweise abstrakt philosophisch. Sie zog sich zurück und besuchte gelegentlich ihre Freundin Gertrud Bäumer auf Sylt. Ihre Söhne und sich ernährte sie, indem sie Privatunterricht gab und wie ihre Mutter damals vermietete. Trotz ihrer eigenen Not half sie jüdischen Mitmenschen so gut sie konnte. Sachsens Gauleiter Mutschmann ließ die auf ihr Konto angewiesene Pension ihres früheren Mannes sperren. Erst 1940 gelang es ihr, bedingt durch den Lehrermangel im Krieg, eine Arbeitserlaubnis als Lehrerin für Latein, Mathematik und Religion zu bekommen. 1942 wurde ihr ältester Sohn Pitter bei dem afrikanischen El Alamein tödlich verwundet.

1944 trafen Bomben ihre Wohnung, wodurch auch der Nachlaß von Marie Stritt verlorenging. Nach einem Jahr Landleben ohne Sirenen und Brandbomben flüchtete sie mit einem Treck aus Schlesien nach Mühlhausen. Die 49-jährige, alleinstehende Frau brachte ihre Schwester Ada, die einen Nervenschock erlitten hatte, in ein Sanatorium in Tannenfeld, wo diese nach zweijährigen Schockbehandlungen in der geschlossenen Abteilung starb.

Ihr Sohn Konrad sollte nach 1945 zum Wiederaufbau in die Sowjetunion gebracht werden. Es gelang ihm, eine Krankheit vorzutäuschen. Er ging nach Amerika. Ab 1947 lebte Else Ulich-Beil in Berlin-Charlottenburg, wo sie von Nora Melle im selben Jahr aufgesucht wurde: die Freundin bat sie, die Leitung des gerade in Neugründung befindlichen Staatsbürgerinnenverbandes zu übernehmen. *Diese wenigen Stunden, die ich im Heim von Frau Dr. Else Ulich-Beil erlebte, werde ich nie vergessen. Tiefe Lebensweisheit ausstrahlend, saß sie gütig lächelnd und mütterlich vor mir. Es klang aus allen ihren Worten ein verständnisvoller Ernst. Als sie mir dann erzählte, wie sie nach achtjähriger Ehe mit ihren beiden kleinen Söhnen ihren Lebensweg allein gegangen ist und wie all ihre Liebe und Sorge in den schweren Nazijahren nur ihren Söhnen galt, ... da fühlte ich ihre menschliche Güte, die im Glauben an die ewig gültigen sittlichen Werte christlicher Ethik, verbunden mit tiefem inneren Leid, gereift ist.* [4]

1952 wechselte sie in den Vorsitz des Deutschen Frauenrings, dem 1949 gegründeten Nachfolger des BDF. Hier engagierte sie sich viele Jahre für Flüchtlinge und Vertriebene und in der »humanitären Hilfe« für die DDR. Mit dem Großen Bundesverdienstkreuz wurde sie zu ihrem 70. Geburtstag für ihr Lebenswerk ausgezeichnet. Am 4. Mai 1965 starb Else Ulich-Beil in Berlin.

Literatur / Quellen

[1]   Else Ulich-Beil: Ich ging meinen Weg, Berlin 1961
[2]   Gertraud Enderlein: Eine Stunde bei Else Ulich-Beil, in: J. E. Gottschalch (Hrsg.): Dresdner Kalender 1929
[3]   A. v. Wilucki: Dem Gedenken an Else Ulich-Beil, in: Sächs. Heimat, H.10, Hamburg 1966
[4]   Nora Melle: Dr. Else Ulich-Beil zum 65. Geburtstag, in: Die Staatsbürgerin, H. 7, Berlin 1951
[5]   diverse Artikel von Else Ulich-Beil, in: Die Frau (Nr. 32, 36-39 und 42)
[6]   Irene Stoehr: Else Ulich-Beil, in: C. Bergmann (Hrsg.): Frauenpolitik und politisches Wirken von Frauen im Berlin der Nachkriegszeit 1945-1949, Berlin 1996

Frauen in der Politik

1908 wurde den Frauen das Vereinsrecht zugestanden. Es gab nicht nur ihrer schon seit fast einem Jahrhundert geleisteten Arbeit in den Vereinen endlich einen offiziell-rechtlichen Rahmen, sondern zielte auch auf die Wahrnehmung politischer und gewerk-schaftlicher Interessen und ermöglichte ihnen die Mitgliedschaft in Parteien. Mit dem in der Verfassung von 1919 verankerten aktiven und passiven Wahlrecht erhielten sie endlich ein weitergehendes »Bürgerrecht« zugesprochen. Erst dies machte sie zumindest konstitutionell zu mit gleichen Rechten ausgestatteten Mitgliedern der männlich definier-ten Gesellschaft. Es eröffnete ihnen die Möglichkeit, ihre politischen Vorhaben nicht nur im Gewande der »Wohltätigkeit« mittels der Vereine in die Gesellschaft einzubringen, sondern in den Gesetzgebenden Versammlungen selbst offensiv für prononciert poli-tische Ziele einzutreten.

An dem nach der Entmachtung der Vertreter des alten Staates einberufenen Reichs-rätekongreß im Dezember 1918, in dem auch die Verfassung des neu zu bildenden Deutschland diskutiert wurde, nahmen zwei Frauen teil, eine davon war Klara Noack aus Dresden, die später als Stadtverordnete der SPD fungierte. Die Frauen brachten den Antrag auf die verfassungsrechtliche Gleichstellung der Frau und damit auch auf das Wahlrecht ein - der Antrag wurde angenommen und in der Weimarer Verfassung von 1919 festgeschrieben. Damit war ein Ziel erreicht, für das insbesondere der 1865 gegründete Allgemeine Deutsche Frauenverein - Deutscher Staatsbürgerinnenverband (Verband für das Frauenstimmrecht) von Anfang an eingetreten war.

Gleichzeitig setzten sich Veränderungen des Bewußtseins in nahezu allen Parteien Nachkriegsdeutschlands durch, man machte Zugeständnisse - und waren sie in einigen Fällen auch nur verbaler Natur - den Parteien war bewußt geworden, wie dringlich es für die Zukunft ihrer politischen Arbeit sein würde, die Frauen als potentielle Wähle-rinnen ihrer Programme zu gewinnen und mittels der weiblichen Stimmen Positionen im Staate zu erringen. So waren in jedem der Wahlprogramme der verschiedenen Parteien ab 1918 auch Äußerungen zu Frauenfragen zu finden, z.B. folgende:

Berliner Einigungsprogramm der *Fortschrittlichen Volkspartei* 1910: *Erweiterung der Rechte der Frauen und ihres Erwerbsgebietes, Erleichterung der Frauenbildung und Reformen im staatlichen Berechtigungswesen. ... Verstärkte Mitwirkung der Frauen auf dem Gebiete der sozialen Fürsorge und des Bildungswesens. ...* [1]
Aufruf der Parteileitung der *Unabhängigen Sozialdemokratischen Partei Deutschlands* vom 9. Dezember 1918: *... Die Frauen nehmen zum ersten Mal an einer politischen Wahl von größter Bedeutung teil, und sie bilden die Mehrheit der Wähler. - Die Frauen, die bis jetzt Schulter an Schulter mit dem Manne für den Befreiungskampf der Arbeiter-klasse gewirkt haben, sind in gleicher Weise wie die Männer zur Vertretung des sozia-listischen Proletariats in die Nationalversammlung zu entsenden. ...*[2]
Programm der *Sozialdemokratischen Partei Deutschlands*, beschlossen auf dem Partei-tag in Heidelberg 1925: *Insbesondere fordert sie im bürgerlichen Recht Unterordnung des Vermögensrechtes unter das Recht der sozialen Gemeinschaft, Erleichterung der Ehescheidung, Gleichstellung der Frau mit dem Manne. ... Gleiches Recht der Frauen auf Erwerbsarbeit.* [3]

Programm der *Deutschen Demokratischen Partei* vom Dezember 1919: *...die noch bestehenden Zurücksetzungen der Frauen sind zu beseitigen.* [4]

Grundsätze der *Deutschen Volkspartei*, beschlossen im Oktober 1919: *Die Deutsche Volkspartei tritt ein für die politische, wirtschaftliche und rechtliche Gleichstellung der Geschlechter. Sie fordert Zulassung der Frauen zu allen Ämtern und Stellen unter Voraussetzung vollwertiger Vorbildung...* [5]

Aufruf des Vorstandes der *Deutschnationalen Volkspartei (DNVP)* vom Dezember 1918: *Durch ihre bewundernswerten Leistungen in der Kriegszeit hat die deutsche Frau sich ein volles Anrecht auf die Mitwirkung an der Gestaltung unseres öffentlichen Lebens erworben. Wir heißen die Frauen als gleichberechtigte Mitarbeiter an der Wiederaufrichtung unseres Volkes herzlich willkommen.* [6]

Grundsätze der *DNVP* von 1920: *Die deutsche Frau ist als Hüterin der sittlichen und religiösen Grundlagen des Familien- und Volkslebens unentbehrlich. ... Der verheirateten Arbeiterin ist die doppelte Aufgabe der gewerblichen und häuslichen Arbeit zu erleichtern.* [7]

Programm der *Nationalsozialistischen Deutschen Arbeiterpartei* von 1920: *Der Staat hat für die Hebung der Volksgesundheit zu sorgen durch den Schutz der Mutter und des Kindes.* [8]

Zumindest wurde doch die nunmehrige Gleichberechtigung begrüßt, unter anderem mit ähnlichen Argumenten, wie sie die in den Vereinen engagierten Frauen selbst verwandten (wobei auch sie die politische Qualifikation des »einfachen« Mannes nie hinterfragten).

Eine Argumentation, die allerdings in dem Maße, wie sie publiziert wurde, durch die praktischen Folgen der »Demobilmachung« (Ausgliederung von Frauen aus dem Arbeitsprozeß zugunsten heimkehrender Männer), der »Doppelverdiener«-Debatte (Infragestellung der Erwerbstätigkeit verheirateter Frauen), des »Beamtenabbaus« und nicht zuletzt des Beharrens der männlich geprägten und dominierten Parteien, die Macht nicht gleichmäßiger auf die beiden Geschlechter zu verteilen, eine starke Relativierung und in ihrer Wirkung erhebliche Einschränkungen erfuhr. Noch im Jahre 1932, kurz bevor die Frauen wieder aus dem politischen Leben hinausbeordert wurden, finden sich Aussagen, die diesen Mangel bescheinigen. Das leitende Mitglied der KP Sachsens Fritz Selbmann äußerte in einem vor den Delegierten des 3. Bezirksparteitages gehaltenen Referat: *Wenn wir in einem großen Teil der Ortsgruppen in den Gemeinden keine Frauenkandidaten aufgestellt haben, so ist das eine ungeheure Schwäche. Es ist zum Beispiel unmöglich, daß in Ortsgruppen mit 70 - 80 Mitgliedern keine Frau aufgestellt ist. Wir haben Gemeinden, wo Stadtratswahlen stattfinden, dort schlagen unsere Leitungen nur Genossen vor. Warum nicht auch eine Frau? Ruft ihr nicht auch die Frauen zum Streik auf? Wenn die Frauen streiken können, können sie auch im Parlament sitzen.* [9] Aber die Ursachen für diese Praxis blieben im Dunkeln und wurden in der Diskussion nicht thematisiert.

Letztendlich bewog die halbherzige Verwirklichung der Gleichheit, auch im Bereiche der Parteien selbst, die Dachverbände der Frauenvereine sowie etliche der in den Vereinen tätigen Frauen, wie z.B. Marie Stritt 1926, vor Wahlen immer wieder an die Parteien mit der Forderung heranzutreten, Frauen an *aussichtsreicher Stelle* in die Kandidatenlisten zu setzen (Zusatzantrag Stritt) [10], - während sie in der Praxis zumeist die mittleren und hinteren Listenplätze belegten. So blieben die Chancen gering, ein

Mandat zu erhalten. Wichtig war den Vereinen die Präsenz von Frauen in den gesetzgebenden Körperschaften, weil die weiblichen Abgeordneten Ansprechpartnerinnen für die Anliegen der Frauenvereine seien und sie entsprechend vertreten konnten. In der Hauptversammlung des Landesverbandes Sächsischer Frauenvereine (LSF), dem der Stadtbund der Dresdner Frauenvereine angehörte, wurde am 19.9.1926 unter anderem beschlossen, daß die Mitgliedsvereine bzw. -bünde eine *Liste von weiblichen Stadtverordneten anschaffen* sollten, um über entsprechende Kontakte *Übelständen abzuhelfen*. [11] Wenig später lag diese Liste vor, sie umfaßte alle weiblichen Gemeindeverordneten in Sachsen und verzeichnete auch deren Parteizugehörigkeit.

Eine zunehmende Resignation bei der Beobachtung der Parteienpraxis ließ den Gedanken an eigene »Frauenlisten« aufkommen, insbesondere ein im Vereinsspektrum (siehe z.B. Stadtbund der Dresdner Frauenvereine) virulenter Gedanke. In einem vom LSF 1927 entworfenen Musterbrief an die Parteien hieß es: *Eine nicht genügende Beachtung weiblicher Abgeordneter bei Aufstellung der Kandidatenlisten würde dem Plan, eigene Frauenlisten aufzustellen, der in weitesten Frauenkreisen immer wieder erwogen wird, stärken und zur Verwirklichung verhelfen.* [12] Frau Müller, zu jener Zeit im Vorstand des Stadtbundes, notierte in Zusammenhang mit einem darauf zielenden Antrag: *...nur bei Frauenlisten ist volle Betätigung möglich* [13] und erteilte damit den politischen Frauenausschüssen, die bei den Parteien existieren, ihrer nur geringen Wirkungsmöglichkeiten wegen eine Absage. Diskutiert wurde auch die Idee einer interessenübergreifenden »Frauenpartei«, die jedoch nicht verwirklicht werden konnte. - Sie scheiterte, ähnlich wie wir es 1990 anhand des Schicksals des »Unabhängigen Frauenverbandes« erlebten, an der Differenziertheit der Wählerinneninteressen. Außerdem blieb der Zweck einer solchen Organisation umstritten und schien, je nach den politischen Interessen ihrer Vertreterinnen, mal mehr mal weniger die Teilhabe der Frauen an der politischen Macht und den Gestaltungsmitteln der Gesellschaft zum Ziel zu haben. Der Gedanke diente oftmals eher dazu, Differenzen und Konflikte innerhalb der Gesellschaft, die auszutragen wären, zu überdecken - die Aussage einer Zeitgenossin in einem in Dresden gehaltenen Vortrag wirkte da eigentümlich vorwegnehmend: sie warb für die Schaffung einer großen Frauenpartei, *einer Partei, die die Volksgemeinschaft über die Partei setzen soll*. [14]

Die Frauen in den Parteien selbst schienen die Frage einer Frauenpartei oder eigener Listen nicht zu thematisieren. Zu sehr waren sie schon den verschiedensten politischen Spektren verpflichtet, zugehörig, und vermochten sich auch einer parteipolitischen Disziplinierung nicht zu entziehen. Das erschwerte ihnen und auch ihren männlichen Kollegen ein parteiübergreifendes Handeln - im Bereich der Vereine war leichter ein Konsens im Interesse von Frauenanliegen herzustellen. Nicht zufällig arbeiteten etliche der weiblichen Stadtverordneten Dresdens intensiv in Vereinen mit, dabei wurde der Berufsstand bei 11 von 20 Frauen, die zwischen 1924 und 1933 im Stadtverordnetenkollegium wirkten, in den städtischen Unterlagen als »Hausfrau« bezeichnet. [15]
Mit der politischen Mündigkeit eröffneten sich auch andere Betätigungsfelder in der Gesellschaft, die Mitarbeit in den Beiräten verschiedener Behörden, z.B. des öffentlichen Arbeitsnachweises, in den Fachausschüssen auf kommunaler Ebene und die Möglichkeit, von den Gerichten als Schöffin berufen zu werden.
In diesen Gremien arbeiteten insbesondere Frauen aus der Mittelschicht mit, die zum Teil über die bürgerlichen Frauenvereine in die verschiedensten Körperschaften fanden,

zum Teil über die Parteien. Aber auch als Vertreterinnen der Stadtverordnetenversammlung gelangten Frauen in die Ausschüsse.

Eine »Übersicht über die Vertreter der Stadtverordnetenversammlung in Vereinen, Verbänden« und anderen Körperschaften von 1930 zeigt, welche Bedeutung für die parlamentarische Arbeit dem Ehrenamt in Vereinen zukam bzw. zugemessen wurde:

- Frau Noack, Vorstand des Hauspflegevereins, gewählt 22.3.1922,
- Frl. Petzendorfer, Vorstand des Samaritervereins, gewählt 17.3.1927,
- Frau Patzig, Leitung des Vereins Krüppelhilfe, gewählt 17.3.1927,
- Frau Pietzsch, Ortsausschuß für Kinderspeisung Dresden, gewählt 17.3.1927,
- Frau Noack und Frau Brückner, Verbandsversammlung des Gemeindeverbandes zur Sicherung des stiftungsgemäßen Fortbetriebes der Kinderheilanstalt Dresden, gewählt 17.3.1927,
- Frau Wettengel, Vorstand des Wohlfahrts-Schulverbandes Hellerau (als stellvertretende Stadtverordnete), gewählt 20.12.1928.[16]

Die 1931 aus dem Stadtverordnetenkollegium ausscheidende Stadtverordnete Frau Brückner z.B. gehörte folgenden Ausschüssen an:

Als Mitglied:
- dem Prüfungs-Ausschuß der Stadtverordneten,
- dem Schulausschuß,
- dem Krankenpflegeausschuß.

Als Stellvertreterin:
- dem Ausstellungs-Ausschuß,
- dem Ausschuß zur Verleihung von Unterstützungen aus den Mitteln zur Förderung begabter Schüler und Schülerinnen,
- dem Ausschuß für Wohnungswesen,
- dem Ausschuß für Leibesübungen,
- dem Ausschuß zur Vorbereitung von Notstandsmaßnahmen für Erwerbslose,
- dem Ausschuß, der die Gewährung von Beihilfen für die langfristig Erwerbslosen und sonstigen Unterstützungsbedürftigen vorzuberaten und dem Fürsorgeamt Vorschläge zu unterbreiten hatte,

außerdem war sie Mitglied des Jugendausschusses. [17]

Insgesamt aber waren in den Gremien und in den Parlamenten nicht annähernd soviele Frauen vertreten, wie es einer Parität oder zumindest den Forderungen der engagierten Frauen entsprochen hätte, um allein die spezifisch weiblichen Interessen wahrzunehmen und zu vertreten. Noch 1931 mußten Dr. Else Ulich-Beil und Elisabeth Müller als Vertreterinnen von LSF und Stadtbund beim Sächsischen Justizministerium vorstellig werden, um die Berufung von Frauen in das Richteramt zu befördern. [18] In einer im gleichen Jahr an das Arbeitsamt Dresden gerichteten Eingabe klagte der Stadtbund die in bezug auf die Frauen noch nicht verwirklichten Bestimmungen des »Reichsgesetzes über Arbeitsvermittlung« von 1929 ein: in den meisten Arbeitsämtern der deutschen Großstädte werden *die weiblichen Abteilungen von einer weiblichen Oberleitung geführt*, außer in Dresden. [19]

Nur in wenigen Fällen wurden Frauen in die Leitung verschiedener Ausschüsse und Beiräte berufen. So leitete z.B. die Stadtverordnete Margarethe Böhme zeitweise den Prüfungsausschuß der Stadtverordnetenversammlung und Frau Dr. Snell gehörte dem

Vorstand des Wahlausschusses an. Jedoch gelang es keiner Frau, in den Vorstand des Stadtverordnetenkollegiums vorzudringen. Als einzige Frau im Zeitraum von 1924 bis 1933 kandidierte Elisabeth Müller im Januar 1933 für die Position des *2. Stellvertreters des Stadtverordnetenvorstehers*, erhielt aber lediglich eine Stimme, was lt. Stenographischem Sitzungsbericht *Heiterkeit* auslöste. [20]

Die weiblichen Abgeordneten im Sächsischen Landtag und im Reichstag im Jahre 1931

Landtag
- Elise Thümmel, SPD (nach Kriegsende 1945 erneut im Sächsischen Landtag)
- Martha Schlag, SPD
- Olga Körner, KPD (nach Kriegsende 1945 erneut im Sächsischen Landtag)
- Bertha Thiel, SPD
- Margarethe Groh, KPD
- Martha Kühne, KPD
- Margarethe Nischwitz, KPD
- Milly Bültmann, DNVP
- Else Ulich-Beil, DDP (1924-1929)

Reichstag
- Dr. Hertwig-Bünger, DVP (bis 1932 Vorsitzende des Stadtbundes der Dresdner Frauenvereine)
- Tony Sender, SPD
- Dr. Margarethe Stegmann, SPD (Ärztin)
- Olga Körner, KPD (ab 1931)

Stadträte
- Marie Stritt (von 1919-1922)
- Frau Schulz (bis 1933, zuständig für Wohlfahrtspflege/Familienfürsorge)

Regierungsräte in Sachsen
- Else Ulich-Beil, DDP (von 1920-1924 zuständig für Soziales, von 1924 bis 1929 Sprecherin ihrer Fraktion im Landtag)

Der Grundtenor der Selbstbeschränkung auf weibliche Themen war durchgängig und sollte mit der Errichtung des NS-Regimes zu einer tragischen Erfüllung kommen. Männer haben stets unausgesprochen den Anspruch erhoben, die Allgemeinheit/Gesamtheit zu vertreten, für das Ganze, das »Volkswohl« tätig zu sein. Die Befürchtung der Frauen, den Männern zu nahe zu treten und ihnen etwa den Eindruck zu vermitteln, sie wollten ihnen einen Teil ihrer Macht aus den Händen nehmen, und damit die Bereitschaft zu kleinen und oft nur verbalen Zugeständnissen zu gefährden, bewog sie zu einer Selbstbeschränkung in nahezu allen Angelegenheiten und Bereichen des gesellschaftlichen Lebens. *Ich bin Gegner von Veranstaltungen, die nur auf Frauen zugeschnitten sind, da wir uns dadurch der Möglichkeit entziehen, von Männern in unserer Tätigkeit verstanden und richtig eingeordnet werden zu können, und diese Notwendigkeit besteht, da wir der Unterstützung des Mannes bedürfen, um einen Platz im Alltag dann zu erhalten*, formulierte Frau Müller, und setzte noch vorsichtiger hinzu: *Es muß der Masse der Frauen zunächst mehr aufgeben, daß es ganz bestimmte Gebiete gibt, die nur Frauen ganz verstehen können und daher dort nur von Frauen etwas ganz wesentliches geleistet werden kann. Zugleich halte ich es aber für wichtig, auch den Männern soviel Gerechtigkeit widerfahren zu lassen, damit nicht neue Spannungsmöglichkeiten dadurch entstehen.* [21] Zum Ausdruck kommt die Selbstbeschränkung sowohl in den Aktivitäten der Frauenvereine in den 20er und 30er Jahren, als auch in denen der Frauen-Berufsverbände, besonders in Fragen der Berufstätigkeit der verheirateten Frau. Die Vertreterinnen des Verbandes der weiblichen Post- und Telegraphenbeamten z.B. stimmten der Entlassung von Beamtinnen gegen eine Abfindung zu, *weil auch nach Ansicht des Verbandes der Doppelberuf der verheirateten Beamtin keinen Idealzustand darstellt* [22], und gaben damit eine ihrer wichtigsten Positionen auf: das grundsätzliche Recht jeder Frau auf Erwerbstätigkeit.

Auch im Wirken der weiblichen Stadtverordneten ist die Dominanz der traditionell von Frauen wahrgenommenen Betätigungsfelder und Lebensbereiche zu beobachten - allerdings ist die Konzentration darauf nicht zuletzt eine Folge der Erfahrung, daß nur in seltenen Fällen Männer so dezidiert Fraueninteressen vertreten, wie sie es selbst als nötig ansehen und vermögen. Und: Fraueninteressen werden bis heute als »Sonder«-interessen behandelt, obwohl sie ebenso das Allgemeinwohl betreffen, wie die von Männern vertretenen und beförderten Anliegen als allgemein und »gesellschaftlich relevant« gesetzt werden und gelten.

(Stadtarchiv Dresden)

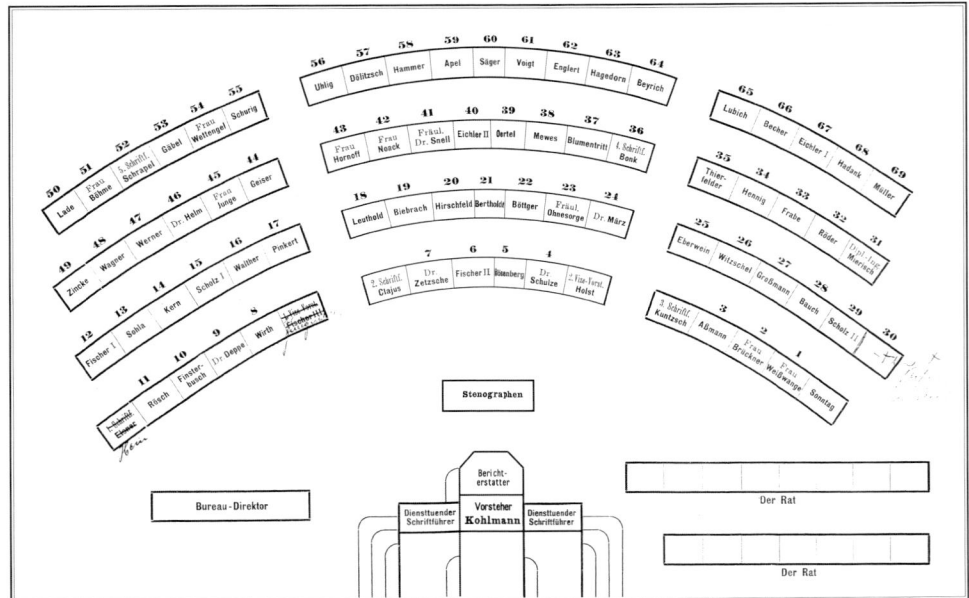

75 Stadtverordnete.

1925

Grundriss

Sitzplätze der Stadtverordneten mit Angabe ihrer Inhaber.

- Magdalena Böhme, KPD, Referentin, Stadtverordnete bis 1926, mit Schreiben vom 1.11.1926 an den Stadtverordneten-Vorsteher Erklärung des Austritts aus der KPD und der kommunistischen Fraktion
- Frieda Gansauge (1887-1958), KPD, 1931 Vorsteherin der 7. Volksschule Oppellstraße (lt. Stadtverordnetenliste 1931), 1930 in den Verwaltungsunterlagen als Heimarbeiterin geführt, Stadtverordnete von 1929 bis zur ersten Auflösung des Stadtverordnetenkollegiums am 5.4.1933
- Wally Hartmann, KPD, Modistin, Stadtverordnete von 1933 bis zur ersten Auflösung des Stadtverordnetenkollegiums 1933
- Olga Körner (1887-1969), KPD, bis 1931 Sächsischer Landtag, bis 1931 Stadtverordnete, schied aus wegen Reichstagsmandat 1931, 1946 Sächsischer Landtag, Frauenleiterin der Kommunalen Frauenausschüsse in Dresden
- Lotte Petzold, KPD, Stenotypistin, Stadtverordnete von 1927 bis zur ersten Auflösung des Stadtverordnetenkollegiums 1933
- Dorothea Wettengel (geb. 1892), KPD, ab 1929 SPD, Hausfrau, bis 1933 Stadtverordnete, 1946 führende Mitarbeiterin in den Kommunalen Frauenausschüssen Verw.-Bez. III (Löbtau/Cotta), 1947 SED-Stadtverordnete
- Martha Hornoff (geb. 1875), SPD, Hausfrau, Stadtverordnete bis zur ersten Auflösung des Stadtverordnetenkollegiums 1933
- Elisabeth Junge, SPD, Hausfrau, Stadtverordnete mindestens bis 1926
- Klara Noack (geb. 1873), SPD, Hausfrau, Stadtverordnete bis zur ersten Auflösung des Stadtverordnetenkollegiums 1933, 1945/46 Frauenleiterin in den Kommunalen Frauenausschüssen Dresdens und Mitglied der SPD, 1947 Stadtverordnete

Klara Noack
(Stadtarchiv Dresden)

- Johanna Patzig (geb. 1892), SPD, Sekretariatsgehilfin, Stadtverordnete von 1927 bis 1932
- Klara Pietzsch (geb. 1876), SPD, Aufwärterin, Stadtverordnete von 1927 bis 1932
- Katharina Scheven (1861-1922), SPD, leitete den 1901 gegründeten Dresdner Zweigverein der Internationalen Abolitionistischen Föderation, 1919 eine der ersten zehn weiblichen Stadtverordneten zu Dresden
- Elsa Winkler, SPD, Hausfrau, Stadtverordnete 1929 bis 1933, Austritt aus der SPD und Mandatsniederlegung am 1.4.1933
- Ernestine Lutze (geb. 1873), Hausfrau, Alte Sozialdemokratische Partei Sachsen, Stadtverordnete von 1927 an

- Elisabeth Müller, Deutsche Demokratische Partei (DDP) bzw. Deutsche Staatspartei (1933), Hausfrau, von 1929-1933 Stadtverordnete, Stadtbund der Dresdner Frauenvereine - Leiterin von 1932 bis zur Auflösung 1933, seit 1926 im Vorstand des Landesverbandes Sächsischer Frauenvereine
- Dr. med. Marie Snell, DDP, Kinderärztin, Stadtverordnete bis mindestens 1926
- Marie Brückner (geb. 1871), Deutschnationale Volkspartei (DNVP), Hausfrau, bis 1931 Stadtverordnete, Ausscheiden aus privaten Gründen, im Vorstand des Hausfrauenvereins
- Selina Weißwange, DNVP, Hausfrau, Vorstand des Dresdner Hausfrauenvereins, Stadtverordnete bis 1926
- Franziska Ohnesorge, Deutsche Volkspartei (DVP)/Zentrum, Berufsschulleiterin, Stadtverordnete bis 1926
- Walburga Petzendörfer (geb. 1895), DVP, kaufmänn. Angestellte/Buchhalterin (Arbeitsamt), Stadtverordnete vor 1924 und von 1927 bis zur ersten Auflösung des Stadtverordnetenkollegiums 1933
- Elsa Pechmann, DVP, Hausfrau, Stadtverordnete von 1929 bis zur ersten Auflösung des Stadtverordnetenkollegiums 1933, danach einzige weibliche Kandidatin für die bis zum 30.4.1933 neu zu wählende Stadtverordnetenversammlung, Hausfrauenverein, 1932 bis 1933 im Vorstand des Stadtbundes der Dresdner Frauenvereine

Ein wichtiger Arbeitsbereich für die Stadtverordneten waren die fünf ständigen Ausschüsse des Stadtverordnetenkollegiums, insbesondere der Prüfungsausschuß, da hier die großen sozialen Anliegen und Veränderungen verhandelt wurden. Anträge, die durch die Frauen in die Sitzungen eingebracht wurden, beschäftigten sich mit der Lage der Hebammen, der amtlichen und privaten Wohlfahrtspflege, der materiellen Unterstützung werdender und junger Mütter, der Einrichtung eines Obdachlosenasyls für Frauen, den Weihnachtszuwendungen für Heiminsassen, der Renovierung von Schulräumen u.v.a.

1924/25 waren vier Frauen im Prüfungsausschuß integriert, 1927 fünf, eine Konzentration, die in diesem Ausschuß nie wieder erreicht wurde. Später waren pro Ausschuß nur noch ein bis zwei Frauen vertreten. Jeder der Ausschüsse bestand aus 15 Mitgliedern, mit Ausnahme des Wahlausschusses (13 Mitglieder). Die Arbeit in den ständigen Ausschüssen verband sich in vielfältiger Weise mit den Aktivitäten außer Haus und beeinflußte die in die Stadtverordnetensitzungen eingebrachten Inhalte.

In den Ausschüssen war zum Teil auch ein parteiübergreifendes Arbeiten möglich. Aus drei Einzelanträgen, die für eine Beihilfe für stillende Mütter (Dr. Snell, DDP), unentgeltliche Geburtshilfe (Frau Böhme, KPD) und städtische Anstellung der Hebammen (Frau Wettengel, KPD) plädierten, entwickelte sich im Prüfungsausschuß z.B. ein Antragskomplex, der auch als solcher verhandelt wurde. [24] Frau Brückner (DNVP) modifizierte dabei in einem Minderheitsgutachten die Anträge durch eigene Vorschläge.

Dieses Beispiel soll aber nicht darüber hinwegtäuschen, daß in etlichen Fragen die Ansichten der Frauen sehr divergierten, so z.B. in dem scheinbar unaufhebbaren Widerspruch zwischen privater, staatlich subventionierter Wohlfahrtspflege und der staatlichen Fürsorgetätigkeit selbst. Setzten sich die Frauen der bürgerlichen Parteien, die ja zumeist gleichzeitig eine entsprechende Vereinsmitgliedschaft zum Hintergrund hatten, insbesondere für die Belange der von den Frauenvereinen betriebenen privaten Wohlfahrtspflege ein, so erfuhr diese von den weiblichen Stadtverordneten der KPD und SPD in der Tendenz eine scharfe und z.T. mit ungerechtfertigten Angriffen gepaarte Absage bzw. Kritik. Denn sie forderten ihrerseits ein verstärktes Engagement der staatlichen/städtischen Fürsorge in den eigenen Einrichtungen. Dieses sollte auf Kosten der subventionierten Vereinsarbeit vonstatten gehen: *Wir haben sowieso schon genug bürgerliche Frauenvereine, die immer mit Bettelrufen an die Stadt kommen und dann mit Hilfe der Unterstützung der Stadt in der Lage sind, irgendwo Fürsorge zu treiben. Wir wollen also eine neue bürgerliche Vereinigung gar nicht in die städtischen Heime hineinlassen,* [25] äußerte die Stadtverordnete Böhme (KPD) in einer Debatte 1925, in der über die Wirkungsmöglichkeiten der Schwesternschaft des Jungdeutschen Ordens in städtischen Anstalten diskutiert wurde. Frau Weißwange und Frau Brückner aus dem bürgerlichen Lager hingegen sprachen sich in Gutachten bzw. Anträgen für das Wirken der Schwesternschaft in den städtischen Einrichtungen aus. Die Geschäftsstelle der Schwesternschaft befand sich in der Großen Meißner Straße 2 I., die Vorsitzende, Frau von Stieglitz, wohnte in der Angelikastraße 17. In diesen Auseinandersetzungen, die grundsätzlicher Natur waren, sollten sich die politischen Kontinuitäten, wie sie bis in die Gegenwart hinein fortwirken und teilweise konträr nebeneinander bestehen, bereits abzeichnen.

Genaugenommen repräsentierten die Frauen der konservativen Parteien in der oben genannten Auseinandersetzung die Mehrheit der Wählerinnen, denn ca. 2/3 der Frauen (rund 91.000) hatten bei den Wahlen zur Stadtverordnetenversammlung 1924 ihre Stimme den demokratischen und konservativen Parteien gegeben, das restliche Drittel vor allem der SPD (42.000) und der »Kommunistischen Liste aller Werktätigen« (17.000). Dabei ist zu beobachten, daß die Frauen durchaus ein anderes Wahlverhalten an den Tag legten als die Männer. Die Deutschnationale Volkspartei und die Deutsche Volkspartei erhielten bis zu einem Drittel mehr Stimmen von Frauen als von Männern, auch bei SPD und Deutscher Demokratischer Partei war ein Überhang weiblicher Stimmen festzustellen, hingegen verzeichneten die »Kommunistische Liste« und die Unabhängige Sozialdemokratische Partei ein Mehr an männlichen Stimmen. [26] Bekannt ist, daß im Jahre 1929 das Stadtverordnetenkollegium den Rat der Stadt ersuchte, erneut die *Wahlen für den Reichstag, Landtag und das Stadtverordnetenkollegium getrennt nach Geschlechtern durchzuführen,* wie es schon einmal (1924) geschehen sei, denn die Ergebnisse stellten ein *hochwertiges statistisches Material für alle Parteien* dar. [27] Doch nachdem das Gesuch vom Rate abschlägig beschieden worden war, nahmen auch die bürgerlichen Parteien Abstand davon - der SPD-Stadtverordnete Finsterbusch zitierte die Ablehnung durch diese Parteien und den Rat folgendermaßen: es handele sich nach deren Ansicht um eine *Sonderbehandlung der Frauen.*

Den Frauen indes war nur eine kurze Phase parlamentarischer Erfahrungen beschieden. Nach dem Reichstagsbrand Ende Februar 1933 wurden mehrere kommunistische Stadtverordnete, darunter auch Frau Gansauge und Frau Hartmann in »Schutzhaft« genommen, und am 16.3.1933 mittels eines nachträglich vom Reichsinnenminister erlassenen Beschlusses eine weitere Betätigung von KPD-Mitgliedern in den Gemeindevertretungen untersagt. Die weiblichen Stadtverordneten von der SPD und den anderen Parteien verschwanden mit der ersten Auflösung der Stadtverordnetenversammlung am 5.4.1933 infolge des »Vorläufigen Gesetzes zur Gleichschaltung der Länder mit dem Reich« vom 31.3.1933 aus der Öffentlichkeit. Elsa Winkler trat mit Wirkung vom 1.4. aus der SPD aus und legte ihr Stadtverordnetenmandat nieder, Dorothea Wettengel und Klara Noack erklärten ihre Mandatsniederlegung auf kariertem und mit dem Stempel des Polizei-präsidiums Dresden versehenen Papier per 3.4. aus der *Schutzhaft*. [28]

Und während die männlichen Stadtverordneten von SPD (ihr Verbot erfolgte im Juni 1933) und den anderen Parteien noch einmal eine Chance erhielten, für die Stadtverord-netenwahlen von Ende April zu kandidieren, wurde den Frauen, mit einer Ausnahme, diese Möglichkeit von den Parteien nun vorenthalten. [29] Hatten sie sich bereits die Gepflogenheiten der neuen Machthaber, nach deren politischen Grundsätzen Frauen keine öffentlichen Ämter bekleiden durften, zu eigen gemacht?

Literatur / Quellen

[1]   Quellenhefte zum Frauenleben in der Geschichte. Hrsg. von der Helene-Lange-Stiftung Berlin. Heft 19b: Die organisierte Frauenbewegung, II. Teil. - Berlin: Herbig, 1927, S. 54

[2]   ebenda S. 54

[3]   ebenda S. 55

[4]   ebenda S. 55

[5]   ebenda S. 56

[6]   ebenda S. 57

[7]   ebenda S. 57

[8]   ebenda S. 58

[9]   Bolschewistische Offensive für die Eroberung der Arbeiterklasse. Protokoll zum 3. Bezirksparteitag [der KPD 1932], S. 33

[10] Hauptversammlung des Landesverbandes Sächsischer Frauenvereine 1926 in Dresden, handschr. Protokoll, in: Stadtbund der Dresdner Frauenvereine, Akten-stück 20, Bl. 236

[11] ebenda Bl. 237

[12] Rundschreiben des LSF 1927, ebenda Bl. 174

[13] Handschriftliche Notizen Elisabeth Müllers zu Antrag Hälbig-Tränkner, ebenda, Bl. 161

[14] Frau Schmidt-Bickelmann (Chemnitz): Wie kämpft die deutsche Frau für die Heimat? Vortrag in Dresden, September 1925, Bericht in: Dresdner Hausfrauenzeitung. 1. Jg. 1925, Heft 7

[15] Akten des Stadtverordnetenkollegiums, Bd. I (1924-1926), Bl. 3ff.

[16] ebenda, Bd. III, 1930-1932, Bl. 74-77

[17] ebenda, Bl. 181

[18] Brief Else Königsdörffer, LSF, an Elisabeth Müller, 31.3.1931, in: Stadtbund, a.a.O., Bl. 3-4

[19] Schreiben des Stadtbundes an das Arbeitsamt Dresden, Direktor Nerchmann, 24.6.1931, ebenda Bl. 35

[20] Stenographische Sitzungsberichte des Stadtverordnetenkollegiums zu Dresden, 1. Öffentliche Sitzung vom 16.1.1933, S. 17

[21] »Auf der Fahrt nach Stettin«. Handschriftl. Notizen Elisabeth Müllers und ein Vor-tragskonzept, undatiert, ca. 1926/27, in: Stadtbund, a.a.O., Bl. 244

[22] Lage der weiblichen Post- und Telegraphenbeamten, in: Jahrbuch für Frauenarbeit, Bd. 1, 1924, Berlin: Verband der weiblichen Handels- und Büroangestellten e.V., 1924, S. 81

[23] Akten des Stadtverordnetenkollegiums, a.a.O., Bd. I, 1924-1926, Bl. 3ff.; Michaelis-Kartei des Stadtarchivs Dresden, der Bearbeiter wiederum hat sich am Adreßbuch von Dresden (AD), dem Beamtenbuch (Bb), der Verwaltung Dresden (VD) orientiert. Die Abkürzungen sind so in der Kartei in Gebrauch.

[24] Stenographische Sitzungsberichte, a.a.O., 23. Öffentl. Sitzung vom 6.7.1925, S. 647ff.

[25] ebenda, 34. Öffentl. Sitzung vom 22.12.1924, S. 1104ff.

[26] Abschrift aus den Akten des Wahl- und Listenamtes, in: Akten des Stadtverordnetenkollegiums, a.a.O., Bd. I, Bl. 26

[27] Stenographische Sitzungsberichte, a.a.O., 32. öffentliche Sitzung vom 5.12.1929, S. 1371-1373

[28] Akten des Stadtverordnetenkollegiums, a.a.O., Bd. IV, 1933-1935, Bl. 123 u. 124

[29] Zusammenstellung der aus Anlaß der Neubildung der Dresdner Stadtverordnetenkörperschaft eingereichten und zugelassenen Wahlvorschläge vom 27.4.1933, ebenda, Bl. 91

Die Doppelverdienerinnen

Frauenarbeit zwischen den Weltkriegen

»Doppelverdienerin« ist die seit Anfang der zwanziger Jahre gebräuchliche (und miß-verständliche) Bezeichnung für die verheiratete erwerbstätige Frau - aber selbst Unverheiratete und in der Ausbildung befindliche Mädchen wurden in den Debatten um das Grundrecht weiblicher Berufstätigkeit (auch als Form einer Selbstverwirklichung und Sinnhaltigkeit) in dieser Weise herabgewürdigt. Insbesondere in Zeiten wirtschaft-licher und damit auch politischer Krisen setzte die Polemik um das »Doppelverdienen«, deren Kosten die Frauen zu tragen hatten, mit neuer Kraft ein. Ein Arbeitsminister wird mit den Worten zitiert: *Oft genug raubt der in normalen Zeiten vielleicht begreifliche Wille von Töchtern bessergestellter Eltern, sich ein Taschengeld zu verdienen, jetzt einem Familienvater Brot und Lebenshoffnung.* [1] Und Else Lenige-Piorkowski, eine Dresdner Juristin, faßte die Debatte in einem Aufsatz zur Ausstellung »Die Frau von Heute« 1931 in Dresden folgendermaßen zusammen: *Die Arbeitslosigkeit der Frauen ist im Durchschnitt ebenso groß wie die der Männer, und die leiblichen und geistigen Nöte dieses Geschickes teilt sie vollauf, ja, sie ist in seelischer Beziehung noch stärker bedrängt als er, weil ihr überall offen oder versteckt die Tendenz entgegentritt, bei den Einschrän-kungen der Arbeitnehmerzahlen in erster Linie die Frauen zur Entlassung zu bringen. Hierbei spielt im tiefsten Grunde der Gedanke eine Rolle, daß ihr eigentlicher Platz nur in der Hauswirtschaft wäre... Allein die Tatsache, daß es in fast allen Kultur-ländern mehr Frauen als Männer gibt, sollte gegenüber der primitiven Behauptung nachdenklich machen, daß die Arbeitslosigkeit mit einer Beseitigung der Frau aus dem Erwerbsleben zu überwinden wäre.* [Vielmehr steht fest,] *daß da, wo die Frau Erwerbsarbeit leistet, sie es im allgemeinen tut, um ihr eigenes Dasein und das der von ihr Abhängigen zu fristen. Und das gilt auch für die erwerbstätigen Ehefrauen, von denen ein verschwindend geringer Prozentsatz ohne die unmittelbare Not, für den Familienverband erwerben zu müssen, außerhalb des Hauses tätig ist. Hier offenbart sich eine der großen Tragödien der Frauenerwerbsarbeit, die unter dem Titel des Doppelverdienens Frau gegen Frau ausspielt...* [2] Eine Statistik für Dresden aus dem Jahre 1925 belegt, daß in 22 Dresdner Großbetrieben der Stahlindustrie, des Maschinen-baus, in Kartonagen- und Zigarrenfabriken nur 15 verheiratete Frauen beschäftigt waren. [3] Und aus in der Berufszählung von 1925 ermittelten Daten geht hervor, daß von der Gesamtzahl hauptberuflich tätiger Frauen 59,3 % ledig, 31,7 % verheiratet und 9,0 % verwitwet oder geschieden waren [4] . Was die Fabrikarbeiterinnen betraf, so schienen sie weniger den Angriffen unter der Rubrik »Doppelverdiener« ausgeliefert, zumeist waren ihre Ehegatten ebenfalls Fabrikarbeiter mit verhältnismäßig geringem Verdienst. Vielmehr waren sie in besonderem Maße durch eine erheblich niedrigere Entlohnung und ihren Status als un- bzw. angelernte Arbeitskraft benachteiligt.

Schon die »Demobilmachungsbestimmungen« von 1918/19 setzten einen Verdrängungs-prozeß in Gang, der erst in der zweiten Hälfte der dreißiger Jahre, als im Zuge der Vorbereitungen für einen neuen Krieg die Frauen mit großem ideologischen Aufwand wieder in die Wirtschaft zurückgeführt wurden, ein Ende fand. In einem Schreiben vom März 1919 an die Kreishauptmannschaft Bautzen (vergleichbar einem heutigen

Regierungsbezirk), zu deren Verwaltungsbereich Dresden gehörte, steckte das unterzeichnende Arbeitsministerium den Rahmen für die Reglementierung weiblicher Berufstätigkeit ab: *Noch immer wird vielfach darüber geklagt, daß in Betrieben aller Art weibliche Hilfskräfte die Plätze männlicher Angestellten einnehmen. Bei der großen Arbeitslosigkeit unter den Privatangestellten muß dieser Zustand nunmehr baldigst beseitigt und die Beschäftigung weiblicher Arbeitskräfte auf solche Verrichtungen beschränkt werden, wie sie auch im Frieden üblich waren.* [5] Über die Gewerbeaufsichtsämter sollte dabei Druck auf die Firmen ausgeübt werden, die sich in dieser Hinsicht als säumig erweisen - allerdings: *Zur Ausübung eines Zwanges gegen die Arbeitgeberschaft fehlt zur Zeit noch die gesetzliche Grundlage. Sie müßte geschaffen werden, wenn nicht die Rücksicht auf die gegenwärtige Notlage die Firmeninhaber bestimmt, freiwillig den männlichen Arbeitskräften wieder dasjenige Arbeitsfeld voll zu überlassen, das sie im Frieden innehatten und auf dem während des Krieges die Frauen nur vertretungsweise ihren Platz einnahmen.* [6]

Den Frauen wurde, trotz der gerade erst festgeschriebenen verfassungsrechtlichen Gleichstellung in der Gesellschaft, also auch im Bereiche des Erwerbslebens, kein originäres Grundrecht auf Berufstätigkeit zugestanden. Die Verdrängung erfaßte darüber hinaus Bereiche, in denen Frauenbeschäftigung als traditionell angesehen wurde. So wurden 1923 eigentlich für Frauen gesetzlich vorgesehene Stellen im Post- und Telegraphendienst im Zuge der nachinflationären Notstandsmaßnahmen zeitweilig mit Männern besetzt, tatsächlich aber waren diese Stellen damit für die weibliche Erwerbsarbeit zumeist verloren. [7] Und der Artikel 14 der im gleichen Jahre erlassenen Personalabbauverordnung (PAV) verfügte, daß alle verheirateten Beamtinnen entlassen werden - allein dadurch wurden weit mehr weibliche als männliche Beamte abgebaut, und in der Praxis Anwärterinnen gar nicht erst aufgenommen. Gleiches geschah auch im Schuldienst. [8] Diese Praxis widersprach der neuen Reichsverfassung, deren Artikel 128, Abs. 2 besagte: *Alle Ausnahmebestimmungen gegen weibliche Beamte werden beseitigt,* und auch der 1920 durch die Regierungen der Länder verfügten Aufhebung der »Eheklausel« aus den Anstellungsverträgen - die Eheschließung dürfe kein Grund mehr für eine Entlassung sein. Durch die PAV wurden *die positiven Wirkungen der Personalreform für die weiblichen Beamten ausgesetzt.* [9]

Dies betraf auch die geregelte Laufbahn und die Unkündbarkeit. Mußte eine Frau im Jahre 1918 noch 15 Jahre im Postwesen tätig sein, um die Unkündbarkeit als Beamtin zu erlangen, waren es nach der Personalreform nur noch 5 Jahre. Die PAV sollte bis 1927, der Artikel 14 jedoch sogar bis 1935 in Kraft bleiben. Der Artikel 14 sicherte den entlassenen weiblichen Beamten eine Abfindung zu. Diese Regelung war bis 1929 befristet und wurde nicht verlängert, ein dahin gehender Antrag scheiterte im Reichstag. [10] Nur im Falle der nachweislichen Arbeitslosigkeit oder Erwerbsunfähigkeit des Mannes oder seines nur geringen Einkommens war eine Weiterbeschäftigung der Ehefrau möglich.

Die Berufstätigkeit bildete für die verheirateten Frauen noch kein einklagbares Recht - dies kam selbst in der Gewährung einer Arbeitslosenunterstützung zum Ausdruck. *So zahlt die erwerbstätige Frau z.B. zwar Beiträge zur Arbeitslosenversicherung, ihre Unterstützung wird aber von vornherein von einer Bedürftigkeitsprüfung abhängig gemacht.* [11] Und die Frauenvereine und Berufsorganisationen verteidigten zwar das generelle Recht auf Arbeit, stritten für den Erhalt bzw. Ausbau von weiblichen Stellen, wichen aber in bezug auf die Arbeit verheirateter Frauen vor den mit Hinweisen auf

Unpünktliches Erscheinen führt zu Unterstützungsverlust!
Die Meldekarte darf nur vom Inhaber persönlich vorgelegt werden.
Zuwiderhandlungen werden strafrechtlich und vom Arbeitsamte nach § 259 AVAVG. verfolgt.

von · bis	Montag	Dienstag	Mittwoch	Donners-tag	Freitag	Sonn-abend	Bemerkungen z. B. Lohnkl. Zuschl.
			1.7.32	A	Verm.-Anw.		
	abgem.						
	2.7.32						
			22.8.32	A	Verm.-Anw. 1.7.32		
	Kontrolle			25.AUG.LA			
8-8½	Ab ab 25.8.32			-1.SEP.Zo			
9-9½	Gezahlt			-8.SEP.Ut	·	Versichert ab 25.8.32	
8-8½	Gezahlt			15.SEP.X1		nach Lohnkl.	
9½-10				22.SEP.LA		wchtl. U. Satz 14.70	
10½-11	Gezahlt						
12½-13				-6.OKT.LX			
10-10½	Gezahlt			8.10.32		Karte vernicht.	
8-8½	Gezahlt			3.OKT.U3			
12-12½		Ab 15.10.32 in Arbeit					
				Gezahlt bis 14.10.32			

Meldekarte des Arbeitsamtes Chemnitz aus dem Jahr 1932
(Archiv Jayne-Ann Igel, Dresden)

gegenwärtige Notlagen schwergewichtig gemachten Argumenten der politischen und wirtschaftlichen Führungsschichten zurück. So lenkten etliche Frauen-Berufsverbände ein und forcierten sogar ein freiwilliges Ausscheiden verheirateter Frauen aus der Berufstätigkeit. Ihre Arbeitskraft stellte mehr noch als die der Männer eine Manövriermasse dar, mit der nach rein politischem und wirtschaftlichem Gutdünken verfahren wurde. Das Argument des Notstandes erwies sich im Zeitraum der Weimarer Republik als durchgängig, von Demobilmachung über Inflation, nachinflationäre Kapitalverknappung bis hin zur 1929 einsetzenden und in den dreißiger Jahre fortdauernden Rezession, dazu kamen die Reparationslasten.

In den kurzen Zeitspannen vor der Inflation und zwischen 1926 und 1929 wurden viele soziale Neuerungen durchgesetzt, z.B. brachte eine mehr auf die Bedürfnisse der Arbeiterinnen abgestimmte Arbeitsgesetzgebung Erleichterungen für die in der Textil- oder Tabakindustrie beschäftigten Frauen. Die staatliche und kommunale Wohlfahrtspflege wurde intensiviert, was zur Schaffung neuer Arbeitsplätze beitrug, denn fast ausschließlich Frauen waren in den unteren und mittleren Ebenen der sozialen Dienste tätig. Ihnen zuvor nicht zugängliche Tätigkeitsbereiche öffneten sich, z.B. die der Gewerbeinspektorin oder des weiblichen Gewerberates - letzterer wurde insbesondere für die Kontrolle von Firmen eingesetzt, die einen hohen Anteil weiblicher Kräfte aufwiesen; in Sachsen waren 1922 zwölf Frauen in der Gewerbe- und Handelsaufsicht tätig - *noch zu wenige*, wie in einer Studie festgestellt wurde. [12]
Frauen fanden Zugang zum Bankgewerbe und in das Rechtswesen. Doch in dem Maße, in dem sich ihnen neue Berufszweige eröffneten, wurde gleichzeitig der Abbau weiblicher Stellen und die Rückwandlung vom Beamten- in den Angestelltenstatus betrieben. Ein Prozeß, der ab 1929 im Bereich der staatlich und kommunal verantworteten Wohlfahrtspflege und anderen sozialen Einrichtungen verstärkt einsetzte, da die Kommunen wegen der um sich greifenden Wirtschaftskrise, fehlender Steuereinnahmen und hoher Arbeitslosenrate zunehmend verschuldeten, aber auch ihre Prioritäten neu definierten.
So erreichte den Stadtbund der Dresdner Frauenvereine 1932 ein Hilferuf des Frauenausschusses Dresden im Sächsischen Gemeindebeamtenbund (SGB), der seine Besorgnis ob der Bestrebungen, *die sich gegen die Anstellung und Beamtung der Frauen richten*, zum Ausdruck bringt. [13] Die Besorgnis, *daß die Tendenz des Leipziger Idealbesoldungsplanes, der vermutlich einen starken Abbau weiblicher Stellen mit sich bringt, auch auf andere Großstädte nicht ohne Wirkung bleiben wird. ... Der Frauenausschuß im SGB würde es dankbar begrüßen, wenn die Mitgliedsverbände des Dresdner Stadtbundes sich in dieser entscheidenden Zeit entschließen könnten, durch eine große Kundgebung zum Ausdruck zu bringen, daß die Frauen aller Kreise und Richtungen nicht gewillt sind, ruhig zuzusehen, wenn den den Frauen in der Verfassung verbürgten Rechten Abbruch getan wird.* [14] Und in einem Schreiben an die Landesfachgruppe der Kranken- und Wohlfahrtspflege und der sozialen Fürsorge wenige Wochen vorher mahnte der Frauenausschuß, beim SGB *dahin zu wirken, daß mit allergrößter Aufmerksamkeit die Entwicklung auf diesem Gebiet verfolgt wird. ... Überall geht man in Sachsen dazu über, die Beamtenstellen in den pflegerischen Berufen als künftig wegfallend zu bezeichnen. Dort, wo die Anstellungsbehörde die Notwendigkeit der Beamtung dieser Gruppen in Würdigung ihrer Aufgaben anerkennt, wird sie durch die Aufsichtsbehörde veranlaßt, diesen Standpunkt aufzugeben.* [15] Der Stadtbund reagierte rasch, schon sensibilisiert durch den Einsatz gegen die Schließung städtischer

Sozialeinrichtungen, z.B. der des Städtischen Mütter- und Säuglingsheimes in der Hermsdorfer Straße im Jahre 1931 oder der 1932 beabsichtigten Schließung der Schwesternschule Johannstadt, der einzigen nichtkonfessionellen Schule dieser Art in Dresden. Am 25.5.1932 wurde während einer Frauenversammlung in Loschwitz eine *Entschließung* verabschiedet, in der es hieß: [Die hier Versammelten] *sehen mit größter Besorgnis und Befremden, daß in der gesamten inneren Verwaltung immer stärker die Entbeamtung der Frauen durchgeführt wird. ... Sie erblicken darin eine Verletzung des Art. 109, Absatz 2 der Reichsverfassung, der den Frauen grundsätzlich dieselben staatsbürgerlichen Rechte einräumt, wie dem Manne. Dazu gehört auch das Recht auf ein Amt im Staat oder in der Gemeinde. Maßgebend für diese Bestrebungen ist die Behauptung, daß die weibliche Beamtin für die Verwaltung teurer sei, als der männliche Beamte oder die weibliche Angestellte, besonders in bezug auf Krankheitsdauer und Pensionslasten.* [16] Dabei wiesen sie nach, daß die Verwendung von weiblichen Beamten im Gegenteil zur Besoldungsersparnis führen würde - durch den Wegfall von Kinderzuschlägen, Verzicht auf Ruhegehalt infolge Verheiratung [17], und weil die weiblichen Bediensteten in der Regel jünger als ihre Kollegen seien. [18] Mit dem Verweis auf die Ersparnisse berührte diese Entschließung auch die Tragik weiblicher Selbstbescheidung, des Verzichts auf berechtigte Ansprüche, um nur überhaupt im Tätigkeitsbereiche gelitten zu werden. Diese Selbstbescheidung wurde vom Arbeitgeber durchaus in Anspruch genommen bzw. vorausgesetzt und diente auch als Argument für eine niedrigere Entlohnung der Frauen. Im Zusammenhang mit der Berufszählung von 1925 wurde nämlich in bezug auf verschiedene Zweige der Textil- und Möbelindustrie festgestellt, *daß immer mehr Frauen für sogenannte Männerarbeit verwendet werden. Aber nicht in erster Linie aus dem Grunde, weil sie für diese Arbeiten besser geeignet sind, sondern offensichtlich darum, weil sie immer noch als billige Arbeitskräfte gewertet werden.* [19]

Die Löhne und Gehälter weiblicher Arbeitskräfte betrugen zwischen 60 und 90 % der Entlohnung von Männern für dieselbe Tätigkeit bei vergleichbarer Leistung und Stellung. Die Ursachen und Begründungen dafür waren vielfältig, letztere, zumeist von Arbeitgeberseite geäußert, hielten kaum ernsthafterer Hinterfragung stand, wurden aber gern vorgebracht. Ob der knappen Arbeitsplätze gelang es nicht, diese Diskriminierung generell zu beseitigen. Noch nach dem zweiten Weltkriege wurde die Unterbezahlung der Frauen auch im sich als sozialistisch bezeichnenden Staat praktiziert, z.B. mittels diffiziler Eingruppierungen in die Gehaltsstufen. Eine Praxis, die in den zwanziger Jahren auch im genossenschaftlich geführten »Consum-Verein ›Vorwärts‹ « Dresden zu beobachten war. Alle männlichen Kontoristen fielen auf Gehaltsgruppe III, etliche der weiblichen Kontoristen und alle Verkäuferinnen, die das Gros der Mitarbeiterschaft ausmachten, auf Gruppe IV, was schon eine Verringerung des Gehaltes um 33 Mark zur Folge hatte. Außerdem wurden im Rahmen der Tarifvereinbarung jenen weiblichen Angestellten, die nach den Gehaltsgruppen I bis III entlohnt wurden, generell und ohne Begründung 10 % vom vollen Gehalt abgezogen. *Diese durch den Abschlag von 10 % verringerten Gehaltssätze werden auf volle Mark nach oben abgerundet. Verheiratete männliche Angestellte sowie Witwer und Witwen mit Kind bis zum vollendeten 16. Lebensjahr erhalten auf die Gehaltssätze 10 % Zuschlag.* [20]
Wie weit die Tariflöhne selbst für un- und angelernte Arbeiter beider Geschlechter auseinanderlagen, zeigen Tariftabellen der Papier- und Druckindustrie, hier auf die Buchbindereien bezogen - die Spitzenlöhne einer *geübten Arbeiterin nach dem 2. Jahr* erreichten nicht einmal den Stundenlohn eines Gehilfen *im ersten Gehilfenjahr*

(sie: 53,5 Pf. - er: 58 Pf.). Ein 17jähriger Hilfsarbeiter verdiente mit wöchentlich 27,05 Mark immer noch mehr als eine Hilfsarbeiterin im Alter von 24 Jahren, die mit 23,52 Mark entlohnt wurde. Dabei wurden die Verdienstmöglichkeiten für Frauen in der Papier- und Druckindustrie als relativ gut bezeichnet. [21]

In der Tabakindustrie, in der 1925 über 69 % der Beschäftigten Frauen waren, erhielten in der Zigarettenherstellung die Frauen dieselben Akkordlöhne wie die Männer. Dort, wo aber in Zeitlohn gearbeitet wurde, fiel die Entlohnung der Frauen geringer aus. *Begründet ist zwar eine solche Praxis, von Ausnahmen abgesehen, nicht, aber sie ist da als Tatsache und eine Auswirkung des kapitalistischen Gedankens, der in der Frau in erster Linie die billige und willige Arbeitskraft im Verhältnis zu der männlichen Arbeitskraft sah und wertete.* [22]

Frl. Dr. Luedtke, 1925 Leiterin des Dresdner Rechtsschutzvereins für Frauen, bemängelte in einem Vortrag, daß der Grundsatz *gleicher Lohn für gleiche Leistung* in Hinsicht auf die Arbeit der Frau noch immer nicht durchgeführt sei und die Verantwortlichen diesen Umstand unter anderem damit begründeten, daß *bei ihr die Ausgaben für Trinken und Rauchen wegfallen!* [23] *Dabei fällt es den Frauen immer im besonderen wieder zur Last, daß man von ihrer relativen Bedürfnis- und Anspruchslosigkeit...gegenüber den Dingen des täglichen Lebens ausgehend, sie selbst bei gleicher Leistung nach alter Tradition geringer als den Mann zu entlohnen pflegt* [24], konstatierte Frau Dr. Lenige-Piorkowski 1931.

In einer »Untersuchung über die objektiven und subjektiven Bedingungen der Frau für die Berufsausübung«, die auch kritisch auf die Bewertung von Frauenarbeit in der Öffentlichkeit eingeht, findet sich folgende Begründung wiedergegeben: daß die Frau sich zuhause selbst bekoche, nähe und wasche bilde einen zureichenden Grund für

Dresden, Zigarrettenfabrik Yenidze
Frauen beim Zigarettendrehen in einem Arbeitssaal mit über 200 Arbeitsplätzen
(Deutsche Fotothek, Dresden)

die niedrigere Entlohnung - sie habe dadurch ja weniger Ausgaben als der Mann, der ins Gasthaus gehen, eine Wäscherin beschäftigen müsse... [25] Hier schließt sich von den Argumenten her ein Kreis, der die ganze, auch von Frauenseite gestützte widersprüchliche Sicht der Problematik kennzeichnet. Die Autorin der o.g. Untersuchung verteidigt zwar die berechtigten Ansprüche der Frauen auf gerechte Entlohnung und Behandlung, reagiert aber auf die durch und durch haltlose Polemik der Gegner, indem sie einräumt, es könne ja im Einzelnen durchaus zutreffen, daß die Frau weniger leiste, aus dem Umstande heraus, daß sie sich nicht wie der Mann nach der Berufsarbeit *an den gedeckten Tisch setzen* könne oder *die Garderobe für den Abendausgang bereitgelegt* vorfände. [26] Im Grunde genommen eine ehrliche Sicht auf die Zustände. Jedoch unterstützt sie damit nicht nur Argumente, die die »Doppelbelastung« der Frau durch Beruf und Haushalt feststellen und Veränderungen in den am Manne orientierten Arbeits- und Lebensbedingungen einfordern, sondern auch jene, die unter dem Begriff vom »Doppelberuf der (verheirateten) Frau« die weitere Diskriminierung und Aushebelung weiblicher Berufstätigkeit befördern.

Selbst Else Ulich-Beil schien angesichts der Degradierung weiblicher Erwerbstätigkeit resigniert. In einer Diskussion über die hauswirtschaftliche und *hausmütterliche* Ausbildung der schulentlassenen Mädchen stellte sie im Zusammenhang mit der *Konkurrenzfähigkeit des weiblichen Geschlechts gegenüber dem männlichen* auf dem Arbeitsmarkt fest, *daß die Schwierigkeit der Frage im Doppelberuf der Frau, dem als Hausfrau und Mutter einerseits, als Ausübende eines Erwerbsberufs anderseits, liegt und daß eine Lösung wohl zunächst nur mittels gegenseitigen Nachgebens zu finden sein wird.* [27] Gegenseitiges Nachgeben, Einvernehmen, wo doch die Frau in der Rechtspraxis zumeist die Unterlegene ist und zusätzlich eine Gefährdung ganz anderer Art den Berufswillen der Frau infragezustellen droht - die seit dem Ende des 19. Jahrhunderts gültige Ehegesetzgebung im Rahmen des Bürgerlichen Gesetzbuches, die sogar noch bis in das erste Jahrzehnt der DDR hinein wirkte. In einem Aufruf protestierte 1948 die neue Frauenorganisation der Sowjetischen Besatzungszone *gegen Paragraphen im Reifrock.* Einerseits sei die grundsätzliche Gleichberechtigung der Frau laut Weimarer Verfassung gewährleistet, anderseits aber die restriktiv auf die Rechte der Frau wirkende Ehegesetzgebung des BGB noch in Kraft, in der es unter anderem heiße: *Fürchtet beispielsweise der Mann, die Berufstätigkeit der Frau könnte ihren Aufgaben als Hausfrau im Wege stehen, so kann er jedem Arbeitsvertrag seiner Frau die Zustimmung verweigern. ... Handelt die Frau dann gegen seinen Willen, so steht es ihm frei, mit Genehmigung des Vormundschaftsgerichts das Arbeitsverhältnis der Frau zu kündigen, und zwar fristlos.* [28]

Und die Töchter sind noch einmal in ganz besonderer Weise von der Meinungsbildung der Eltern in Fragen ihrer Ausbildung und späteren Berufstätigkeit, ihren Auffassungen, aber auch ihren finanziellen Möglichkeiten abhängig. In einem redaktionellen Artikel des »Dresdner Leben« zur Berufswahl der Mädchen wurde beanstandet, daß die Eltern allzuoft darauf orientiert seien, daß Mädchen eine Tätigkeit aufnähmen, die Einkommen brächte, während den Söhnen Ausbildungszeit zugestanden werde, die nicht nur kein Geld bringe, sondern sogar etwas koste. Das *Lebensglück des Menschenwesens* und seine jeweiligen Veranlagungen sollten hingegen zu einer Berufsbildung veranlassen, *und es ist Mädchen aller Stände, selbst die den Verdienst nicht brauchen, nur zu empfehlen.* [29] Die Studienrätin Marie Sturm führte in einem Aufsatz über die »Berufswahl der Töchter« auch äußere Bedingtheiten an, die für das Zögern der Eltern verantwortlich sein könnten: *Nun liegen die Verhältnisse so: während der Staat und die Gemeinden viel Geld für Universitäten, Gymnasien usw. ausgeben (durch das Schulgeld wird ja nur ein geringer Teil der Unterhaltskosten gedeckt) sind die meisten Schulen, die die Frauen zu praktischen Lebensberufen führen, Privatschulen, die keine oder nur eine ungenügende staatliche Unterstützung haben. Die Ausbildungskosten in diesen Schulen - ich denke dabei an Hauswirtschafts- und Hausbeamtinnenschulen, Gartenbau- und landwirtschaftliche Frauenschulen, Gewerbeschulen, Handelsschulen, Kindergärtnerinnenseminare u. dergl. - müssen daher groß sein, selbst wenn die Lehrerinnen sich mit geringem Verdienst begnügen. Ein Jahr in einer Gartenbauschule kostet daher erheblich mehr als ein Jahr in der Studienanstalt.* [30]

Zu jenem Zeitpunkt bestand die Pflichtfortbildungsschule für Mädchen, die die Berufsausbildung nicht mehr nur den privaten Schulen überließ, gerade drei Jahre, die Frauenschule, die jedoch nur einen die Berufsbildung vorbereitenden Charakter hatte, reichliche zwölf Jahre. Und noch immer waren die Inhalte und der Zweck einer beruflichen Fortbildung und Entwicklung der Mädchen umstritten, selbst in den Reihen der bewegten Frauen.

Die einen plädierten dafür, im ersten Berufsschuljahr den Mädchen eine hauswirtschaftliche Ausbildung zukommen zu lassen, ehe dann die spezifische für den Erwerbsberuf erfolge, denn wie notwendig diese Ausbildung sei, *ersehe man am besten daraus, daß 94 % aller schulentlassenen Mädchen zu irgendeiner Zeit ihres Lebens im Haushalt, sei es im eigenen oder in einem fremden, tätig ist.* [31] Schon für die Realschule sahen Vertreterinnen dieser Richtung eine vor allem hauswirtschaftlich orientierte Bildung vor, mit 16 von 34 Wochenstunden sollte sie in den »Richtlinien für die Gestaltung des 7. Realschuljahres« die Bildungsarbeit an den Mädchen bestimmen, und selbst naturwissenschaftliche Fächer wie z.B. Biologie erhielten in der vom Verband Sächsischer Lehrerinnen hier vorgeschlagenen Stundentafel eine deutlich auf hauswirtschaftliche Belange zielende Ausrichtung. [32] Andere wiederum kritisierten die einseitige Orientierung der Mädchen auf die Berufszweige Bekleidungs- und Handelsgewerbe bzw. Lohnarbeit wechselnder Art. Sie stellten in einer Untersuchung über die Berufsberatung für Mädchen die Frage nach den Gründen für diesen Zustand: *Ist der Mangel an geeigneten Ausbildungsmöglichkeiten dafür verantwortlich, oder der vorherrschende Drang der vor der Berufswahl stehenden Mädchen ins Schneiderhandwerk oder ins Büro? - Mit dieser Frage wird sich insbesondere die Berufsberatung in nächster Zeit noch einmal beschäftigen müssen. Denn in Gemeinschaft mit den Berufsorganisationen ist die öffentliche Berufsberatung an der Ausgestaltung der bestehenden und der Schaffung neuer beruflicher Ausbildungsmöglichkeiten stark interessiert. Sie befindet sich dabei auf dem alten Kampfboden der Frauenorganisationen, die von jeher am nachdrücklichsten für die Förderung und Vertiefung der beruflichen Ausbildung des weiblichen Geschlechts eingetreten sind.* [33] Jedoch klagten alle das noch ungenügende Engagement des Staates bzw. jeweiligen Landes bei Erhalt vorhandener und Schaffung neuer, auch von öffentlicher Hand finanzierter, Berufsbildungsstätten ein.

Nach einer kurzen Spanne spürbarer Verbesserungen für die Ausbildungsmöglichkeiten der Mädchen mußte auf dem Höhepunkt der Weltwirtschaftskrise 1932 erneut beobachtet werden, daß einerseits kommunale Berufsbildungsstätten geschlossen wurden, andererseits alte Ressentiments auflebten: *Die Jetztzeit, und voraussichtlich auch noch weitere Jahre mit der mangelnden Berufsmöglichkeit der Männer, betrachtet die Frau fast feindlich in den Bildungsstätten, die früher nur für Männer offenstanden; kann man dann verantworten, eine nur der Frauenbildung dienende Ausbildungsstätte* [Schwesternschule Dresden-Johannstadt] *zu schließen.* [34]

Im Diskurs aber über die weibliche Berufsausübung und das Phänomen der »Doppelverdienerin« schien die Frage nach dem Sinn weiblichen Erwerbslebens, über den Zweck unmittelbaren Broterwerbs hinaus, oft verloren zu gehen. Dabei war doch gerade die Berufs- und Familienarbeit der Frauen seit dem 19. Jahrhundert immer wieder mit hehren Vorstellungen und Zielen verknüpft worden, wie wir es in bezug auf die männliche Erwerbstätigkeit in solcher Weise nie erlebt haben: *Hier gilt es im besonderen ein Geschlecht heranzubilden, das nicht in der rohen Befriedigung der leiblichen Bedürfnisse allein seine Arbeit in Familie und Heim erfüllt sieht, sondern das es versteht, bewußt und mit vollem Verständnis für das öffentliche Leben doch in der Familie die Kultur- und Sammlungsstätte zu schaffen, von der die reichsten Kräfte für die Allgemeinheit ausströmen,* [35] heißt es in bezug auf die Ausbildung der Hausangestellten und Haustöchter. Gewiß wird hier einem tradierten Frauenbild Raum gegeben, auf ein Wirken im Häuslichen, im Verborgenen verwiesen - aber wo im patriarchalischen Begriffs- und Beziehungsgefüge von »Gehorsam« und »Ordnung« wäre solch eine *Kultur- und Sammlungsstätte* vorstellbar gewesen?

Ein Aufruf der Frauenerwerbshilfe Dresden r.V. von 1931, auf dem Hintergrund der von den Auswirkungen der Weltwirtschaftskrise verursachten Not, spiegelt die Bewußtseinslage wider, auf der die allgemeine Auseinandersetzung um die Berufstätigkeit der Frau zum Erliegen gekommen war: *...helft, daß so viele Mütter sich der Erziehung ihrer Kinder widmen und doch dabei verdienen können, daß Frauen ihrem kranken Mann verdienen helfen*

Herstellung der lackierten und bedruckten Tuben in den Leo-Werken an der Königsbrücker Straße (25 Jahre Chlorodont, Dresden 1923)

und trotzdem den Haushalt in Ordnung halten können und helft all den alleinstehenden Frauen, denen die Arbeit nicht nur den Hunger stillt, sondern auch seelischen Trost gewährt.
[36] Erst nach Ende des 2. Weltkrieges sollte sie weitergeführt werden - und die Stigmatisierung der »nichtberufstätigen Hausfrau« in der späteren DDR stellte, neben durchaus ehrlich gemeinten Emanzipationsansätzen, auch nur eine spezifische Erscheinungsform der Instrumentalisierung weiblicher Berufsinteressen durch die herrschende Klasse dar.

Literatur / Quellen

[1]   Frauen auf dem Arbeitsmarkt, in: Jahrbuch für Frauenarbeit. Im Auftrage des Verbandes der weiblichen Handels- und Büroangestellten e.V., hrsg. von Joseph Silbermann. Berlin: Verband der weibl. Handels- u. Büroangestellten, 1924 - Bd. 3, S. 24

[2]   Else Lenige-Piorkowski: Die Frau in der Wirtschaftskrise, in: Führer durch die Ausstellung Die Frau von Heute, Dresden 26.9. - 5.10.1931, S. 7ff.

[3]   Frauen auf dem Arbeitsmarkt, in: Jahrbuch für Frauenarbeit, a.a.O., Bd. 3, S. 31

[4]   Alter und Familienstand der berufstätigen weiblichen Bevölkerung in Deutschland, in: Jahrbuch der Frauenarbeit, a.a.O., Bd. 6, 1930, S. 27ff.

[5]   Schreiben des Sächsischen Arbeitsministeriums vom 19.3.1919 an die Kreishauptmannschaft Bautzen, in: Aus den Kreis- und Amtshauptmannschaftlichen Akten, S. 25ff.

[6]   ebenda S. 26

[7]   Lage der weiblichen Post- und Telegraphenbeamten, in: Jahrbuch für Frauenarbeit, a.a.O., Bd. 1, 1924, S. 79ff.

[8]   ebenda

[9]   ebenda

[10] Bericht der Arbeitsgemeinschaft Deutscher Frauenberufsverbände. in: Jahrbuch der Frauenarbeit, a.a.O., Bd. 6, 1930, S. 110ff.

[11] Else Lenige-Piorkowski: Die Frau in der Wirtschaftskrise, a.a.O.

[12] Gewerbe- und Handelsaufsicht, in: Jahrbuch für Frauenarbeit, a.a.O., Bd. 1, S. 67ff.

[13] Schreiben vom 22.4.1932, in: Stadtbund der Dresdner Frauenvereine, Aktenstück 21, Bl. 11

[14] ebenda

[15] Schreiben der Unterfachgruppe der Sozialbeamtinnen vom 19.3.1932, in: Stadtbund, ebenda Bl. 12-14

[16] Entschließung zur Entbeamtung der Frau, in: Stadtbund, ebenda Bl. 19

[17] ebenda

[18] Alter und Familienstand der berufstätigen weiblichen Bevölkerung in Deutschland, in: Jahrbuch der Frauenarbeit, a.a.O., Bd. 6, 1930, S. 27ff.

[19] Beschäftigung und Ausbildung der Textilarbeiterin, in: Jahrbuch für Frauenarbeit, a.a.O., Bd. 4, 1928, S. 124ff.

[20] Gehälter und Einstufungen des kaufmännischen Personals. Tarifvereinbarung für 1925 zwischen dem Zentralverband der Angestellten in Berlin und dem Vorstand der Konsumgenossenschaft »Vorwärts«, in: Consum-Verein Vorwärts Dresden, 37. Geschäftsjahr 1925, Jahresbericht, S. 35-37

[21] Frauenarbeit in papiererzeugender, -verarbeitender und graphischer Industrie, in: Jahrbuch für Frauenarbeit, a.a.O., Bd. 3, 1927, S. 90ff., Tariftabellen von 1925, S. 116/117

[22] Die Frau in der Tabakindustrie, in: Jahrbuch der Frauenarbeit, a.a.O., Bd. 7, 1931, S. 86

[23] Frauenforderungen. Vortrag von Frl. Dr. Luedtke (Dresden), Zusammenfassende Betrachtung, in: Dresdner Hausfrauen-Zeitung. Monatsblatt des Hausfrauen-Vereins für Dresden und Umgebung e.V., Jg. 1, 1925, Heft 4

[24] Else Lenige-Piorkowski: Die Frau in der Wirtschaftskrise, a.a.O.

[25] Untersuchung über die objektiven und subjektiven Bedingungen der Frau für die Berufsausübung, in: Jahrbuch für Frauenarbeit, a.a.O., Bd. 3, S. 76ff.

[26] ebenda S. 83

[27] Diskussion über die hauswirtschaftliche Ausbildung junger Mädchen. Frau Skutsch, Frl. Sander, Thiele und Frau Ulich-Beil, in: Hausfrauen-Zeitung, a.a.O., Jg. 1, 1926, H. 11, S. 1ff.

[28] Wir protestieren gegen Paragraphen im Reifrock, in: Die Frau von Heute. Organ des Demokratischen Frauenbundes Deutschlands. Berlin: Allgemeiner Deutscher Verlag, 3. Jg., 1948, Nr. 7, S. 18/19

[29] Dresdner Leben. Nr. 14, 1925, S. 277

[30] Studienrätin Marie Sturm: Zur Berufswahl der Töchter, in: Frauenbeilage des Demokratischen Zeitungsdienste, Berlin, 20.9.1923. Stadtbund, a.a.O., Aktenstück 20, Bl. 243

[31] Diskussion über die hauswirtschaftliche Ausbildung junger Mädchen, in: Hausfrauen-Zeitung, a.a.O., Jg. 1, 1926, H. 11, S. 1ff.

[32] Dr. Martha Paul, Verband Sächsischer Lehrerinnen: Richtlinien für die Gestaltung des 7. Realschuljahres. Anlage zur Stellungnahme zur Neuordnung des höheren Schulwesens vom 1.12.1927, in: Stadtbund, a.a.O., Aktenstück 20, Bl. 180-182

[33] Der gegenwärtige Stand der Berufsberatung unter besonderer Berücksichtigung des weiblichen Geschlechts, in: Jahrbuch für Frauenarbeit, a.a.O., Bd. 2, 1925, S. 13

[34] Eingabe des Stadtbundes der Dresdner Frauenvereine vom 18.2.1932 an den Rat der Stadt, in: Stadtbund, a.a.O., Aktenstück 21, Bl. 21-22

[35] Anna Großklemm: Der Lehrerinnenberuf, in: Jahrbuch für Frauenarbeit, a.a.O., Bd. 2, S. 36

[36] Elsa Behrend: Die Frauenerwerbshilfe r.V, in: Führer durch die Ausstellung Die Frau von Heute, a.a.O., S. 2ff.

Künstlerinnen

»Still mal! Die Cebotari singt!«

Die Tochter Maria der russischen Lehrerfamilie Cebutaru wurde am 10. Februar 1910 im damals rumänischen Kischinjow geboren. Nach dem Besuch der Volksschule kam sie mit 11 Jahren in ein Internat. Ihr Vater förderte ihr Gesangstalent, indem er sie zur Kirchenmusik, die er leitete, heranzog. *In meiner Heimat ist jeder musikalisch. Pasa, meine Schwester, und ich sangen oft Duette miteinander. Bei uns ist es Sitte, daß Begräbnisse stets mit feierlichen Zeremonien verbunden sind. So bin ich für solche Beerdigungen gesanglich verpflichtet worden. Im Winter bei 25 Grad unter Null mußte ich immer den langen Weg bis zum Friedhof singen. Es gab dafür eine Extravergütung von 500 bis 600 Lei. Doch meine ständigen Pflichten hatte ich in der Kathedrale zu erfüllen. Jeden Sonnabendabend und Sonntagmorgen klang dort meine Stimme im Chor. Von dem verdienten Geld konnte ich mir die Schulbücher kaufen.* [3] Ein Stimmtraining, das ihr später zugute kam.

Am Konservatorium lernte sie mit spielerischer Leichtigkeit und brachte es zu einer gewissen Berühmtheit in ihrer Heimatstadt. Dadurch erregte sie die Aufmerksamkeit einer durchreisenden Truppe des Moskauer Künstlertheaters, die ein Mädchen suchte, das russische Volkslieder singen konnte. Maria war siebzehn Jahre alt, als der Prinzipal, Graf Alexander von Wirubow, sie überzeugte, sich ihnen anzuschließen, und auch ihre Eltern redegewandt bestürmte. Kurz darauf heiratete sie den temperamentvollen, leidenschaftlichen, ja hemmungslosen russischen Grafen. Die Eltern bereuten zwar später ihre Zustimmung und erließen einen Steckbrief wegen Entführung einer Minderjährigen, aber Maria kam nicht zurück. Durch Wirubows Truppe erhielt sie Schauspiel- und Tanzunterricht und kam in die weite Welt hinaus - durch Rumänien und Ungarn nach Paris und schließlich nach Berlin. Hier studierte sie bei Prof. Oscar Daniel an der Musikhochschule Gesang, aber nur für kurze Zeit, da er ihr nichts mehr beibringen konnte. Mit 19 Jahren bekam Maria Cebotari ihre erste Filmrolle als Tänzerin.

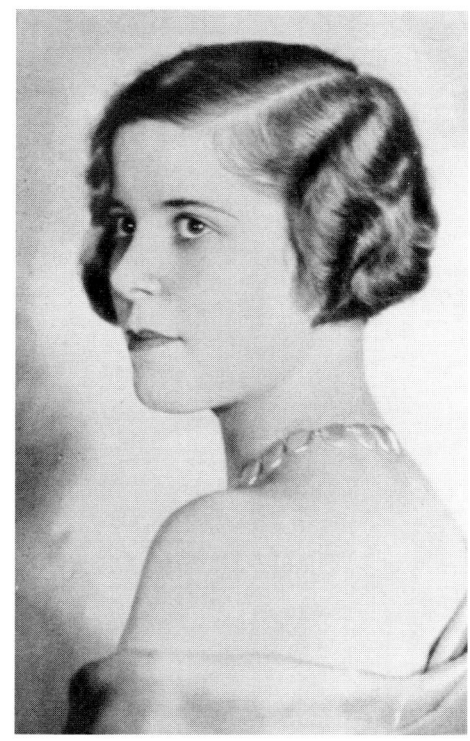

Maria Cebotari
(Archiv der Sächsischen Staatsoper, Dresden)

Maria Cebotari im Rollenkostüm
(Archiv der Sächsischen Staatsoper, Dresden)

Fritz Busch entdeckte sie 1931. Für den Vertrag mußte per Luftpost die Unterschrift der Eltern eingeholt werden und nach nur dreimonatiger Vorbereitungszeit sang die unbekannte 21jährige in der Dresdner Semperoper die Mimi in »La Bohème«. Der Dresdner Anzeiger konstatierte noch etwas zurückhaltend nach diesem ersten Auftritt der blutjungen Anfängerin, daß man im ganzen Opernhaus verblüfft gewesen sei. Genauer gesagt, war das Publikum aber so gerührt, daß erst nach langer Stille der begeisterte Schlußapplaus losbrach und von einem Weltwunder gesprochen wurde. *...ich wußte, daß man gerade in Dresden hohe Anforderungen an die Künstler stellte - und ich wußte diese Ehre wohl zu schätzen. Es war wie ein glücklicher Traum. Als ich am nächsten Morgen aufwachte, sagte ich mir immer wieder: Jetzt bist du berühmt! Und ich war ordentlich stolz auf mich. Das Dresdner Publikum ist sehr empfänglich für gute Kunst, und das macht einem den Beruf so lieb. Man freut sich immer wieder, wenn die Menschen so mitgehen und dankbar sind.* [3]

So begann ihr Engagement an der Semperoper, der Maria Cebotari bis zur Schließung 1944 die Treue hielt. Sie bezog zunächst ein Zimmer in der mit Flügel und Kamin ausgestatteten Fremdenpension der Frau Eugenie Büsché in der ersten Etage der Hospitalstraße 13. (In diesem Haus hatte übrigens auch ein Hauspflegeverein seine Adresse, dessen weibliche Angestellte in Familien, wo die Mutter durch Krankheit oder Wochenbett ausfiel, gegen angemessene Bezahlung kochten, putzten sowie Kinder und Patientin versorgten.) Später wohnte die Künstlerin in der Wiener Straße 36 und in der Parkstraße 3.

Mit 24 Jahren war die Cebotari die jüngste Kammersängerin Deutschlands. Ihr kapriziöses Profil, die mädchenhaft frische, heiter verspielte Ausstrahlung und ihre ausdrucksvollen Augen brachten ihr den Ruf als schönste Frau an deutschen Operntheatern ein. Gleichzeitig war sie sehr energisch und ausdauernd - es machte ihr nichts aus, zehn bis 15 Stunden lang durchzuarbeiten. Karl Böhm, unter dessen Leitung ihre große Karriere begann, schätzte an ihr genau diese Disziplin, mit der sie sich ihre Stellung zäh erarbeitet hatte, ohne sich als Primadonna aufzuspielen. Sieben Sprachen beherrschte Maria Cebotari, dabei reichte ihr breites Repertoire von frivol tändelnden bis zu dramatisch pathetischen Rollen. Bruno Walter holte sie jedes Jahr zu den Salzburger Festspielen.

1935 gab sie in der Uraufführung der »Schweigsamen Frau« von Richard Strauß an der Semperoper mit traumwandlerischer Sicherheit die anspruchsvolle Doppelrolle der Aminta. Begeistert schrieb die Kritik: *... eine Menge Leckerbissen für den musikalischen Feinschmecker. Alles furchtbar schwer auszuführen, aber im Gesamteindruck leicht und* *behend!* [2] In diesem Jahr begann sie, auch Rollen an der Berliner Staatsoper zu übernehmen. In Amsterdam, Brüssel, London, Stockholm, Prag, Wien und Paris erklang ihre Stimme, die sich durch kompakte Fülle, ungewöhnliche Tragfähigkeit und ein exotisches Timbre auszeichnete, so daß sie als Susanna oder Gräfin in »Figaros Hochzeit«, Zerline oder Donna Anna im »Don Giovanni«, Sophie im »Rosenkavalier«, Salomé, Eurydike im »Orpheus« oder Konstanze in der »Entführung aus dem Serail« allen Rollen eine eigene Interpretation geben konnte. Ihre leuchtende, warme Sopranstimme wirkte so mühelos, daß man ihr die Perfektion nicht anmerkte, hieß es über sie.

Seit 1936 erhielt sie Verpflichtungen zum deutschen Film, die erste Rolle spielte sie in »Mädchen in Weiß«. Benjamino Gigli bestand darauf, mit ihr als Partnerin in seinem ersten Opernfilm in Italien zu arbeiten. Sie war wohl von Haus aus ein wenig sentimental, was dem damaligen Filmgeschmack entsprechend ausgebaut wurde. Erna Berger, ihre Kollegin an der Dresdner Oper, erinnerte sich später: *... die Cebotari schleppte, und der Schöffler eilte voran. Da hat Busch gesagt: »Na, von euch beiden möchte ich mal ein Kind haben, dann kriegen wir endlich das richtige Tempo!«* [4]

Auf der Bühne bewegte sie sich natürlich und bezaubernd mit einer ungewöhnlich seltenen Begabung, die verschiedensten, ja konträren Erlebnissphären und Stilbereiche stimmlich auszudrücken und darzustellen: von der schmeichelnden Verführerin zur leidenden Gestalt oder wütenden Furie. Selbst Erna Berger mußte zugeben: *Sie hat ja im Grunde das ganze Sopranfach gesungen, von der Schweigsamen Frau und Sophie bis zur Butterfly, später dann sogar Turandot! Wir haben immer gesagt: »Demnächst singt sie noch den Sarastro!«* [4]

Bei ihrer Rolle als Filmsängerin in »Starke Herzen« lernte sie Gustav Diessl kennen. Dieser männliche, nonchalante Filmstar mit der lässigen Ironie eroberte bei den Dreharbeiten Marias Herz. 1938 löste sie die Ehe mit Wirubow auf und heiratete Diessl. Wirubow protestierte dagegen theatralisch und wurde schließlich mit seinem Improvisationstalent ihr unersetzlicher Sekretär. Eine fast großväterliche Schwäche zeigte er schließlich für den 1941 geborenen Sohn des berühmten Ehepaares, Peter.

In den Kriegsjahren suchte das Publikum in Theater, Konzert und Film Ablenkung und entwickelte einen regelrechten Künstlerkult. »Still mal!« hieß es, wenn ihre Stimme im Volksempfänger erklang, »Die Cebotari singt!« Bei der Uraufführung von Sutermeisters »Romeo und Julia« 1940 an der Dresdner Oper mit Karl Böhm am Dirigentenpult sang sie die Titelrolle und setzte damit hohe Maßstäbe. 1941 wurde sie an die Berliner Staatsoper engagiert. Mit ihrem lyrischen Koloratursopran gastierte sie als Mozart- und Straußinterpretin u.a. in Zürich, Mailand, Rom, London und Nordamerika.

Auch Goebbels und Pavolini waren von Maria Cebotari so fasziniert, daß sie sich um die dolmetschende Sängerin eines Tages fast ein Duell lieferten, bis Mussolini die Sängerin aus der prekären Lage erlöste. Ihr Biograph Mingotti sprach einerseits davon, daß sie *als Frau von Natur aus unpolitisch* [1] sei, beschrieb aber dann, wie interessiert sie in der inzwischen eiskalten Wohnung in Charlottenburg die Angriffe bis zum Alarm auf einer Karte mitverfolgte, die ein befreundeter Offizier der Dresdner Luftwaffe diskret besorgt hatte. Mingotti erwähnte ihren menschlichen Umgang mit Olga, dem russischen Hausmädchen, die ihr als Ostarbeiterin im Arbeitseinsatz zugewiesen worden war. Als in dieser Zeit ausgerechnet der Finanzminister die Cebotari zum Nulltarif engagieren wollte, lehnte diese empört ab.

Die tägliche Sorge ums Überleben erfaßte in dieser Zeit auch Maria Cebotari, sie tauschte Kaffee auf dem Schwarzmarkt ein. Ihrem Mann, den die Verhältnisse und eine Gesichtslähmung schwermütig und depressiv gemacht hatten, saß sie geduldig Porträt und setzte ihre unbekümmerte Heiterkeit gegen seine müde Melancholie. Die früher stets mit fröhlichen Gesellschaften und einem großen Freundeskreis belebte Wohnung war nun vereinsamt. Auch an Maria Cebotari nagte der Kummer und eine unheilbare Krankheit, ohne daß sie sich etwas anmerken ließ. Durch eine Fehldiagnose wurde sie bei einer dreiwöchigen Kur im Loschwitzer Sanatorium auf Gallenblasen-reizung behandelt.

Die Luftangriffe des letzten Kriegsjahres erlebte Maria Cebotari als Schwangere. Im Oktober brachte sie ihren zweiten Sohn Fritz zur Welt und folgte dem Ruf Karl Böhms an die Wiener Staatsoper. Auch hier bewies sie wieder ihren Mut zu neuen Werken, die ihr ganzes Können erforderten, ohne daß es Garantien für einen Publikumserfolg gab. Bei den Salzburger Festspielen 1947 sang sie die Lucille in der Uraufführung von »Dantons Tod« und ein Jahr später in Frank Martins »Le Vin herbé«. Als in der Mailänder Scala einmal eine Säule neben ihr einstürzte und alles in Staub hüllte, sang sie unbeirrt weiter.

1947 starb der inzwischen vom Schlag getroffene und resignierte Diessl. Maria Cebotari lebte nun nur noch für ihre Kunst und ihre Kinder. Zäh wie immer bekämpfte sie mit Arbeit und Medikamenten die immer größer werdenden Schmerzen und eine andauernde Müdigkeit. Im Jahre 1949 brachte die Staatsoper Wien Millöckers »Bettelstudent« heraus. Niemand im Publikum ahnte, daß auf der Bühne eine vom Tode gezeichnete Frau stand. Wie in ihrer Kindheit sang sie an gegen die eisige Todeskälte. Der Theaterarzt wollte die Vorstellung abbrechen lassen, doch Maria Cebotari brachte ihre Partie zu Ende.

Sie wechselte die Ärzte, befragte immer weitere, schließlich operierte man sie in Wien am 5. April wegen des Gallensteinleidens - und fand einen fortgeschrittenen Leberkrebs. Drei nachbehandelnde Ärzte hatten die vor fünf Jahren gestellte Diagnose übernommen. Das zu spät erkannte Pankreas-Leberkarzinom war nicht mehr aufzuhalten. In dieser Phase hatte sie wunderbare Träume, die sie Frl. Cattarius, der Erzieherin ihrer Kinder, erzählte. Am 9. Juni 1949 starb die unvergeßliche »Nachtigall von Kischinjow«. Bei der Eröffnung des Testaments stellte man überraschend fest, daß durch den Kauf eines Hauses in Wien für ihre Kinder die letzten Mittel aufgebraucht worden waren. Freunde begannen eine internationale Sammlung, die auch dazu führte, daß der englische Pianist Sir Clifford Curzon die beiden Söhne adoptierte. In Dresden ist eine Straße in der Johannstadt nach Maria Cebotari benannt.

Literatur / Quellen

[1]   Antonio Mingotti: Maria Cebotari, Salzburg 1950
[2]   Signale für die musikalische Welt 1935, S. 238 und S. 447ff
[3]   Sächsisches Tageblatt vom 12.6.1964, S. 3
[4]   Opernwelt 1/1979, S.10 und 10/1990, S. 46

»Wie verrückt oft, wie reich war unser Leben« -

Charlotte Tesdorpf geb. Pfund

Das jüngste der sechs Kinder des Molkereibegründers und Kommerzienrates Paul Leander Pfund, Dora Charlotte, kam am 26.10.1884 in Dresden zur Welt. Sie wurde auf die höhere Mädchenschule geschickt, lernte anschließend Französisch in Lausanne und Nancy und hatte mit 18 Jahren den Abschluß als Französischlehrerin in der Tasche. Doch ihrer Wißbegier genügte das nicht, nach zweijährigem Studium in London bestand sie das Examen als Englischlehrerin.

Ihr Vater, der als Freimaurer der Loge »Zu den ehernen Säulen« an der Bautzner Straße angehörte, saß auch im paritätisch besetzten Vorstand des 1868 gegründeten Vereins der Handlungsgehilfinnen für Dresden und Umgegend, der eine Art Arbeitslosenunterstützung zahlte, Weiterbildung anbot sowie Stellen, Wohnungen und Erholungsmöglichkeiten vermittelte. Der Molkereibesitzer sorgte auf diese Weise für fachkundiges, zufriedenes Personal in seinem Kontor, wo er bereits 1890 den Acht-Stunden-Tag eingeführt hatte. Die finanzielle Absicherung seiner Tochter durch das florierende Geschäft und spätere Erbteil erlaubte ihr, sich ganz ihrer Malleidenschaft zu widmen. Hartnäckig arbeitete Charlotte Pfund an ihrer Vervollkommnung als Kunststudentin bei Professor Carl Rade an der Kunstgewerbeakademie und setzte ihre Studien in Berlin und Weimar fort. Schließlich ging sie nach Paris und arbeitete im Atelier von Henri Matisse.

Als selbständige Porträtmalerin zog es die junge Künstlerin zu ihrer Schwester Liddy nach Java, die mit dem dortigen Leiter des deutschen Konsulats Erich Windels verheiratet war. Hier traf Charlotte auch den 1892 geborenen eleganten, draufgängerischen Fliegeroffizier Krafft Christian Tesdorpf wieder, den sie bereits in Amsterdam bei Gerhart Hauptmanns Sohn Eckart aus erster Ehe kennengelernt hatte. Dieser umtriebige Sprößling einer alten hanseatischen Anwalts- und Seefahrerfamilie versuchte auf Java als Teepflanzer sein Glück. Die beiden heirateten und lebten auf Sumatra, wo Windels ihm einen

Charlotte Tesdorpf - Selbstporträt
(Archiv Paul Pfund, Dresden)

Charlotte Tesdorpf mit Ehemann
(Archiv Paul Pfund, Dresden)

Posten verschafft hatte. Auch Charlotte Pfunds andere Schwester Berta, die den Grafen von Königsdorff geheiratet hatte und als Porträtfotografin arbeitete, wohnte eine Zeitlang bei ihnen. Charlotte Tesdorpf malte und stellte in Batavia, Rom und Mailand aus, wurde Mitglied der italienischen Kunstkammer und einer Gruppe moderner Künstler. Sie hatte Erfolg und Aufträge, zeitweise ein eigenes Atelier in Paris und porträtierte u.a. den Großmufti von Jerusalem, verschiedene italienische Würdenträger, Gerhart Hauptmann und ihren Vater. Für den »fliegenden Pater« Paul Schulte, der in einem Zeppelin 1936 die Messe zelebrierte, malte sie den Reisealtar.

Trotz ihrer gesicherten Existenz erlebten die beiden Eheleute ruhelose Jahre miteinander. Das Schlafzimmer ihrer Wohnung auf dem Pfundschen Gut in Reinholdshain glich einer Kajüte. Zahlreiche Souvenirs, Masken, Teppiche, Skulpturen und Reisebücher erinnerten an die vielen Dampferfahrten nach Sumatra und Java, an ihre Aufenthalte in Italien, Frankreich, China, Afrika oder der Türkei. Fasziniert sah ihr väterlicher Freund Gerhart Hauptmann auf diese scheinbare Leichtigkeit des Seins, die ihn über die Ratlosigkeit und Zukunftsangst jener »verlorenen Generation« nicht hinwegtäuschte. Das schillernde, von Depressionen getriebene, auf Glückssuche und ins Vergnügen führende Leben des Krafft Tesdorpf diente dem Dichter als Vorlage für seinen »Till Eulenspiegel«.

Gemeinsam bereiste das Ehepaar mit den verschiedensten Autos jener amerikanischen Firmen, die Tesdorpf vertrat, Europa. In der Türkei trafen sich die beiden Schwestern wieder, wo Erich Windels bis 1944 in diplomatischen Diensten stand. Im Sommer 1929 waren die Tesdorpfs und Ernst Rowohlt zu Gast bei Emil Ludwig in Portofino, als Charlott, wie Krafft sie nannte, die in den Wechseljahren war, durch die starke Hitze und den hohen Jodgehalt des Meeres plötzlich eine vorübergehende geistige Umnachtung befiel, von der sie sich nur sehr langsam in einer Stuttgarter Klinik erholte. *Nach ihren eigenen Worten ist sie damals irgendwie gestorben, und die Jahre, die sie noch gelebt hat, hat sie immer als eine Art Geschenk empfunden. Ihr sehr zarter Seelenmechanismus hatte durch diese zeitweise Umnachtung einen furchtbaren Stoß erhalten. Sie war nach ihrer Genesung nie wieder so widerstandsfähig und stark wie zuvor, war daher auch nicht imstande, die Tragödie des Untergangs ihrer geliebten Vaterstadt Dresden, des Niedergangs der väterlichen Firma ... zu überleben.* [1]

Charlotte Tesdorpf ließ sich 1932 wegen eines Seitensprunges ihres Mannes scheiden. *Jene schöne Frau, um deretwillen meine so inhaltsreiche Ehe mit Charlott geschieden worden war, hatte mir bald ... den Abschiedsbrief geschrieben.* [1] Die beiden Abenteurer lebten nun weiter zusammen wie vorher, ohne jedoch wieder zu heiraten. 1938 reiste »Till« als Daimler-Benz-Vertreter nach Java ab: *Beide waren wir sehr bewegt, wie es sonst bei unseren vielen Abschieden selten der Fall gewesen. Als ob auch in ihr - wie es bei mir in der Tat der Fall war - eine angstvolle Ahnung sich rührte, daß dies unser letzter Abschied voneinander im Leben sein sollte. Er ist es gewesen...* [1] Seine Hoffnung, sie würde ihm später nach Australien folgen, erfüllte sich nicht, und so heiratete er *unter Gewissensqualen* [1] ein Jahr darauf eine 23jährige Britin, *denn es ist nicht gut, immer so allein in der Welt herumzustreifen ohne Frau. Mein Gebet ist, daß ich ihr nicht einen gar zu großen Schmerz zugefügt habe.* [1] Als er in der Folgezeit den Zerfall dieser Ehe spürte, schrieb er an Charlotte: *In den Nächten zieht unser gemeinsames köstliches Leben an mir vorüber, und ich büße jede kleine Heftigkeit oder Ungeduld, die ich mir je Dir gegenüber zuschulden habe kommen lassen, sehr bitter!... Wie schön unsere Fahrten, wie verrückt oft, wie reich war unser Leben.* [1]

Während des Krieges geriet Krafft Tesdorpf in Kriegsgefangenschaft. Charlotte Tesdorpf verließ Deutschland, sie lebte in der Türkei, in Italien und Jugoslawien. 1947 kam sie nach Dresden, um die befreundete Palucca zu sehen, natürlich ihren Bruder Max Pfund und seine Frau Leonore, die bekannteste Dresdner Komponistin in den ersten Jahrzehnten des 20. Jahrhunderts, zu besuchen und um wenigstens einen Teil des Familienbesitzes zu retten. Vergeblich. Dazu kam der Anblick der zerstörten Stadt, sie notierte in ihr Tagebuch: *Hier ist keine Fröhlichkeit - die Menschen haben Angst.* [3] Am 1. Juni 1949 nahm sich die 64jährige in ihrer Verzweiflung das Leben.

Krafft Tesdorpf arbeitete in den 50er Jahren als Sprachlehrer in Sydney, heiratete zum dritten Mal und begann, sein buntes Leben niederzuschreiben. In diesem Lebenslauf findet sich der Satz: *Ich wollt, ich wäre imstande, in Worte zu fassen, eine wie hervorragende, kluge, treue, gütige, alles verstehende, tapfere und liebende Frau ich in Charlotte Pfund gefunden hatte. Ihr und Vater Gerhart Hauptmann verdanke ich das Wesentlichste von dem, was »gut« an mir und in mir ist.* [1]

Literatur / Quellen

[1]   unveröffentlichter Lebenslauf von Krafft Christian Tesdorpf, Archiv Paul Pfund, Dresden
[2]   FAZ vom 12.10.1996
[3]   Archiv Paul Pfund, Dresden

Mary Wigman -

Begründerin des Modernen Deutschen Ausdruckstanzes

Geboren als Karoline Sophie Marie Wiegmann am 13. November 1886 in Hannover, wurde sie in ihrer Familie nur Mary gerufen. Als die Mutter nach dem Tod ihres Mannes dessen Bruder heiratete, legte dieser fest: *ein Blaustrumpf kommt mir nicht in die Familie!* [8] Also wurde Mary nach dem Besuch der höheren Töchterschule nicht ans Gymnasium, sondern zum Sprachstudium nach England und in die französische Schweiz geschickt. Mit wachen Sinnen erlebte sie das neue Körpergefühl, das der Schweizer Emile Jaques-Dalcroze (Leiter der Rhythmikschule im Festspielhaus der Gartenstadt Hellerau seit 1910) und die Amerikanerin Isadora Duncan (erste knie-zeigende Barfußtänzerin) zu Beginn des Jahrhunderts in ganz Europa propagierten. Mary verinnerlichte Duncans Utopie von der mit freiem Geist und freiem Körper tanzenden Frau der Zukunft. Standesgemäß in Klavierspiel, Tanz und Gesang ausgebildet, war sie im Verwandtenkreis bekannt für ihre Phantasie. Zu den Familienabenden stellte sie eigene Geschichten, Theaterstücke und Tänze vor. Sie entdeckte ihre Leidenschaft fürs tragische Theater, hatte Fernweh und wollte berühmt werden. Mit den Plänen ihrer Mutter, der zuliebe sie auch zwei Verlobungen einging, vereinbarten sich diese Zukunftsvorstellungen von einem unabhängigen und leidenschaftlichen Leben jedoch nicht.

Mary Wigman
(Mary-Wigman-Archiv, Akademie der Künste, Berlin)

Sie löste kurzerhand die Verlobungen auf, ließ sich das Erbteil ihres Vaters auszahlen und ging nach Hellerau zu Dalcroze, für dessen Reigentänze die Welt sich eine Zeitlang begeisterte. Doch die Ausbildung zur Lehrerin für rhythmische Gymnastik befriedigte Mary Wigman nicht, sie suchte weiter. Bei dem Tanzpädagogen Rudolf von Laban in der Schweiz fand sie einen verschworenen Kreis junger tanzbesessener Leute. Hier auf dem Monte Veritá in Ascona kam sie mit Vegetariern, Freimaurern, Anarchisten, Anthroposophen und Dadaisten in Berührung, lernte u.a. Else Lasker-Schüler kennen und erhielt in ihrem siebenjährigen »Dienst beim Meister« das Rüstzeug für ihren Weg als Begründerin des Deutschen Ausdruckstanzes. Mit 28 Jahren machte sie mit ihrem ersten Solowerk, dem »Hexentanz«, auf sich aufmerksam. Der Durchbruch gelang ihr vier Jahre später in Hamburg.

Ihre Tournee führte sie 1920 auch nach Dresden. Der Kapp-Putsch tobte, die Züge fuhren wochenlang nicht, sie saß im Palast-Hotel Weber fest und wurde von jungen Mädchen aus aller Welt, die bei der Wigman tanzen lernen wollten, umschwärmt. Darunter später so berühmte Namen wie Gret Palucca, Yvonne Georgi, Hanya Holm. *Die Hoteldirektion war großzügig genug, mir das Unterrichten in einem ihrer Gesellschaftsräume zu gestatten... Wenn ich vortanzte, war Paluccas Ehrgeiz entfesselt. Bei jeder Korrektur flog sie ein wenig höher durch den Raum. Ein Klirren und der halbe venezianische Kronleuchter kam mit ihr herunter. Kristall-splitterbedeckt standen wir einander gegenüber und lachten, bis wir nicht mehr konnten.* [1] Bald schon ging dieses Energiebündel eigene Wege. Mit 23 Jahren (!) eröffnete Palucca ihre private Tanzschule im Johanneum.

Was für eine offene Atmosphäre zu Beginn der zwanziger Jahre im sonst so saturierten, bürgerlich konservativen Dresden herrschte, bewies eine in Aussicht gestellte lukrative Stelle der Tanzmeisterin an der Semperoper. Denn Mary Wigman experimentierte mit Neuer Musik, oft kombinierte sie ihre Tänze mit Geräuschen oder Stille, damit der Körper seine eigene Sprache finden konnte. Sie sah den Tanz als Lebensäußerung elementarer innerer Werte an.

In dieser neuen Auffassung von Kunst und Schönheit war sie den Expressionisten verwandt, so daß es nicht wundert, wenn die Brücke-Mitbegründer Ernst Ludwig Kirchner und Emil Nolde bei ihren Tänzen zeichneten, inspiriert von ihrer weinenden Hand und ihrem spöttisch lächelnden Fuß. Klee und Kandinski skizzierten die Tänze der Palucca.

Mary Wigman schickte ihr unterschriebenes Vertragsexemplar an die Oper und wartete auf die Rücksendung. In den verstreichenden Wochen begab sie sich mit ihrer Schweizer Freundin Batholomé Trümpy auf Wohnungssuche. *Ein Anruf von Bibi: »Heute bist du Hausbesitzerin in Dresden geworden!«* Mit ihren valutakräftigen Schweizer Franken hatte sie kurzentschlossen die

Palucca - Sprung im Freien
(um 1923, Palucca-Archiv,
Akademie der Künste, Berlin)

altmodische Neustädter Villa erworben, die dann zweiundzwanzig Jahre lang das Heim der Wigman-Schule Dresden war. [6] Die avisierte Stelle bekam sie jedoch nicht, denn das klassisch orientierte Ballettensemble und Wigmans unkonventioneller Umgang mit Musik und Bewegung ließen sich wohl doch nicht so gut vereinbaren. *Ich erfuhr eines Tages durch eine Zeitungsnotiz, daß die Stellung des Ballettmeisters an eine so gut wie unbekannte Tänzerin vergeben war - ihrem Freund und Liebhaber war die Oper finanziell verpflichtet.* [6]

Daraufhin gründete die Ausdruckstänzerin kurzerhand in ihrer neuen Wohnung auf der Bautzner Straße 107 eine private Tanzschule. Die 34jährige frischgebackene Schuldirektorin hatte alle Hände voll zu tun. Sie förderte die schöpferische Entwicklung ihrer Schülerinnen, indem sie regelmäßige Improvisationsstunden einrichtete, zu denen sie sich von ihnen eigene Tänze wünschte. *So war sie zum Beispiel begeistert, als einer ihrer männlichen Schüler sie parodierte. Sie hat sich schiefgelacht, wenn man sie nachmachte. Sie hatte wirklich Humor und eine große Toleranz.* [7] Mary Wigman nahm sich Zeit für die Lebenskümmernisse ihrer Mädchen. Im rosa »Beichtzimmer« hörte sie im schwarzen, goldbestickten Mandarinmantel und roten Pantöffelchen deren Liebeskummerklagen an.

Diejenigen, die die dreijährige Ausbildung nicht bezahlen konnten, putzten und halfen im »Kombüschen«-Büro, wuschen oder flickten. Alles wurde gemeinsam erarbeitet: Choreographien, Bühnenbilder, Kostüme. Hinter der Fassade des soliden Bürgerhauses stampften die Eleven, hämmerte der expressionistische Pianist und Komponist Will Goetze am Klavier, dröhnten Pauken und Trommeln. *Und hier waren der Experimentierfreudigkeit keine Grenzen gesetzt. Vom Klappern der Blechbüchse bis ... zu den großen Glockenstäben. Nichts blieb vor unserem Zugriff sicher.* [6] Ähnlich wie bei Filmmusik bildete hier die Musik einen Kommentar zum Tanz. Als 1927 die letzten Mieter entnervt von dem Getrampel auszogen, löste der Einbau einer Zentralheizung endlich die glühenden Eisenöfen ab, an denen sich die Mädchen oft genug im Eifer der Sprungübungen verbrannt hatten. Ein großer Probenraum, das »Aquarium«, wurde gebaut. Im Erdgeschoß gab es nun drei Übungsstudios: den Gelben, den Roten und den Weißen Saal. Sogar Bäder und ein Dachgarten entstanden. In der Wohnstube im ersten Stock erarbeitete Mary Wigman nachts ihre neuesten Solotänze. Zu den befreundeten Künstlern, Tänzern und Schriftstellern aus aller Welt, die bei ihr ein und aus gingen, gesellten sich auch der Dresdner Kunstkritiker und -förderer Will Grohmann und die Sammlerin und Mäzenatin Ida Bienert, deren Sohn übrigens 1924 Gret Palucca heiratete.

Die erste Tournee der Wigman-Tanzgruppe führte 1923 durch ganz Deutschland und Italien. Harald Kreutzberg, Yvonne Georgi, Ruth Abramowicz und natürlich Gret Palucca waren einige der herausragendsten Schüler. Deren Solokarrieren sprachen für sich. Mary Wigman unterstützte die individuelle Eigenart jedes Einzelnen. Ein Berliner Schriftsteller befragte sie 1926 in der »Weltbühne« nach ihren Schülerinnen: *Hart müssen sie werden, herb und hart und hungrig! Wenn ich tanze, muß ich vor allen Dingen hungrig sein. Dann kommt am leichtesten die Ekstase über mich und meine Gruppe... Meine Schülerinnen müssen so werden, daß jeder Mann hingerissen ausruft: Ich möchte keine von ihnen zur Frau haben!*

Mary Wigman betrachtete den Tanz als ein Ritual, in dem Licht und Finsternis und die großen Opfer auf dem Weg vom Leben zum Tod vorkamen. Schamanen gleich,

Mary Wigman mit ihrer Tanzgruppe
(Mary-Wigman-Archiv, Akademie der Künste, Berlin)

beschwor sie tanzend das quälende Dunkel der Seele, um die Geister des Übels zu bannen. Sie nannte ihre Choreographien: Ein Elfentag, Tempeltanz, Der Spuk, Vision, Tänze des Schweigens, Der Schrei, Totentanz, Die Weihe, Tanz für die Sonne, Tanz für die Erde, Traumvögel, Frauentänze, Tanz der lichten und dunklen Königin, Mondlied, Feuertanz, Ekstatischer Rhythmus. Schamanen oder Propheten aber lassen auf der Bühne keinen Platz für Partner. Ihre einzigen Partner waren der Raum und die Gruppe. Im Leben dagegen ging sie mehrere Beziehungen ein, zum Hellerauer Arzt Hans Prinzhorn oder zum 14 Jahre jüngeren lebensfrohen Herbert Binswanger.

1928 gastierte sie erstmals in London, 1930 in den USA. Hier wurde sie stürmisch gefeiert, ihre Schülerin Hanya Holm eröffnete eine Zweigschule des Dresdner Zentralinstituts in New York. 1.500 Schüler lernten inzwischen in den Wigman-Schulen des In- und Auslands, 360 in ihrer Dresdner Schule. Der neue deutsche Tanz war von einer verschworenen Gemeinde zu einer Massenbewegung gewachsen. Man erlebte das Entstehen des Ausdruckstanzes als eine Befreiung vom engen klassischen Ballett, als Aufbruch der Jugend zu neuen künstlerischen Formen, wie er sich ja in allen Kunstgattungen abzeichnete. Ihre Maskentänze orientierten sich an Bauhausideen und hielten sich an die Strenge der Neuen Sachlichkeit.

Mary Wigman abstrahierte in ihren Tänzen die reine Bewegung eines vom Schicksal geleiteten, naturnahen Wesens, das auf die »Stimme des Blutes« hörte, und kam damit in die Nähe faschistischer Ideologie. 1936 tanzten sie und Palucca zu den Tanzwettspielen anläßlich der Olympiade. Die tragisch-heroische »Totenklage«, eine an den ersten Weltkrieg erinnernde Darstellung der verzweifelten Frauen und Mütter, die durch den Verlust ihrer gefallenen Männer, Söhne, Väter und Brüder in tiefe Trauer und Einsamkeit geraten waren, paßte den Faschisten nicht ins Konzept. Wigmans ausgeprägte Persönlichkeit war auch viel zu eigenwillig, um von einem totalitären System einverleibt zu werden - sie sah die Gruppe nicht als das Höhere, sondern als eine Erweiterung des Individuums an. Bereits im selben Jahr wurden ihr (wie auch Palucca) die staatlichen Mittel gestrichen, sie wurde isoliert und ihre Arbeit zunehmend behindert, nachdem sie einen Huldigungstanz-Auftrag für Hitler abgelehnt hatte.

Daß die private Schule in dieser Zeit eine Oase der Spontaneität, Kunst und Humanität bleiben konnte, lag vielleicht auch an ihrer Liaison mit Hanns Benkert, der 1929 die Schulverwaltung übernommen hatte. In jenen Jahren des aufkommenden Jazz, Tonfilms, der Gassenhauer und Revuen genossen sie den Rausch der Geschwindigkeit im Mercedes-Cabrio mit aufgeklapptem Verdeck. Sie tanzte die Sommergöttin der Fruchtbarkeit und Wiedergeburt und fegte im Bewußtsein ihrer eigenen Blüte als liebestolle Windsbraut über die Bühne. Jetzt stellte sie Begehren, Versagen, Trotz und helle Lebenslust neben Bitternis, Tragik und nächtliche Todesdämonen. Benkert war Direktor der Siemens-Schuckert-Werke in Sörnewitz und stieg in die Direktion der Berliner Siemens-Werke auf. 13 Jahre dauerte diese Liebe. Das Klima in Dresden hatte sich inzwischen völlig verändert. Am Alberttheater, auf dessen Bühne Mary Wigman getanzt hatte und dessen expressionistische Dramen das Publikum einst so bewegten, daß einige Damen Schreikrämpfe bekamen, während andere ohnmächtig wurden (vermutlich war das ja auch den üblichen Korsetts zu schulden), wurden nur noch seichte Stücken gegeben.

Gegen Mary Wigman erhob man schwere Vorwürfe politischer Untragbarkeit, ihre Kunst galt plötzlich als zu mystisch und zu tragisch. 1942 wurde die Schule von den Nazis geschlossen und die ehemalige Direktorin zum Verkauf gezwungen. Unter Leitung ihrer ehemaligen Mitarbeiter Gretl Curth-Hasting und Hanns Hasting - beide inzwischen Parteimitglieder - wurde die ehemalige Wigman-Schule als Abteilung Tanz dem Konservatorium angegliedert. Mary Wigman ging nach Leipzig, wo man sich trotz des Stigmas entarteter Kunst zu ihr bekannte, wohl auch, um mit Hilfe ihres Namens in triumphierende Konkurrenz zu Dresden als Stadt des Tanzes treten zu können.

Als sie im Frühling 1946 zum letzten Mal nach Dresden kam, wo die Palucca seit einigen Monaten wieder mit zehn Schülerinnen in der Radeberger Straße angefangen hatte, entstanden diese Zeilen:

Mit toten Augen schaut
die gemordete Stadt dich an.
Kein Schrei dringt aus den Trümmern,
und keine Träne aus dem Auge dir.
Selbst zum Gespenst geworden
wanderst du ruhelos
und erschauerst
vor der erhabenen Maske,
die der Tod dem Leben
auf das qualverzerrte Antlitz legt.

Dresden, die Stadt, die mir so viele Jahre meines Lebens Heimat war... Von hier aus ging der Weg in die weite Welt. Und kam man in der Dunkelheit von einer der vielen Gastspielreisen zurück, so leuchtete einem schon von weitem das große Transparent über der Eingangstür entgegen: »Wigman-Schule« und man wußte, man kam nach Hause. [6]

Mary Wigman wagte noch zweimal den Neubeginn als Tanzpädagogin: 1945 mit einer eigenen Schule in Leipzig und 63jährig in Berlin-Dahlem. *Es ist bezeichnend, daß Mary Wigman nie ein Lehrsystem entwickelt hat. Damit wurde sie der Tatsache gerecht, daß der Körper ein Organismus und keine Maschine ist..., die Phantasie, die Intuition, der Atem waren die Materialien ihrer Lehrmethode.* [7] Sie inszenierte und choreographierte zu Opern, Oratorien und Balletten. Carmina Burana, Orpheus und Eurydike, Saul waren ihre Themen. Für Dore Hoyer entwarf sie 1957 die Choreographie zu »Le Sacre du Printemps« an der Städtischen Oper Berlin. Mit 67 Jahren gab sie ihren letzten Soloauftritt mit Gruppe als »Die Seherin«. Am 18. September 1973 starb Mary Wigman in Berlin. Am Haus Bautzner Straße 107 erinnert eine Gedenktafel an sie, im Foyer der 1988 hier eröffneten »Kleinen Szene« steht ihre Büste. Eine Dresdner Straße ist nach ihr benannt.

Literatur / Quellen

[1] Georg Zivier: Harmonie und Ekstase - Mary Wigman, Berlin 1956
[2] Marion Kant/Aenne Neumann: Mary Wigman zum 100. Geburtstag, in: Theater der Zeit 11/1986
[3] W. Sorell: Mary Wigman - ein Vermächtnis, Zürich 1986
[4] Theater der Zeit, 18/1951, S. 18
[5] Mary Wigman - Impulse für den Tanz, Dresden 1986
[6] Hedwig Müller: Mary Wigman - Leben und Werk der großen Tänzerin, Berlin 1986
[7] Angela Rannow: Mary Wigman in Leipzig, Leipzig 1994
[8] N. V. Gomez/P. Klos: Mary Wigman - ein Leben für den Tanz, in: Ariadne, H. 10, Kassel 1988

Als »entartet« und »lebensunwert« umgebracht -

Elfriede Lohse-Wächtler

In den Tanzkursen von Mary Wigman tauchte Anfang der zwanziger Jahre sehr wahrscheinlich auch jene burschikose junge Frau auf, die mit kurzen Haaren, ledergegürteter Russenbluse und eingedrücktem schwarzem Künstlerhut ihre ablehnende Haltung gegenüber dem üblichen Weiblichkeitsverständnis ausdrückte und das saturierte konservative Dresdner Bürgertum provozierte: *und zum Entsetzen der Spießbürger rauchte Laus auf der Straße auch noch Tabak aus der Pfeife.* [1] Die temperamentvolle junge Malerin tanzte, zeichnete die Wigmanmädchen, interessierte sich für Neue Musik und spielte Geige. Ihre Kostüme schneiderte sie selbst und es kam auch vor, daß sie sich derer völlig entledigte, wie etwa zu Neujahr 1924 bei einem Künstlerfest: *plötzlich zog Laus alle Sachen herunter und tanzte splitternackt mit der Tabakspfeife zwischen den Zähnen vor uns. Laus konnte sich so etwas unbeschadet leisten; sie war exzentrisch, ihr gefiel alles Außergewöhnliche, aber nie das Gemeine, und dieser Nackttanz war großartig und gar nicht ordinär.* [1] So erinnerte sich Otto Griebel, der neben anderen Künstlern der Dresdner Sezession, wie Dix, Hoffmann und Felixmüller, zu ihren Freunden zählte. Von ihnen wurde sie nur Laus gerufen, denn sie hatte sich den Künstlernamen Nikolaus Wächtler zugelegt.

Als Anna Frieda hatte sie in Löbtau in der Plauener Straße 64 am 4.12.1899 das Licht der Welt erblickt, nachdem die Eltern kurz zuvor geheiratet hatten. Elfriede wuchs zweisprachig auf, denn Marie Zdenka, geborene Ostadal, stammte aus dem böhmischen Husinec. Der Vater Gustav Adolf Wächtler, ein kaufmännischer Angestellter, erwartete in seiner Ehe *fromme Kinder und ein züchtig Weib.* [1] Die Tochter sollte selbstverständlich seine Vorstellungen von ihrer Zukunft als Bühnenbildnerin oder Modellschneiderin erfüllen. Darüber kam es zu heftigen Auseinandersetzungen, denn sie wollte Künstlerin werden. Schon ab dem zweiten Lebensjahr hatte sich ihre besondere malerische Begabung gezeigt. Im Alter von 16 Jahren begann sie, sich ungewöhnliche Kleidungsstücke zu nähen. Während des ersten Weltkriegs trat die eigenwillige junge Frau ein Studium an der Kunstgewerbeschule an, sie belegte bei Frau Professor Margarete Junge die Fächer Mode und weibliche Handarbeiten. Aus dem beengenden gutbürgerlichen Elternhaus, das ihr die Luft nahm, zog sie kurzerhand aus und wohnte bei einer Freundin.

Bald darauf wechselte Laus in die Klasse von Prof. Erler an der Kunstakademie, wo sie Angewandte Graphik studierte und Grundlagen für ihr künstlerisches und handwerkliches Können erwarb. Sie lebte vom Verkauf ihrer Exlibris, Illustrationen und Batiken, die damals als neuer Zweig der angewandten Kunst gerade in Mode kamen. Es entstanden *reizvolle Lithographien und realistische, treffsicher erfaßte Porträts und Landschaften in technisch perfekter Ausführung. Sie war eine sichere und sehr originelle Meisterin. Sie erschuf sich einen eigenen, jede falsche Nachahmung vermeidenden, Stil… aus den Graphiken, Radierungen, Holzschnitten und Lithographien, die sie wundervoll farbig ergänzte, sprachen eine tiefe Sensibilität und starker Phantasiereichtum.* [1] Ihr zwölf Jahre jüngerer Bruder Hubert bewunderte, wie sie *für alles, was sie begann, größte Geduld aufbrachte. Ich denke an ihre handwerklichen Arbeiten,*

wie das Schneidern, das Schnitzen von kleinen Plastiken aus Hartholz oder die orna-
mental beschnitzten Kochlöffel von meiner Mutter. [1]

Von Conrad Felixmüller übernahm sie das Atelier an der Ecke Rietschel-/Ziegelstraße.
Dort war immer etwas los, erinnerte sich Hubert: *Da waren Leute, die meist heftigst*
miteinander redeten und die mitunter etwas wüst aussahen... Nicht alle diese Leute
malten. Manche lasen etwas vor, oder sie sagten sehr lebhaft Gedichte auf, wovon ich
nur selten so hingerissen war wie sie selbst. Ich hatte aber auf Geheiß meiner Schwester
die Schnauze zu halten; das war alles ganz anders als zu Hause bei meinen Eltern,
wo man sagte: »Benimm dich anständig!« Bevor ich in die Schule geschickt wurde,
fuhr ich bei jeder Gelegenheit ... zu meiner Schwester in die Stadt und machte mich bei
ihr und in ihrer Gesellschaft mehr oder weniger nützlich. Manchmal durfte ich schon
Lithographien kolorieren, oder ich hatte für irgendeinen Otto [Dix/Griebel] *Südwein*
und Zigaretten ´rauf zu holen, wovon ich ohne weiteres etwas mit abbekam. [1] Hier
trafen sich Schauspieler, Tänzerinnen und andere Künstlerfreunde, darunter der Maler
und Sänger Kurt Lohse.

Die leidenschaftliche und unauflösliche Verbindung mit diesem von Griebel als träge
beschriebenen Zyniker wurde ihr zum Verhängnis. Die beiden hatten 1921 geheiratet
und ein freies, ungebundenes Leben im Werkleiterhäuschen der Schreckenbachschen
Steinbrüche bei Wehlen geführt. Der Not der Inflationszeit begegnete sie, indem sie
Enten, Hühner und Gänse hielt und Gemüse anbaute. Er hingegen lebte nur auf ihre
Kosten und ließ in den umliegenden Läden anschreiben, bis der Gerichtsvollzieher
diesem Treiben ein Ende setzte. *Aber sie liebten sich auf Gedeih und Verderb, teilten*
alles Gute und Schlechte miteinander und konnten nicht wieder voneinander los...
Das Geld, das die Laus mit Batiken verdiente, verbrauchte Kurt Lohse ziemlich leicht-
fertig. Aber sie trug seine Schwächen mit der Nachsicht und Geduld der echten Lieben-
den... und während Laus ständig arbeitete,
tat Lohse eigentlich nichts oder nur sehr
wenig... Dabei war er vielseitig begabt,
klug... Den Heiratsvertrag sah ich viel später
einmal. Er war mehrfach formatmäßig
zerrissen worden und war ebensooft
vielfach mit verschiedenem Papier ... wieder
zusammengeklebt. [1]

Am Görlitzer Theater, wo Lohse ein Engagement erhalten hatte, malte Laus Plakate
und tanzte in selbstangefertigten Kostümen.
Ab 1925 lebten beide in Hamburg, wo sie
ihre intensivste Schaffensperiode erlebte.
R. A. Dietrich, der befreundete expressionistische Dichter, fand sie *blaß und in man-*
chem gegen früher verändert... Ich hatte das
Gefühl, daß sie sich gegen etwas wehrte, den

Die Laus tanzt im selbstgeschneiderten Kostüm.
(um 1921, Elfriede-Lohse-Wächtler-Archiv, Hamburg)

Druck von etwas Kommendem... [1] Er beschrieb, wie sie *in äußerster Not um das primitivste Vegetieren unter dem Druck der Ausweglosigkeit der Zeitentwicklung ... unentwegt ... malte und zeichnete* [1], ohne mit ihren künstlerischen Arbeiten den Lebensunterhalt bestreiten zu können. Als Lohse sich einer anderen Frau zuwandte, von der er ein Kind erwartete, während Elfriede nach mehreren Abtreibungen und einer Fehlgeburt sich sehnlichst ein Kind wünschte, bekam sie einen Nervenzusammenbruch. In höchster innerer Erregtheit arbeitete sie während des darauffolgenden zweimonatigen Aufenthalts in der Psychiatrie Hamburg-Friedrichsberg. Danach entstand in rascher Folge ihr Hauptwerk: Bildnisse von vertrauten und anonymen Personen,

Selbstporträt mit blauem Kragen, um 1925
(Georg Reinhardt [Hrsg.]: Im Malstrom des Lebens
versunken... Elfriede Lohse-Wächtler 1899 - 1940.
Leben und Werk, Köln 1996)

Marktfrauen, Arbeitern. Sie malte mit schonungsloser Ehrlichkeit nichtalltägliche Paar- und Dreierbeziehungen, zeigte Prostituierte erstmals ohne Wertung aus realistischer weiblicher Sicht. Der Bund Hamburgischer Künstlerinnen und Kunstfreundinnen, dem sie angehörte, und das Graphische Kabinett Maria Kunde organisierten Ausstellungen mit ihren *Bildnissen von unerhörter Eindringlichkeit, ganz unromantisch geschauten Szenen der Unterwelt und wuchtigen Darstellungen aus dem schweren Leben der arbeitenden Ackerbauern.* [1]

Ihre Malerfreunde wandten sich von ihr ab, als sie sich die unter ihnen übliche sexuelle Freizügigkeit ebenfalls gestattete. Die finanziellen und familiären Schwierigkeiten wurden immer größer, so daß sie in ihrer Not schließlich zu ihren Eltern zurückkehrte. 1931 tauchte sie noch einmal bei Otto Griebel auf: *Laus sah verstört und blasser noch als früher aus, ihre Augen glänzten seltsam fiebrig und irrten unstet im Raum umher. Sie erzählte verworren..., lachte, weinte durcheinander. Meinen Fragen nach Lohse wich sie dabei aus, und ich merkte, daß sie in einer sehr schlimmen Verfassung war.* [1] Den inständigen Bitten, sie mit nach Berlin zu nehmen, fühlte sich Griebel jedoch nicht gewachsen.

Paar (Eine Blume)
(Georg Reinhardt [Hrsg.]: Im Malstrom des Lebens
versunken... Elfriede Lohse-Wächtler 1899 - 1940.
Leben und Werk, Köln 1996)

So kam sie auf Betreiben ihres Vaters 1932 erneut in die Psychiatrie, diesmal nach Arnsdorf, wo man ungeprüft Schizophrenie diagnostizierte. Hier, wie schon in der Hamburger Anstalt, entstanden detailgetreue Porträtstudien einsam leidender, dumpf dahinbrütender Kranker. Visionen bedrohlich lauernder Fabelwesen und geisterhafter Tier- und Menschengrimassen sind neben handwerklichen und ornamentalen Entwürfen überliefert. Anfangs flehte sie noch ihre Eltern an, sie dort herauszuholen: *wenn Euch daran liegen sollte, mich noch lebens- und arbeitsfähig unter Euch weilen zu sehen.* [1]

Doch in der Atmosphäre des Krankenhauses, in dem Hunderte verhungerten, ließen ihre Kreativität und Energie mit der Zeit nach, sie welkte dahin wie ein auf ihrer letzten Karte dargestellter trister Stiefmütterchenstrauß.

1935 wurde sie aufgrund des Gesetzes zur Verhütung erbkranken Nachwuchses zwangssterilisiert, denn ihr Mann hatte sich wegen angeblich unheilbarer Geisteskrankheit von ihr scheiden lassen. Der Vater wandte sich in einem Brief an Hitler gegen diese Urteilsbegründung, in dem er Lohses Schuld am Zustand der Kranken nachwies. Erfolglos. Bereits Ende Juli 1940 zählte Elfriede Lohse-Wächtler zu den knapp 14.000 Menschen, die die Nationalsozialisten in Pirna ermordeten. Zusammen mit anderen Patienten wurde sie per Bus mit zugestrichenen Fenstern in die faschistische Euthanasie-Anstalt Pirna-Sonnenstein deportiert und als »entartet« und »lebensunwert« vergast!

Auf einem von der Landespflegeanstalt Brandenburg ausgestellten Totenschein wurde Lungenentzündung und Herzmuskelschwäche als Todesursache angegeben. Das machte die Eltern stutzig, denn wenige Tage zuvor hatte die Mutter sie noch besucht und gesund vorgefunden. Der Vater stellte Nachforschungen an. Welch inneren Wandel muß er vollzogen haben, als er an Hitler schrieb: *Wir haben zu wenig Wachsamkeit angewendet im Vertrauen auf christliche Ärzte und Schwestern der Heil- und Pflegeanstalt Arnsdorf, um den hinterhältigen Mordüberfall abwehren zu können.* [1] Daraufhin holte auch ihn die Gestapo.

19 Jahre nach der Ermordung gelang es ihrem Bruder Hubert Wächtler, sie mit einer ersten Präsentation in Hamburg zu rehabilitieren. In den 70er und 90er Jahren waren ihre wiederentdeckten Arbeiten in zahlreichen überregionalen Werkschauen vertreten. Der »Spiegel« widmete ihr 1996 einen großen Artikel. Das Kuratorium der Gedenkstätte Sonnenstein veranstaltete im Jahr darauf ein Elfriede-Lohse-Wächtler-Kolloquium in Pirna. Der Privatgalerie Finckenstein an der Bautzner Landstraße gebührt das Verdienst, im Oktober 1997 die erste Einzelausstellung in ihrer Geburtsstadt organisiert zu haben. Das Werk der mit 41 Jahren getöteten Künstlerin soll anläßlich ihres 100. Geburtstages mit einer Einzelausstellung in der Kunsthalle Hamburg sowie mit einer Ausstellung im Dresdner Stadtmuseum gewürdigt werden. Über die Anbringung einer Gedenktafel in der Voglerstraße 15 oder Tzschimmerstraße 19, wo sie ihre Kindheit und Jugend verbrachte, wird inzwischen nachgedacht.

Literatur / Quellen

[1]   Georg Reinhardt (Hrsg.): Im Malstrom des Lebens versunken... Elfriede Lohse-Wächtler 1899 - 1940. Leben und Werk, Köln 1996
[2]   Sächsische Heimatblätter 2/1995
[3]   Sächsische Zeitung vom 27./28.1.1996
[4]   Boris Böhm: In Jammer und Schmerz ist sie verloschen, in: Kuratorium Gedenkstätte Sonnenstein (Hrsg.): Nationalsozialistische Euthanasie-Verbrechen in Sachsen, Dresden/Pirna 1996
[5]   Hildegard Reinhardt: ... fort muß ich, nur fort!, in: Bernd Küster (Hrsg.): Malerinnen des XX. Jahrhunderts, Bremen 1995

Frauen im Widerstand

»In diese Welt hinausschreiend« - Lea Grundig

Lea Grundig kam am 23. März 1906 in Dresden zur Welt, als Tochter von Pepi Langer, geborene Zimmering und von Moses Langer. Ihre Eltern stammten aus jüdischen Familien, die am Ende des 19. Jahrhunderts aus der Ukraine vor den osteuropäischen Pogromen nach Deutschland geflohen waren. Ihre Mutter, Pepi Langer, hatte noch drei Geschwister. Auch sie lebten schon in Leas Kinderzeit in Dresden. Zu ihnen, den Familien Zimmering, Goldhammer und Dankner, hatte das Mädchen schon sehr früh engen Kontakt. Ihre eigenen Eltern hatten es mit einem Kleider- und Möbelgeschäft zu mittlerem Wohlstand gebracht. Die frühen Kinderjahre erlebte Lea Langer in der Grünen Straße, in unmittelbarer Nähe vom Dresdner Stadtzentrum. Über ihre frühesten Erinnerungen schrieb sie: *Ich konnte erst mit drei Jahren laufen, denn ich hatte die englische Krankheit und Beine so krumm wie Türkensäbel.* [1] Sie hatte zwei Schwestern, Klara und Marie. Klara starb mit fünfzehn Jahren an Diphtherie.

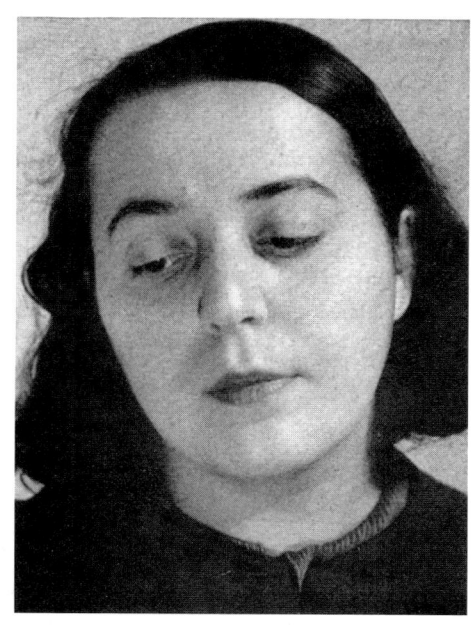

Lea Grundig
(Im Tal des Todes, Sachsenverlag, Dresden 1947)

In einer Zeit des zunehmend öffentlich formulierten und politisch formierten Antisemitismus - Sachsen gehörte neben Berlin zum Zentrum dieser Entwicklung - erlebte Lea Langer in der eigenen Familie die jüdischen Feiertage und Bräuche, von denen sie einige, wie Pessach und Jom Kippur, in ihren autobiographischen Erinnerungen viele Jahrzehnte später ebenso beschrieb wie beispielsweise ein deutsches Weihnachtsfest bei Verwandten. Später hatte sie ein wechselhaftes und manchmal auch kritisches Verhältnis zu ihrem Judentum. Ihre jüdischen Wurzeln begleiteten sie und ihre Kunst trotzdem zeitlebens, sowohl in den Jahren der Verfolgung als auch danach.

Ausführlich schilderte Lea Grundig in ihrer Autobiographie auch das alte Dresden ihrer Kindheit und Jugend: *Wir wohnten jetzt in der Frauenstraße. Von meinem Zimmerfenster aus sah ich den großen mächtig gewölbten Körper der Frauenkirche... Ich kannte jeden Winkel dort. Es war das alte, schöne, strahlende und verborgene Herz meiner Heimatstadt.* [1]

Schon als Kind beschloß sie, Malerin zu werden: *Ich malte leidenschaftlich. Alles malte ich voll, jedes Stückchen Papier und die Bücher, die ich noch nicht lesen konnte. Natürlich waren es Menschen.* [2] Doch diese Neigung wurde vor allem vom Vater nicht geschätzt. Wie so oft in ihrer Jugend war es nur die geliebte Mutter, die sie unterstützte und tröstend von einem Künstleronkel im fernen Kolomea erzählte, der

Thoraschreiber gewesen sei und dort unermüdlich die Straßen und Häuser des Städtchens aufs Papier gebracht habe.

Im Laufe der Schuljahre wurde ihr das familiäre Leben zu eng. Sie nahm aufmerksam teil an den politischen Ereignissen der Zeit und wurde bald Mitglied in der zionistischen Jugendorganisation »Blau-Weiß«.

Nach Beendigung der 10. Klasse verließ Lea Langer die Schule. Zwar besuchte sie auf Wunsch des Vaters für kurze Zeit die Handelsschule – aber so schrieb sie später: *Mein Kopf war einfach immun gegen jede Infektion von Buchhaltung, Steno und Handelslehre.* [1] Mit Unterstützung der Mutter konnte sie endlich doch Schülerin der Dresdner Kunstgewerbeschule werden. 1924 wurde sie an der Dresdner Kunstakademie als Studentin aufgenommen. Dort begegnete sie Hans Grundig. Ihre Liebe stieß auf den hartnäckigen Widerstand des Vaters. Trotzdem heirateten die beiden 1928 und zogen in die Melanchthonstraße 14. Diese Straße gehört noch heute zur Äußeren Neustadt. *Weder mein Vater noch meine Schwester haben ihren Fuß in meine Wohnung in der Melanchthonstraße 14, 4. Stock gesetzt. Aber meine Mutter, schwer herzleidend, schleppte sich die 4 Stockwerke hinauf in meine kleine Dachbehausung... Sie allein hielt zu mir, half mir, achtete meine Liebe zu Hans und hatte ihn sehr gern.* [1] Der Tod der Mutter 1930 war für Lea Grundig ein schwerer Verlust.

Ihre Wohnung in der Dresdner Neustadt schilderte sie in ihren Erinnerungen: *Das war die billigste Wohneinheit in den großen Mietskasernen. Wir wohnten ganz oben unterm Dach... Aus den Fenstern guckte man in einen kahlen Hof, wieder auf Fenster einer gleichen Mietskaserne, und nur durch das Treppenfenster dieser Hausfront erblickte man den Himmel und ahnte die Elbe.* [1]

Lea und Hans Grundig gehörten in dieser Zeit schon der »Assoziation Revolutionärer Bildender Künstler Deutschlands« (»ASSO«) an und waren in die Kommunistische Partei eingetreten. Lea arbeitete in der Frauenabteilung und kämpfte dort gegen den § 218 StGB, hielt Vorträge und brachte mit einem Theaterstück den Protest gegen Armut und Ausbeutung zum Ausdruck. In ihrer kleinen Wohnung fanden die Proben statt. *Das waren Schauspielerinnen des großen Theaters ›Not‹ genannt, und das Leben selbst hatte ihre Texte verfaßt,* [1] schrieb sie über die Frauen, mit denen sie hier zusammenarbeitete.

Anfang der dreißiger Jahre zogen Lea und Hans Grundig in die Ostbahnstraße um, die Straße der Künstlerinnen und Künstler. Die Häuser dieser Straße wurden während des Bombenangriffs auf Dresden am 13./14. Februar 1945 völlig zerstört. Sie lag in einer Armeleutegegend, direkt an den Gleisen der Eisenbahn, in der Nähe des Dresdner Hauptbahnhofs, wo ein Atelier gerade noch bezahlbar war. Beide waren nun sowohl politisch als auch künstlerisch sehr aktiv. Lea Grundig schuf in diesen Jahren wichtige Graphikzyklen und –folgen: »Frauenleben«, »Unterm Hakenkreuz«, »Der Jude ist schuld« und »Der Krieg droht«. Alle Radierungen sprechen eine Sprache, die protestiert, gegen den Nationalsozialismus und gegen die erschütternde Armut, gegen die soziale Ungerechtigkeit der Zeit.

In den Blättern »Frauenleben« gelingt es ihr nicht nur, die realen Nöte der Frauen darzustellen, sondern auch die Verlogenheit der Nazipropaganda, das Ideal vom Glück der Frau »als deutsche Mutter im trauten Heim« als Trugbild zu entlarven. In ihrem Zyklus »Der Jude ist schuld« wird neben der künstlerischen Verarbeitung der damals allgegenwärtigen Judenverfolgung im nationalsozialistischen Deutschland auch der Rückbezug auf frühere Darstellungen antisemitischer Pogrome deutlich. Diese waren nach der Jahrhundertwende zu einem häufigen Bildthema jüdischer Künstler geworden. Hans Grundig schrieb in seinem autobiographischen Buch »Zwischen Karneval und Aschermittwoch« über jene ersten Jahre nach 1933: *Viele unserer ehemaligen Freunde und Kollegen vermieden jetzt, mit uns zusammen zu kommen. Es war wohl die Angst, sich mit Lea und mir zu kompromittieren.* [2] Doch einige Freundschaften bewährten sich, so zum Beispiel die mit der Tänzerin Dore Hoyer. Dazu erzählte Lea: *Als ich Dore zum ersten Male tanzen sah, blieb mir der Atem weg... Niemals vorher hatte ich Tänze gesehen, die so tief und ergreifend, so wild und herrlich waren. Dann begegneten wir uns und sie wurde unsere Freundin. ... Dore Hoyer stammte aus dem »Hecht«, dem Arbeiterviertel in der Dresdner Neustadt... Als ich im Gefängnis saß, schrieb sie mir Briefe der liebevollen Freundschaft. Dafür mußte sie zur Gestapo.* [1]

Nach einer ersten Verhaftung 1936 saß Lea Grundig von Mai 1938 bis Dezember 1939 im Dresdner Gefängnis am Münchner Platz, eingesperrt als Jüdin, als Kommunistin und als »entartete Künstlerin«. Auch ihren Mann und ihren Vater hatte die Gestapo gefangengenommen und wiederholt verhört. Hans Grundig wurde 1940 in das Konzentrationslager Sachsenhausen eingewiesen und 1944 von dort aus zur Wehrmacht (Strafbataillon) eingezogen. Hier lief er zur Roten Armee über und lebte bis 1945/1946 in der Sowjetunion. Leas Vater, Moses Langer, konnte mit ihrer Schwester Marie nach Palästina auswandern. Lea selbst wurde im Dezember 1939 unter der Bedingung entlassen, Deutschland sofort zu verlassen. Mit Hilfe der Jüdischen Gemeinde Dresden konnte sie sich in Richtung Palästina auf den Weg machen. Doch ihre Emigration wurde eine langsame und mühsame Reise. Über Wien nach Bratislava kam sie in ein Lager für Jüdinnen und Juden, die vor der Gewalt des Faschismus gerettet werden sollten. Erst im August 1940 konnte die Überfahrt auf einem uralten Schiff beginnen. Fünf weitere Monate brauchte diese »Barke Dantes«, bis sie vor Haifa ankam und unterging. Als Schiffbrüchige kam Lea Grundig ins »gelobte Land«, das mit Stacheldrahtzaun auf die Flüchtlinge wartete. Sie lebte acht Monate im englischen Lager, bis sie endlich als illegale Einwanderin entlassen wurde. In diesen Lagermonaten zeichnete sie unablässig, die Gesichter und Gestalten der Menschen, die Ängste und Hoffnungen der Auswanderer, die auch ihre eigenen waren.

Hier entstand auch der Zyklus »Im Tal des Todes«. Diese Tuschzeichnungen sind Lea Grundigs Auseinandersetzung mit dem Holocaust. Auch die Zyklen »Niemals wieder!«, »Ghetto« und »Ghettowiderstand« gehören in diesen Themenkreis. Die damals entstandenen Zeichnungen hatten große Wirkung, in Palästina selbst, aber auch für Künstler im europäischen Exil. So schrieb Oskar Kokoschka in der »Freien Tribüne« vom Juli 1945 über »In the Valley of Slaughter«: *Aus Palästina kommt uns ein Buch mit Zeichnungen, die unter*

Flüchtlinge
(Im Tal des Todes, Sachsenverlag, Dresden 1947)

dem Eindruck der Judenverfolgung in Deutschland erschienen sind. In diese Welt hin-
ausschreiend wie nur die expressionistische Kunst in Deutschland es tat, bevor sie ge-
bannt ward. [3] Noch vor ihrer Rückkehr nach Dresden erschien dieser Band unter
dem Titel »Im Tal des Todes« zusammen mit Texten von Kurt Liebmann im Sachsenverlag Dresden.
Neben den hochaktuellen Themen entdeckte Lea Grundig in Palästina, lebte sie hier
doch eine Zeit lang in relativer Sicherheit, für sich das Motiv der Landschaft. Es war
ein Motiv, das sie im Laufe ihres Lebens immer wieder suchen wird als eine Art
Selbsthilfe zur inneren Ruhe.

Erst 1949 kehrte sie nach langen Mühen und auf halb legalen Wegen nach Dresden
und zu Hans Grundig zurück. Noch neun Jahre konnten sie zusammen leben und
wirken, sowohl künstlerisch als auch politisch. Dann starb Hans Grundig 1958. Er war
bereits mit einer Tuberkulose nach Dresden zurückgekehrt. Lea Grundig selbst wurde
1949 zur ersten Professorin für Graphik und Malerei mit eigenem Lehrstuhl an der
Hochschule für Bildende Künste Dresden berufen. Zwischen 1951 und 1970/1971
entstanden zahlreiche Radierungszyklen, so unter anderem »Zum deutschen Bauern-
krieg«, »Kampf dem Atomtod«, »Fragen und Mahnungen« und Illustrationen zu Grimms
Märchen. Für ihre künstlerische Arbeit erhielt sie mehrere hohe Auszeichnungen.
Teile ihres künstlerischen Werkes befinden sich heute im Dresdner Kupferstichkabinett,
in der Berliner Akademie der Künste und in der »Ladengalerie« am Berliner Kurfürsten-
damm.

In ihren letzten Lebensjahrzehnten wurde sie Ordentliches Mitglied der Deutschen
Akademie der Künste und stand über zehn Jahre dem »Verband Bildender Künstler« in
der DDR vor. Daneben nahm sie auch zahlreiche hohe politische Funktionen wahr.
Nach ihrem Tod am 10. Oktober 1977 während einer Mittelmeerreise wurden in offiziellen Erklärungen vor allem diese Seiten ihres künstlerischen und politischen Lebens
gewürdigt.
Heute wird um das Wirken und die Wirkung von Lea Grundig gestritten. Es gibt
Versuche, sie zu ignorieren; es gibt Bemühungen, sie unter heutigen Bedingungen
neu zu entdecken: *Leben und Werk von Lea Grundig sind für die Geschichte der Juden
in Deutschland, die Geschichte der Arbeiterbewegung, den Krieg im zwanzigsten Jahrhundert, den Holocaust und die Geschichte der DDR ein einzigartiges Beispiel, auch
wenn dies zur Zeit in Deutschland noch nicht erkannt ist.* [3]

Literatur / Quellen

[1]   Lea Grundig: Gesichte und Geschichte, Berlin 1974
[2]   Hans Grundig: Zwischen Karneval und Aschermittwoch. Erinnerungen eines
      Malers, Berlin 1969
[3]   Lea Grundig. Jüdin Kommunistin Graphikerin. Katalog anläßlich der Ausstellungen:
      Ladengalerie, Berlin vom 27. September bis 23. November 1996; Galerie St. Etienne,
      New York City, März bis Mai 1997
[4]   Erhard Frommhold: Die Zeichnungen Lea Grundigs als Zeugnis gegen die Barbarei,
      in: Dresdner Hefte Nr. 45, 1/1996

»Sie aber werden uns nicht entwischen!« -

Elfriede Scholz geb. Remark

Die am 25. März 1903 als viertes und jüngstes Kind des Buchdruckers Peter Franz Remark in Osnabrück geborene Elfriede Maria Remark besuchte die dortige Bürger-schule und arbeitete nach dem Tod der Mutter Anna Maria - das Mädchen war gerade 14 Jahre alt - in verschiedenen deutschen Städten und in Holland als Dienstmädchen. Seit einer Erkrankung an Knochenerweichung und pernitiöser Anämie war sie zeitle-bens von teuren Medikamenten und Spritzen abhängig. Sie lernte Schneiderin und legte ihre Gesellenprüfung mit »sehr gut« ab. Mit 20 Jahren wurde sie unehelich schwanger und trug die Tochter aus, das kleine Mädchen starb aber an Herzschwäche. Sie lebte danach in Leipzig und Berlin, wo sie in Modesalons arbeitete. Ihren Bruder Erich Maria sah sie vor seiner Emigration in die Schweiz 1930 zum letzten Mal.

Ganz sicher war die bereits vorgestellte Europäische Modenakademie ausschlaggebend für ihren Entschluß, 1929 nach Dresden zu ziehen. So ließ sie sich denn auch zur Untermiete in der Nähe nieder: beim Schneidermeister Malschewski in der Bautzner Straße 52, wo sie auch arbeitete. Im Jahr darauf lernte sie im berühmten Künstlertreff bei »Witwe Zuntz« auf der Prager Straße den Maler Max Rosenlöcher kennen, der sie Adrienne nannte. In seinem Atelier am Sedanplatz 7 saß sie ihm für ein Ölgemälde Porträt. *Wir besuchten Paluccas Tanzabende,* erinnerte er sich, *die berühmt-begehrten Gauklerfeste,... machten Ferien an der Elbe, in Zeichen, verkauften das Bild dem Wirt und wohnten seinen Preis ab... Es muß 1933 gewesen sein, als wir uns trennten.* [1] Kurz darauf heiratete sie den Kaufmann Paul Wilke, mit dem sie auch nach der Schei-dung Mitte der 30er Jahre freundschaftlich verbunden blieb. Elfriede Wilke absolvierte nun die Meisterprüfung - sicher an der Europäischen Modenakademie - und machte sich selbständig. Sie wohnte zur Untermiete bei Frau Antonie Wentzel in der Langemarckstraße 42 (heutige Bergstraße) und lebte mit dem Cellisten der Dresdner Philharmonie Heinz Scholz zusammen, den sie nach seiner Einberufung 1941 heiratete.

Sie war eine vorzügliche Schneidermeisterin, die in diesen Mangelzeiten (Anfang des Krieges) auch gebrauchten Kleidungsstücken wieder Pfiff gab. [1] Elfriede Scholz konnte mit ihrem gutgehenden Geschäft die Wohnung schön einrichten und sogar etwas sparen, bekam sicher auch ab und zu einige Lebensmittel von ihren Kundinnen, unter denen auch etliche Offiziersfrauen und ihre Freundin Monica Gräfin Finck von Finckenstein waren. Das weckte den Neid ihrer Wirtin.

Eine von Elfriedes Freundinnen, die noch sehr junge Ingeborg Rietzel, ließ schon jahrelang bei ihr schneidern. Bei den Anproben und gegenseitigen Besuchen kam es zu allerlei Gesprächen. Dabei nahm die Schwester von Erich Maria Remarque kein Blatt vor den Mund. Schließlich hatte sie im Ausland gelebt und konnte die plötzlich zu Feinden erklärten anderen Völker nicht als solche empfinden: *Wenn die Feinde herein kommen, wird es gar nicht so schlimm werden. Die sind viel besser, als uns immer gesagt wird, und Deutschland ist durch eigene Schuld in der ganzen Welt so verhaßt.* [2] Als 1943 bei einem Angriff der Alliierten auf Hamburg auch die Verwandten ihres Mannes betroffen waren, machte sie sich gegenüber der Freundin Luft: *Will dieser Idiot etwa noch all unsere Städte kaputtwerfen lassen, ehe er Frieden macht?* [2] Wie so viele andere auch, glaubte sie nicht mehr an Hitlers »Endsieg«, sondern sah nur das sinnlose Morden. Da war sie aber an die Richtige geraten! Die fanatische National-sozialistin hielt, ebenso wie ihr Mann, Hauptmann Rietzel, die Bombenschäden der Hamburger Verwandten für eine Bagatelle. Woraufhin Elfriede Scholz vermutlich die Fassung verlor: *Die ganzen Leute, die zur Front kommen, sind doch nur Schlachtvieh, die er alle auf dem Gewissen hat. Wenn mir die Gelegenheit geboten würde, dann würde ich ihm selbst eine Kugel durch den Kopf jagen.* [2] So jedenfalls gab die Denunziantin Ingeborg Rietzel die Äußerungen Elfriedes zu Protokoll, woraufhin diese im August verhaftet wurde.

Adrienne Remarque, Gemälde von Max Rosenlöcher, 1930
(Erich-Maria-Remarque-Archiv, Osnabrück)

Während Elfriede Scholz zwei Monate lang, nur mit einem dünnen Sommerkleidchen und Sandalen bekleidet, in der Untersuchungshaft in Dresden und kurz darauf im Berliner Frauengefängnis Barnimstraße fror und ihre persönlichen Briefe an die Schwe-ster wochenlang zurückgehalten wurden, stahl ihre Wirtin Stoffe und Eier aus der versiegelten Wohnung Elfriedes.

Der Volksgerichtshof machte ihr im Oktober den Prozeß, auf dem der berüchtigte Roland Freisler skandierte: *Ihr Bruder ist uns leider entwischt. Sie aber werden uns nicht entwischen!* [1] Ruhig und gelassen nahm sie die Beschimpfungen und die Urteils-verkündung hin. Den »deutschen« Gruß, den alle im Gerichtssaal Anwesenden entbieten mußten, verweigerte Elfriede Scholz. Sie wurde wegen Wehrkraftzersetzung (!) zum Tode verurteilt, und das aufgrund der Aussagen zweier nichtvereidigter Zeuginnen - der neidischen Wirtin und der fanatischen »Freundin«. Die gegenteiligen Aussagen der knapp einhundert vernommenen Kundinnen hatten kein Gewicht. Alle Rettungsversuche seitens ihrer Schwester Erna Brames, die die Rechtsanwältin Dr. Schmelzeisen-Servaes zu zwei Gnadengesuchen bewegte, und durch ihre Freundin Gräfin Finckenstein von Schloß Niederschönbrunn bei Görlitz konnten den Justizmord nicht aufhalten. Letztere hatte sich an Professor Rainer Fetscher gewandt, der vielen Verfolgten hatte helfen können, und ihre persönlichen Verbindungen zu einer Vertrauten Hitlers genutzt. Vergeblich. Am 16. Dezember 1943 wurde Elfriede Scholz in Berlin-Plötzensee mit dem Fallbeil hingerichtet. Gefängnispfarrer Buchholz berichtete über die Katholikin, daß sie *ihr Schicksal mit seltener Tapferkeit ... trug*. [2]

Elfriede Scholz starb aber nicht wegen ihrer Verwandschaft zu Remarque, sondern wegen der beteiligten Personen, wegen der Gier, der Dummheit und der Angst, wegen des Fanatismus, der Diensteifrigkeit, Gleichgültigkeit und des fehlenden Bewußtseins der Mehrzahl der Beteiligten, etwas Unrechtes zu tun. [2] Ihrer Schwester wurde der persönliche Nachlaß Elfriedes erst nach Bezahlung der etwa 500 Mark Haft- und Hinrichtungskosten ausgehändigt.

Die Denunziantin Rietzel kam beim Luftangriff auf Dresden ums Leben. Die Hinrichtung von Elfriede Scholz fand erstmals 1947 im Berliner Blatt »Der Telegraf« Erwähnung. Frau Wentzel wurde in der DDR 1950 vor Gericht gestellt und zu 5 Jahren Zuchthaus, 10 Jahren Sühnemaßnahmen und Einziehung des Vermögens verurteilt. In diesem Jahr erbot sich der ehemalige Gestapo-Spitzel Egon-Arthur Schmidt, der inzwischen als Lektor in Heidelberg arbeitete, Erich Maria Remarque Informationen über den Prozeß gegen seine Schwester zukommen zu lassen. In der ersten deutschen Ausgabe von Remarques Roman »Der Funke Leben« unterschlug der westdeutsche Verlag Kiepenheuer & Witsch die Widmung für seine Schwester Elfriede. 1968 wurde in einem abgelegenen Neubaugebiet Osnabrücks eine Straße nach Elfriede Scholz benannt, nachdem die Ehrung ihres berühmten Bruders daran gescheitert war, daß er noch lebte. Die Generalstaatsanwaltschaft beim Kammergericht Berlin / West stellte 1970 die Ermittlungen gegen die Mörder ein, der noch lebende Laienrichter SA-Obergruppenführer Lasch wurde nicht einmal befragt. Der ehemalige Erste Staatsanwalt und Betreiber des Falles Karl-Heinz Domann blieb in der Nachkriegsjustiz in Berlin/West im Amt. 1997 wurde eine Wanderausstellung des Erich-Maria-Remarque-Archivs in der Gedenkstätte am Münchner Platz in Dresden gezeigt.

Literatur / Quellen

[1] Hans-Jürgen Sarfert: In Dresden denunziert: Elfriede Scholz, Schwester von Erich Maria Remarque, in: Dresdner Hefte 35, 1993
[2] Claudia Glunz/Thomas F. Schneider (Hrsg.): Elfriede Scholz, geb. Remark: Im Namen des deutschen Volkes. Dokumente einer justitiellen Ermordung, Osnabrück 1997

Buchhandlung Nestler - illegaler Treffpunkt

Am 13.1.1896 wurde die Tochter Elfriede des Sandunternehmers Clauß im Waldschlößchen auf der Radeberger Straße 60 geboren. In der Wandervogelbewegung lernte die junge Frau aus bürgerlichem Hause den wenige Monate jüngeren Buchhändlerssohn Arthur Nestler kennen und lieben. Dieser war in der Alaunstraße aufgewachsen, wo er noch den letzten König beim Ritt zu der auf dem Alaunplatz stattfindenden Parade beobachtet hatte. Dorthin war er auch 1915 zur Einberufung geeilt, *um das Vaterland zu retten.* [3] Zurückgekehrt sah er die Welt mit anderen Augen.

Elfriede Nestler
(Archiv Christa Nestler, Dresden)

Arthurs Bruder Bruno war Lehrer an der Neustädter Höheren Mädchenschule in der Weintraubenstraße, daher kam der Vater Wilhelm auf die Idee, sein Geschäft an die Bautzner Straße 27/Ecke Rothenburger Straße zu verlegen und es auf Lehrbücher und Schulliteratur zu spezialisieren. Hier führte der bei seinem Vater angestellte Arthur Nestler Diskussionen mit Lehrern und Künstlern, die ihn davon überzeugten, die MASCH (Marxistische Arbeiterschule) auf der Marienallee bzw. im »Körnergarten« auf der Großen Meißner Straße zu besuchen. 1922 heirateten Elfriede Clauß und Arthur Nestler, zogen in die Kamenzer Straße 38 und nach dem Zweiten Weltkrieg in die Schwepnitzer Straße 2. Die Jungvermählten waren geistig rege und interessiert an den Reformgedanken jener Zeit des Aufbruchs. Sie traten der Gesellschaft der Freunde des neuen Rußland und dem Bund Entschiedener Schulreformer bei. 1928 übernahm Arthur Nestler das Geschäft seines Vaters und Elfriede Nestler die Geschäftsführung, denn er war viel unterwegs, um Ankäufe zu tätigen.

Die beiden Buchhändler sympathisierten mit linken Kreisen und traten der Internationalen Arbeiterhilfe bei. In der Zeit des aufkommenden Faschismus sammelte Elfriede Nestler Spenden für Angehörige von Verhafteten. Statt 1932 in die KPD einzutreten, folgten sie dem Ratschlag von Freunden, parteilos zu bleiben, um sich und andere so besser schützen zu können. Bei einer 1933 von der SA durchgeführten Hausdurchsuchung polterte der ganze Trupp auf der Suche nach marxistischen Schriften in den Keller. Die unter Altpapier und Gerümpel versteckten Bücherkisten fanden sie aber wie durch ein Wunder nicht. Die Geschäftsführerin war mit einem Wachposten im Geschäft zurückgeblieben. Als sie nun begann, das Eisenöfchen im Kontor mit merkwürdig viel Papier zu füttern, schaute der ehemalige SPD-Genosse demonstrativ weg.

1935 wurde den Dresdner Lehrern das Betreten des Ladens verboten, jedoch nicht alle hielten sich daran. Auch die Behördenbelieferungen mußten eingestellt werden. Indem die Nestlers ihr Geschäft nun als Wehrmachtsbuchhandlung tarnten und dadurch z.B. auch an geheime Heeresdienstvorschriften gelangten, schufen sie für Widerstandskämpfer die Möglichkeit, sich hier unauffällig zu treffen. Eva Schulze-Knabe und ihr Mann Fritz, Lea und Hans Grundig, Anni Sindermann, Elisabeth Lynhard, Else

Buchhandlung Nestler – illegaler Treffpunkt

mußte sich auf die Illegalität vorbereiten und brauchte Sympathisierende, die im Hintergrund blieben. Nestlers nahmen den Auftrag: ‚Im Falle der Illegalität bleibt die Buchhandlung Anlaufstelle der Partei und Vermittlungsstelle der Literatur der IAH' an.

Trotz aller Vorsichtsmaßnahmen gerieten Nestlers bald in den Verdacht, Verbindungen zu Linkskreisen zu haben. Eine Durchsuchung der Buchhandlung durch die SA im Jahre 1933 brachte den Nazis jedoch nicht die gewünschten Ergebnisse; den Besitzern war keine antifaschistische Tätigkeit nachzuweisen.

Den Dresdner Lehrern wurde 1935 das Betreten des Ladens verboten und Nestlers die Bücherlieferungen an Behörden entzogen. Das Verbot wurde von den Lehrern nur zum Teil befolgt. Nestlers stellten dann die Buchhandlung – mit Zustimmung der Genossen – zu einer Wehrmachtsbuchhandlung um. Genosse Herbert Gute schuf dafür das

Buchhandlung Nestler
(Sächsische Zeitung vom 7.7.1978)

und Kurt Frölich u.a. gingen hier ein und aus. Elsa Eisold war als Buchhalterin bei Nestlers angestellt, als man sie 1940 im Laden verhaftete. Die Hauptkassiererin der Internationalen Arbeiterhilfe in Dresden-Neustadt wohnte damals auf der Sebnitzer Straße und war für Widerstandskämpfer ein zuverlässiger Anlaufpunkt. Sie gab illegale Schriften weiter, darunter das Braunbuch über die Hintergründe des Reichstagsbrandes. Ihr Name war von einem verhafteten Genossen unter der Folter erpreßt worden. Sie kam ins Frauen-Konzentrationslager Ravensbrück.

In der Bautzner Straße 27 fiel ein Schwatz im Hausflur nicht auf, denn durch die im Haus befindlichen beiden Arztpraxen und die Neustädter AOK-Stelle herrschte hier immer reges Begängnis. Außerdem hatte der Buchladen Hintertüren zum Hof hinaus. Hier wurde Geld für die Spanienkämpfer und für die Familien eingekerkerter Freunde gesammelt. Länger vor den Bücherregalen verweilende einzelne Besucher ließen unbemerkt kleine Zettel in den Büchern verschwinden und fanden andererseits darin »zufällig« geheime Nachrichten oder Aufträge. Zwölf Jahre lang stand die Buchhandlung unter Beobachtung der Gestapo, nie konnte sie den Nestlers etwas nachweisen. Immer wieder wurde Elfriede Nestler zum Verhör in die zentrale Gestapo-Dienststelle auf der Reichsstraße bestellt, immer wieder konnte sie sich herausreden.

Arthur Nestler wurde noch im April 1945 nach Böhmen eingezogen, konnte von dort aber fliehen. Auch Elsa Eisold war Ende April die Flucht gemeinsam mit Olga Körner gelungen. Kaum angelangt in Dresden, baute sie gemeinsam mit den Nestlers in der Bautzner Straße 27 die Dresdner Anlaufstelle für die Opfer des Faschismus auf. Im daraus entstandenen Ortsausschuß in der Bautzner Straße 2 arbeitete sie bis zu ihrem Tode weiter. Elsa Eisold starb Anfang der 50er Jahre in ihrer Wohnung auf der Timaeusstraße 3 an den Folgen der Haft.

Die Nestlers zählten zu den Mitbegründern der neuen Volkshochschule nach dem Krieg. 1945 stellten sie dafür einen ihrer Geschäftsräume mietfrei zur Verfügung. Sie streckten Privatmittel zum Ankauf von Schulbüchern vor, und die SED wartete ab, bis die private

Buchhandlung Konkurs anmelden mußte. So wurde sie dem Volksbuchhandel »einverleibt« und die Nestlers dort als Angestellte weiterbeschäftigt. Elfriede Nestler leitete die Filiale Wissenschaft und Technik. Am 1. Februar 1972 starb sie im Alter von 76 Jahren.

Arthur Nestler als Mitbegründer des Dresdner Antiquariats leitete die Filiale auf der Rothenburger Straße und später bis zu seinem 75. Lebensjahr wieder »sein« Geschäft auf der Bautzner Straße 27. Mit 77 Jahren heiratete er die 1922 geborene Instrumentallehrerin Christa Grundig. Er starb am 28.4.1997 - ein halbes Jahr nach seinem hundertsten Geburtstag.

Literatur / Quellen

[1]   Interviews mit Artur Nestler 1995 und Christa Nestler 1997
[2]   Sächsische Zeitung vom 7.7.1978, Beilage
[3]   Sächsische Zeitung vom 12.5.1995, Beilage

»Und dann kam schonungslos ihre Meinung« -

Eva Schulze-Knabe

Die am 11. Mai 1907 in Pirna geborene Tochter des Bankbeamten Paul Knabe besuchte nach dem Umzug der Eltern 1914 nach Leipzig die dortige höhere Mädchenschule. Bald schon zeigte sich ihr Talent. Sie malte ihre Lieblingstiere in starken kontrastreichen Farben, so z.B. eine gelbe Katze, oder sie porträtierte ihre kostümierten Freundinnen in den von ihr entworfenen dramatischen Darstellungen bei Schulfesten. *In dieser Zeit wäre ich lieber ein Junge gewesen, denn ein Mädchen hat es immer schwerer.* [5] Sie nahm privat Zeichenstunden und bestand mit 17 Jahren auf Anhieb die Aufnahmeprüfung an der Akademie für Graphik und Buchgewerbe Leipzig, wo sie Fritz Schulze begegnete. Die beiden wurden unzertrennlich, malten zusammen und wanderten in ihren Ferien gemeinsam per pedes, mit Rad oder Kanu durch Finnland, Spanien oder Dalmatien, durch Polen, Böhmen, Tirol, waren an der Ostsee, in den Alpen und im Riesengebirge unterwegs, immer mit Malzeug und guter Laune ausgestattet. *Zwei hochbeinige, blonde, ernsthafte Kinder waren sie, richtige Windjackenindianer.* [1]

1926 wechselten sie an die Dresdner Kunstakademie. Als Studenten von Dorsch und Feldbauer lernten Eva Knabe und Fritz Schulze bald die Dresdner Sezessionisten kennen und traten der von den befreundeten Grundigs, Herbert Gute, Eugen Hoffmann u.a. gegründeten ASSO bei. Eva Knabe wurde Meisterschülerin bei Robert Sterl und Otto Dix. Dabei gewann sie bald ihre eigene Ausdrucksform, die weniger von ihren Lehrern als von den jungen Expressionisten beeinflußt war. Charakteristisch für sie und ihren Stil waren klare, eindeutige, farbkräftige, konstruktive Zeichnungen von einer fast spröden Herbheit. In ihren Selbstporträts fällt *fast immer ein herber, knabenhafter, manchmal auch kritisch-prüfender Zug auf. Ihre Augen können fragen, klagen, anklagen, können traurig, forschend, aber auch müde und abgespannt auf den*

Betrachter blicken... Aber nie werden wir sie auf diesen Bildern lachen sehen, obwohl sie sich doch so sehr und auch über Kleinigkeiten freuen kann. Sie sagte einmal, daß sie sich selbst gegenüber am kritischsten sei... Nie war sie mit sich zufrieden, immer strebte sie nach Besserem. [5] Aus Geldmangel, ihr monatliches Einkommen betrug 50 Mark, aber vor allem aus Interesse nahm sie Arbeitslose von der Maternistraße als Modelle. Die impulsive, unbequeme junge Frau verfolgte mit wachen Sinnen die politische Entwicklung und stellte Flugblätter her, sie fertigte Graphiken für die Rote Hilfe an und verteilte Zeitungen.

Eva Knabe und Fritz Schulze richteten sich auf dem Hohen Stein ein Gemeinschaftsatelier ein, traten 1931 in die KPD ein und heirateten. In diesem so glücklichen Jahr entdeckte sie die Landschaft für sich, besonders die Lößnitz inspirierte sie. Auch finanziell ging es ihr besser. Sie erhielt den Kunstpreis der Stadt Dresden, der mit 1.200 Mark dotiert war. Doch schon ein Jahr später trat die künstlerische Arbeit zugunsten der politischen in den Hintergrund, das Künstlerehepaar malte Plakate, gestaltete Versammlungsräume aus, zeichnete für die Zeitung »Stoß von links«.
1933 floh das kämpferische Paar mit dem Fahrrad nach Leipzig und tauchte dort ein halbes Jahr unter, wurde aber verhaftet, als es sich naiverweise polizeilich anmelden wollte, und ins Dresdner Polizeipräsidium überstellt. Von hier aus brachten die Nazis sie in das KZ Hohnstein. Doch die beiden »Windjackenindianer« hatten Glück: eine geschickte Verteidigung erwirkte im folgenden Jahr den Freispruch.

Sie zogen wieder in ihr Atelier, lebten von Dekorations- und Werbemalerei und arbeiteten weiter in der Illegalität. Eva Schulze-Knabe und ihr Mann sammelten Geld für Spanien, hörten ausländische Sender und brachten über dem Plauenschen Grund Losungen an, die nur unter Polizeigroßeinsatz und Stromabschaltung abgenommen werden konnten. Die beiden gehörten zu jenen aktiven Antifaschisten, die sich in der Buchhandlung Nestler auf der Bautzner Straße heimlich trafen. Eva Schulze-Knabe und Elfriede Nestler waren befreundet. Die Buchhändlerin beauftragte die in Geldnöten schwebende Malerin mit einem Bild vom Waldschlößchen - ihrem Geburtshaus. Da Eva Schulze-Knabe nicht ausstellen durfte, verkauften Freunde für sie jene Holz- und Linolschnitte, die thematisch unbedenklich waren. Obwohl sie selbst hungerte, spendete sie den Erlös oft an Familien inhaftierter Genossen, die auf das Einkommen des Vaters angewiesen waren. Als Modelle holte sie sich Kinder von der Straße, malte häufig Selbstporträts oder zeichnete ihre Freunde wie Karl Stein oder Hilde Ulbricht.

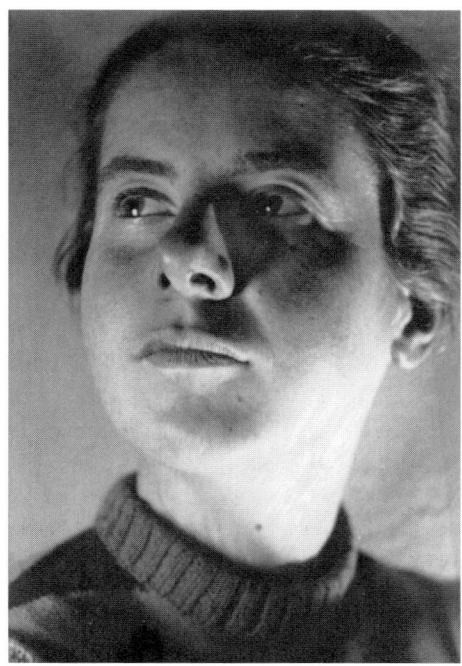

Eva Schulze-Knabe
(Archiv Ernestine Reeckmann, Dresden)

1941 wurde das Malerehepaar zum zweiten Mal verhaftet. Fritz Schulze wurde in Plötzensee hingerichtet. In seinem Abschiedsbrief schrieb er an sie: *Mein lieber, guter Wack! Halte dein Herz fest und sei stark... jetzt wirst du deinen Lebensweg allein weitergehen ... und doch die künstlerische Verpflichtung für zwei in Dir tragen.* [5] Wenige Monate vor seinem Tod hatte er ihr ein Liebesgedicht geschrieben:

An Eva

Ich schenke Dir, ich bin so reich,
Am liebsten wohl den Himmel gleich.
Sei frohgemut und nimm ihn hin
Und setz Dich rein und wohne drin.

Dann schenk ich Dir den Sonnenschein!
Mach auf den Mund und laß ihn rein!
Ich schenke dir vom Mond den Glanz,
Schneid' Dir daraus ein Kleid zum Tanz!

Und von der Sternenschnuppen Schar
Bind Dir den Kranz für Haupt und Haar.
Ich schenke Dir den Frühlingswind,
Er säusle dir ums Ohr gelind!

Ich schenke Dir das Abendrot
Zur Zukost für das Abendbrot,
Ich schenke Dir als Labetrunk
Den Morgentau, so bleibst Du jung.

Die Jahreszahl ich Dir zum Schluß
Als was Besondres schenken muß.
Nimm alles hin, 's ist wohlgewogen,
Und binde drum den Regenbogen. [5]

Eva Knabe
(Archiv Ernestine Reeckmann, Dresden)

Eva kam ins Zuchthaus nach Waldheim, wo sie 1945 von der Roten Armee befreit wurde. Zurückgekehrt nach Dresden traf sie beim Ausschuß Opfer des Faschismus in der Bautzner Straße 2 die Genossin Elsa Eisold aus der Buchhandlung Nestler wieder. Jene half ihr, eine Wohnung und Möbel zu bekommen, da das Atelier zerstört worden war. Im selben Jahr begründete Eva Schulze-Knabe zusammen mit Otto Griebel und Erna Lincke den Verband Bildender Künstler in Dresden. Jahrzehnte rein graphischen Gestaltens lagen hinter ihr - solche schnell und billig herzustellenden Werke waren ja gut verkäuflich gewesen und sollten vor allem leicht zu vervielfältigen und politisch wirksam sein. Allmählich wandte sich die Künstlerin nun wieder der Ölmalerei zu. Vorerst entstanden jedoch ihre Nachkriegsbilder alle in Grau.

Hauptgegenstand ihrer Arbeit wurde jetzt die Suche nach dem Neuen in der von ihr mitkämpften Gesellschaft. Sie fand es im menschlichen Miteinander, das sie in Mimik und Körpersprache der von ihr dargestellten Bergarbeiter, Ausländer, Senioren und Professoren ausdrückte. *Es ging und geht ihr nicht um äußere, sondern um die innere Schönheit, um typische Züge tüchtiger Menschen: um Selbstbewußtsein und Entschlossenheit, um Aktivität im Denken und Handeln, um Aufrichtigkeit.* [2] *Es drängt mich, werktätige Frauen zu malen, weil sie es wert sind, gemalt zu werden. Sie stehen heute »ihren Mann« in tausend Berufen, sie studieren und qualifizieren sich, viele haben dazu noch ihren Haushalt und ihre Kinder zu betreuen, oder sie widmen daneben noch manche Stunde gesellschaftlicher Arbeit. Und sie tun das alles mit Selbstverständlichkeit.* [4] Auf ausdrücklichen Wunsch ihres hingerichteten Mannes suchte sie sich wieder einen Partner. Im Zusammenleben mit dem Malerfreund Eugen Hoffmann brachte sie 1949 ihre Tochter Ernestine zur Welt.

Sie ging unwirsch und mit ihren unverwechselbar eckigen Bewegungen..., als habe ihr jemand etwas schwer Verdauliches zugemutet... Man sah sie irgendwo in der Stadt, per Fahrrad, ... so als seien die Jahre an ihr vorübergegangen. Sie trug die Tjubetejka auf dem Kopf, das gestickte tadshikische Mützchen, das sie sich von einer ihrer Sowjetunionreisen mitgebracht hatte und das eigentlich ihr einziger modischer Luxus war. Denn für Kleidung und Äußeres fehlte ihr ansonsten jegliches Interesse. [5] Die rastlos freischaffende Malerin war, wenn nicht im Künstlerverband oder in ihrem Atelierhaus in der Südvorstadt anzutreffen, wie früher mit ihrem Mann unterwegs auf der Suche nach Motiven. Studienreisen führten sie nach Syrien, Rumänien, Polen, Ungarn und Österreich. Die lebens- und welterfahrene Künstlerin blieb auch in der SED eine kämpferische Genossin und konnte zu vielem nicht einfach widerspruchslos schweigen: *Wie oft stach in Versammlungen ihr Zeigefinger impulsiv in die Luft: gefürchtete Wortmeldung... Und dann kam schonungslos ihre Meinung, vorgetragen in einem Ton, halb erbost und halb gekränkt... fern jeder wohlvorbereiteten Rede,... stets sachlich. Sie fand dazu immer Beifall und Zustimmung.* [5] Die DDR verlieh ihr den Vaterländischen Verdienstorden und den Nationalpreis. 1959 erhielt sie den Martin-Andersen-Nexö-Kunstpreis der Stadt Dresden. Eva Schulze-Knabe starb am 15. Juli 1976. Eine Dresdner Straße wurde nach ihr benannt.

Literatur / Quellen

[1] Auguste Lazar: Eva Schulze-Knabe, in: Ausstellungskatalog Eva Schulze-Knabe, Pillnitz 1961
[2] Artur Dänhardt: Eva Schulze-Knabe, in : Ausstellungskatalog Eva Schulze-Knabe, Dresden 1968
[3] Staatliche Kunstsammlungen Dresden (Hrsg.): Ausstellungskatalog Eva Schulze-Knabe, Dresden 1972
[4] Kunstpreisträger des FDGB, Berlin 1964
[5] Eva-Maria Herkt: Eva Schulze-Knabe - Maler und Werk, Dresden 1977

Die Nothelferinnen

Arbeit in den Kommunalen Frauenausschüssen 1945 - 1947

Zum Ende des Krieges lagen große Teile Dresdens in Trümmern. Die Stadt war voller Flüchtlinge. Hunger und Obdachlosigkeit prägten das Leben. Frauen fanden sich, Flüchtlingen in ihrer größten Not zu helfen, sie richteten Volksküchen her, sorgten für provisorische Unterkünfte und die allmähliche Enttrümmerung der Straßen. Die Bevölkerungsverteilung hatte sich völlig verändert. Dresden-Mitte wies nur noch 1 % der Gesamteinwohnerschaft aus, der Verwaltungsbezirk I, zu dem die Stadtbezirke Trachau, Oppellvorstadt, Neuer Hecht und die Albertstadt gehörten, dagegen 25 %, und die Äußere Neustadt (Verwaltungsbezirk II - zuzüglich Bühlau, Weißer Hirsch und Loschwitz) - beherbergte 15 % der Dresdner. Reichlich 60 % der Ende Dezember 1945 in der Stadt lebenden Menschen waren weiblichen Geschlechts. [1]

Die Kommunalen Frauenausschüsse (KFA) bildeten sich etwa ab dem Frühherbst 1945 heraus, es konnten jedoch keine Hinweise auf die Anfangszeit und die Begründerinnen dieser Strukturen gefunden werden. Mit Ratsbeschluß vom 1.10.1945 wurde der Städtische Frauenausschuß für ganz Dresden im November d.J. gegründet. Er setzte sich aus den *vier führenden Frauen der Blockparteien, zwei Vertreterinnen der Gewerkschaften, Vertreterinnen aus Betrieben und intellektuellen Kreisen* zusammen. [2] Die SMA legalisierte ihrerseits die KFA mittels eines Befehls und nahm, Vorgaben formulierend, die

Stadthaus und Rückseite Großes Haus, Elsa-Fenske-Straße, 1957
(Deutsche Fotothek, Dresden)

Ausschüsse auch für eigene Ziele in Anspruch. [3] Der zentrale KFA erhielt seinen Sitz im Stadthaus in der Theater-, späteren Elsa-Fenske-Straße 13.

Ab Januar 1946 wurden in jedem der sieben Verwaltungsbezirke der Stadt Frauenausschüsse eingerichtet, deren Leitungen ebenso wie jene der in Betrieben und Stadtbezirken neu geschaffenen Unterausschüsse nach obigem Schlüssel zusammengesetzt waren. Ebenso die innerhalb der KFA arbeitenden Kommissionen. Zunächst von den Parteien paritätisch besetzt, entsandte die aus KPD und SPD hervorgegangene SED dann je zwei Frauen in die Führungsgremien und dominierte deren Arbeit zunehmend, zumal auch die 1946 gegründete FDJ nun einen Sitz beanspruchen konnte. Vertreterinnen der Intelligenz hingegen hatten dort keine Stimme mehr. Auch als die KFA in das Dezernat Volksbildung eingegliedert wurden und die Vorsitzenden eine kommunale Anstellung erhielten, änderte sich diese Tendenz nicht. Die Ausschußleiterinnen gehörten zu einem großen Teil der SED an, standen mit ihren Parteizentralen der Verwaltungsbezirke im engen Kontakt und tauschten auch Berichte aus, hatten ihr Büro in einigen Fällen sogar im Parteihause. Sie beklagten sich in ihren Berichten immer häufiger über mangelnde Kooperationsbereitschaft seitens der LDP- und CDU-Frauen, vielleicht Indiz für die um sich greifende Frustration der Vertreterinnen aus den bürgerlichen Parteien.

In einem Schreiben vom 9.11.1946 suchte der Zentrale Frauenausschuß dringend um Hilfe zur Verbesserung der in der »Zentralstelle« katastrophalen Arbeitsbedingungen an - er wandte sich aber nicht etwa an die zuständige kommunale Behörde, sondern zweckmäßigerweise gleich an das Sekretariat des Landesvorstandes der SED: *Die führenden Funktionäre betonen in ihren Referaten immer wieder die Bedeutung der Gewinnung der indifferenten Frauen. Sie sagen uns für diese schwierige Arbeit immer wieder ihre Unterstützung zu.* Gewinnung der indifferenten Frauen müsse auf breitester Basis geschehen und sei ein Schwerpunkt auch der KFA, die das *Sammelbecken für die indifferenten und Frauen der bürgerlichen Parteien* sein wollten. Dies setze aber auch Entfaltungsmöglichkeiten in technischer und organisatorischer Hinsicht voraus, doch die *Zentralstelle arbeitet zur Zeit unter den unmöglichsten Bedingungen.* Vier Mitarbeiterinnen säßen in einem Raum *von 5,5 x 2,5 m im 5. Stockwerk, wo es dauernd hereinregnet und es aus diesem Grunde weder Licht noch Telephon gibt. Außerdem ist dieser kleine, unzulängliche Raum noch Durchgangszimmer für die Nachbardienststelle. Hier müssen auch unsere Sitzungen mit den 7 Bezirksleiterinnen abgehalten werden.* Als Frauenleiterinnen waren z.T. schon in der Vorkriegszeit aktive Politikerinnen wie Klara Noack, Olga Körner, Dorothea Wettengel und Else Eisold tätig. Im KFA des Verwaltungsbezirkes II, der seinen Sitz in der Radeberger Straße 43 hatte, stand Klara Noack dem Arbeitsgebiet Wohnungsamt vor.

Neben der Ernährungsfrage, der Einrichtung und Unterhaltung von Volksküchen, war die Suche nach Wohnraum bzw. ein Unterkommen für die Ausgebombten und die aus Teilen Polens, der Tschechoslowakei und Ostpommerns in die Stadt strömenden Flüchtlinge eine der zentralen Aufgaben der Kommunalen Frauenausschüsse. Sie arbeiteten in Abstimmung mit den Wohnungsämtern und besichtigten in deren Auftrag Wohnraum, ehrenamtlich, neben ihrer Tagesarbeit. Die Besatzungsmacht wies den Städten bestimmte Flüchtlingskontingente zu. Dresden hatte im Frühsommer 1946 über 20.000 Neuankömmlinge zu erwarten. Die Leiterin des KFA des 1. Verwaltungsbezirkes, Frau Lelansky (ausnahmsweise CDU), vermerkte in ihrem Bericht über eine

Energieloses Kochen

Daß man auch ohne Feuer oder Strom das Essen fertigkochen kann, ist für keine Hausfrau etwas Neues. Und trotzdem finden sich in den wenigsten Haushaltungen Kochkisten. Gewiß gibt es keine Wunderkiste, in

der das Essen von allein gar wird. Jedes Gericht muß vorher angekocht und möglichst schnell in die Kochkiste gestellt werden, damit sich die Temperatur von annähernd 100 Grad recht lange hält. Am besten sind Gemüse und Hülsenfrüchte für diese Kochmethode geeignet. Auch dann, wenn man die Kochkiste nicht immer zum Kochen selbst verwenden kann, so spart man doch allein schon Energie, weil man die Möglichkeit hat, das Essen für längere Zeit warmstellen zu können.

Küchentip
(Der Morgen vom 15.10.1947, S. 4)

Kochkistentöpfe

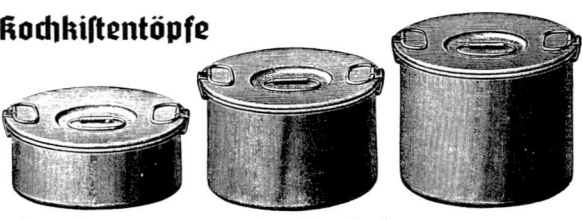

Außen neubraun, innen weiß emailliert, 20 cm Durchmesser
Nr. 4090 = flach   Nr. 4092 = mittelhoch   Nr. 4094 = hoch

Das Gerät dient außerdem zum Kühlhalten von Getränken, zum Beispiel Flaschenbier, Limonaden und dergleichen.

Kochkistentöpfe
(Produktkatalog der Eschebach-Werke 1939)

Besprechung im Wohnungsamt: *Herr Hahn vom Wohnungsamt gab die Aufgaben der Frauenausschüsse bekannt. Er betonte, daß die Frau für die Erfüllung dieser Aufgaben die geeignetere Person sei, da diese über ein besseres Einfühlungsvermögen verfüge. Die Hauptaufgabe ist die Beschaffung von Wohnraum durch Besichtigung von Wohnungen. Dabei sind zuerst solche von ehemaligen Pg* [NSDAP-Mitglieder] *aufzusuchen, die sich bisher einer Zusammenrückung entzogen haben. Aber auch Antifaschisten, die über zu große Wohnungen verfügen, müssen heute zusammenrücken. ... In der Tätigkeit der Frauen sollen diese auch die Böden besichtigen, da oftmals auch hier durch Einbau Wohnraum geschaffen werden kann. Stoßen die Frauen bei ihrer Tätigkeit auf Widerstand der Wohnungsinhaber..., so ist für die Besichtigung eventuell polizeiliche Hilfe in Anspruch zu nehmen. Liegt in einer unterbelegten Wohnung ein offener TBC-Fall vor, ist das Wohnungsamt besonders in Kenntnis zu setzen, da gesunden Menschen ein Zusammenwohnen mit solchen kranken Personen nicht zugemutet werden kann. Auf Unstimmigkeiten seitens Untermieter sollen die Ausschußmitglieder nicht eingehen.* [4] In Dresden wurden bis Februar 1946 etwa 40.000 Menschen untergebracht. Für 46.000 fehlte hingegen noch Wohnraum und für die *russische Kommandantur* waren bis März 100 und bis April noch einmal 500 Wohnungen bereitzustellen. Im Bericht spiegeln sich deutlich die Bedingungen wieder, unter denen die Frauen ihre Tätigkeit leisteten und welche Rolle sie dabei zu übernehmen hatten. Angesichts der Dokumente kann man sich schwer des Eindrucks erwehren, daß den Frauen oft die unangenehmsten Arbeiten im Außendienst zufielen, während Männer in den Büros die Entscheidungen fällten. Folgender Bericht über eine weitere Besprechung vermag diesen Eindruck zu bestätigen: *...Vor allem erklärte ich, daß man von den ehrenamtlich tätigen Frauen nicht fordern kann, entlassene volle Arbeitskräfte zu ersetzen. Obwohl Herr Hahn glaubte, daß diese Frauen täglich an Durchkämmung von Wohnungen sich beteiligen würden, ließ er sich davon überzeugen, daß die Vertreterinnen sich fleißig zur Verfügung stellen werden, aber nicht täglich. Den vorgeschlagenen Frauenausschuß-Mitgliedern wurden für ihre Tätigkeit Ausweise ausgehändigt. In der Aussprache wurde angeregt, die Frauen nicht mehr für die Außentätigkeit einzusetzen, sondern auch zu den letzten Entscheidungen hinzuzuziehen in solchen Streitfällen, die der Kommission der Blockparteien vorgelegt werden. Bisher sitzen in dieser Kommission nur Männer. Dieser Wunsch muß vom Frauenausschuß dem Zentralwohnungsamt unterbreitet werden. Weiter wollen wir vom Frauenaus-*

schuß dahin wirken, daß den Frauen ein Unkostenbeitrag gewährt werden kann. Der
Bezirk des Wohnungsamtes ist sehr groß. Es wird nicht nur viel Fahrgeld, sondern
auch Schuhwerk benötigt. [5]

Mit welchen Widersprüchlichkeiten Frauen in ihrer ehrenamtlichen Tätigkeit für das
Wohnungsamt konfrontiert wurden, zeigt die folgende Eingabe, die der KFA des Verwaltungsbezirkes VII (Strehlen/Reick/Laubegast) im Mai 1946 an den Zentralen und
den Landesfrauenausschuß sandte. Anlaß dazu bot das Vorhaben der Landespolizei,
ein Wohnhaus in ein Gästehaus umzugestalten: *Nach dem Beschluß des Wohnungsamtes*
soll auf Anordnung der Landespolizei die Wohnung der Frau Schröder, belegt von
einer erwachsenen Person und fünf Kindern geräumt werden. Frau Schröder, Inhaberin
der Wohnung, ist die Frau des SS-Arztes Schröder, der sich in Haft befindet. Es läuft
jedoch eine Scheidungsklage. Es wird wahrscheinlich der Einwand kommen, daß die
Untreue des Mannes schon vorher bekannt war und warum die Ehescheidung in diesem
Moment? Wir als Frauen sehen es so, daß es ein Opfer ist, wenn eine Frau an ihre fünf
Kinder denkt und deshalb die Scheidung einreicht. Man hat ihr gesagt, sie könne ja
schippen gehen, weil sie Klavierunterricht erteilt und dafür natürlich einen Raum
braucht für den Flügel. Hier müssen wir jedoch einwenden. Es ist unmöglich, vom
Verdienst bei Bauarbeiten fünf Kinder zu ernähren und den Lebensunterhalt müßte
dann die Fürsorge tragen. Gibt die Frau Klavierunterricht, so kann sie für ihre Familie
selbst sorgen. Aus diesen Motiven wird der Gewerbeschein auch bewilligt worden sein.
Da zur Zeit keine Wohnung frei ist und für Frau Schröder mit ihren fünf Kindern die
Einweisung in die Baracke vorgesehen ist, erheben wir als Frauenausschuß Einspruch.
Wir als Frauenausschuß werden uns bemühen, wenn eine Wohnung in Laubegast frei
werden sollte, daß Frau Schröder diese bekommt, dafür müßte aber bei diesem
Wohnraummangel eine Einweisung in die Wohnung der Frau Schröder erfolgen. Was,
wie wir durchs Wohnungsamt erfahren, nicht erwünscht ist. [6]

Erschwert wurde die Arbeit der Frauen in den Wohnungsämtern und in den Ausschüssen
selbst indirekt auch durch das Vorgehen der Besatzungsmacht. Im Juli 1947 brach die
Arbeit des KFA im 18. Stadtbezirk (Waldschlößchenviertel und Bautzner Straße) fast
zusammen, weil die SMA Häuser für den eigenen Bedarf konfiszierte: *Durch die zur*
Zeit einsetzende Räumung von Häusern für die SMA ist von einer Gründung [des DFD
im Stadtbezirk, die Gründung erfolgte am 1.9. im Prießnitzbad] *im Juli abgesehen*
worden, da die Frauen nur mit sich zu tun haben. Im August hoffe ich, daß sich die
Räumungssache geklärt haben wird. [7] Aber auch Perioden besonderer Nahrungsmittel-
knappheit, das Fehlen von Kartoffeln oder Schuhwerk ließen Bitterkeit aufkommen
und brachten die Aktivitäten selbst der engagierteren Frauen fast zum Erliegen. In
Zusammenhang mit der Arbeit in den Nähstuben in der Äußeren Neustadt hieß es im
Bericht für Juni 1947: es ist *eine starke Lauheit eingetreten, die Frauen lassen sich teils*
so von den zur Zeit bestehenden Ernährungsschwierigkeiten leiten, daß man sagen
kann, 70 % der Frauen entfallen zur Zeit. [8] Und sie drohten unter den Belastungen
von beruflicher und ehrenamtlicher Arbeit zusammenzubrechen. *Die Frauen des*
Wohnungsamtes, der Preisüberwachung und der sozialen Fürsorge arbeiten bei uns
täglich 6 bis 10 Stunden ehrenamtlich. Vier Frauen, welche schon seit einem Jahr
ehrenamtlich und aktiv mitarbeiteten, legten jetzt ihre Arbeit nieder, da sie für die
Lebensmittelkarte VI [die Karte mit den geringsten Rationen, für »Sonstige« und »Hausfrauen« bestimmt] *diese Aufgaben nicht mehr leisten können. Uns trifft dies besonders*
hart, da die betreffenden Frauen ganz aktiv bei den durchgeführten Impfungen, der
Mütterberatung und der sozialen Betreuung Kranker und Alter gearbeitet haben. ... es

wäre nur zu wünschen, daß sich in Zukunft noch mehr Frauen zu unserer Verfügung und zur Mitarbeit stellen würden, damit wir die schon tätigen Frauen entlasten bzw. nicht überlasten müssen, war 1947 in einem Bericht des KFA vom Verwaltungsbezirk I zu lesen. [9] In einer Besprechung des Küchenausschusses dort wurden Forderungen nach einer tariflichen Entlohnung der Hilfskräfte, die in der Volksküche des Rückkehrer-Lagers Wilder Mann arbeiten, gestellt (bisher würden 25 Pf. Stundenlohn gezahlt). Die Leiterin des Frauenausschusses wiegelte jedoch ab, *daß erst einmal die Volksküchen einen Grundstock erbringen müssen, also ehrenamtliche Tätigkeit erforderlich sei, ehe an eine tarifmäßige Entlohnung gegangen werden könnte.* [10] Beanstandet wurde in der Besprechung auch, daß die *ehemaligen Pg* dort gut bewirtet würden, *1 Pfund Käse markenfrei* verkauft worden sei und für ein Mittagessen mit 40 Pf. ein zu hoher Preis gefordert würde, *obwohl es nicht als gut zu bezeichnen sei.* Herr Reschke von der Verwaltung stelle Inhabern von privaten Volksküchen Bescheinigungen derart aus, *daß diese als kommunale Volksküchen bezeichnet werden, damit sie in den Genuß des Kohlenbezuges kommen.* Auch stagnierte zu dieser Zeit die Einrichtung von Volks-küchen, in *Anbetracht der augenblicklichen Ernährungslage.*

Unzufriedenheit herrschte über die unterschiedliche Teilnahme an den Aktivitäten und Versammlungen der Frauenausschüsse, die oft und zu den verschiedensten Themen einberufen wurden, wobei die politischen weniger Interesse weckten, als wenn z.B. über das »Bezugsscheinwesen«, »Frauenkrankheiten« und andere Belange, die im täg-lichen Leben eine Rolle spielten, gesprochen wurde. Der KFA des Verwaltungsbezirkes II berichtete im November 1946: *Der Besuch der Versammlungen ist immer wieder sehr wenig. Es kann nicht festgestellt werden, an was das liegt. Teils liegt es an der Jahreszeit, das Licht ist einen Tag um den anderen nicht da, die Gaststätten sind kalt und nun kommt noch dazu, daß sich die Frauen bei der Dunkelheit nicht gern auf der Straße sehen lassen.* Pro Versammlung waren durchschnittlich nie über 50 Personen anwesend, *da kann man wohl nicht von einem Erfolg sprechen.* [11]

In der Äußeren Neustadt (Stadtbezirke 17 bis 19) unterhielten die zuständigen KFA 1946 sieben Nähstuben, wo für werktätige Frauen und den eigenen Bedarf gearbeitet wurde. Eine der Nähstuben befand sich in der Louisenstraße, und selbst hier wirkten die Ressentiments zwischen SED und den anderen Parteien: *325 Uniformröcke wurden in Verbindung mit der LDP und CDU in Heimarbeit (nur die zwei Parteien - aber die Stücke wurden in einem miserablen Zustand von der LDP abgeliefert) gearbeitet. Dieselben waren in einem Zustand, daß sie zur Waschanstalt gebracht werden mußten und die Frauen vom Ausschuß haben sie dann getrocknet. In der Nähstube wurden sie dann in Ordnung gebracht, gebügelt und in einem einwandfreien Zustand wieder seiner Bestimmung abgeliefert.* [12] Aber auch positive Erfahrungen finden sich in den Monatsberichten: *Der 18. Stadtbezirk veranstaltete 3x einen Kursus über Selbstanferti-gung von Hausschuhen. Eine ehemalige Pg Frau hat sich für diese Arbeit zur Verfü-gung gestellt, sie ist nicht belastet und gibt sich jetzt die größte Mühe, wieder gut zu machen, was sie durch eigene Schuld mit gefördert hat.* [13]

Die Frauen des 17. Stadtbezirks sammelten im Dezember für die Heimkehrer im Fried-richstädter Krankenhaus: *50 Rasierapparate und Rasierklingen, 72 Zahnbürsten und Zahnseife, 55 x 10 Blatt Schreibpapier und Briefumschläge, 30 Bleistifte, 9 Stück Seife, 1 Stück Rasierseife, 1 Paar Handschuhe, 1 Paar Socken, 1 Schal, 4 Stück Taschentücher, 1 Handtuch, 1 Buch, 2 Binder, 2 Paar Ohrenschützer, 20 Notizblöcke. Diese Spenden wurden bei einer Weihnachtsfeier in Form von 50 Päckchen den Heimkehrern übergeben*. Und für Flüchtlingskinder des Kinderheims auf der Radeberger Straße 53, über das sie auch eine Patenschaft übernommen hatten, sammelten sie vor allem Kleidung, da diese *buchstäblich nichts auf dem Leibe hatten*. Die Nähstube im 18. Stadtbezirk stellte *1 Knabenmantel, 1 Mädchenmantel, 3 Blusen, 1 Spenzer, 3 Kinderwagen-Garnituren, 1 Mädchenkleid, 2 Trägerröckchen, 2 Paar Schlüpfer, 2 Mädchenhemden, 2 Schürzen für Kinder der OdF* (Opfer des Faschismus) zur Verfügung. [14]

In der Stadthalle am Nordplatz (an der heutigen Stauffenbergallee) führte der Frauenausschuß der Äußeren Neustadt eine große Kleiderschau unter dem Titel »Aus Alt mach Neu« mit Erzeugnissen der Nähstube durch. Vor etwa 800 Besuchern wurde in diesem Zusammenhang ein *Kurzreferat* zum *kommenden Frauenbund* gehalten. [15]

Da die Frauenausschüsse größtenteils die Warenverteilung vor Ort in die eigenen Hände übernommen hatten, konnten sie gezielt helfen - so erhielten die Zeitungsausträgerinnen vom Postamt N 6 ca. *50 Paar Dachdeckerschuhe, da hier wirklich große Not ist*. Auch Söckchen wurden ausgegeben. Die Leiterin der Frauenkommission im Postamt vermittelte die auszubessernden Kleidungsstücke an eine Nähstube. Schulungsabende wurden im Postamt aller zwei Wochen abgehalten. [16]

Kommissionen zum § 218 StGB und zur Bekämpfung der Geschlechtskrankheiten begannen 1946 mit ihrer Arbeit. In diesem Zusammenhang, so wurde aus dem Verwaltungsbezirk V berichtet, fand *laufend die Untersuchung der Friseusen und Verkäuferinnen auf Geschlechtskrankheiten* statt.

1946 arbeiteten in der Neustadt 52 Frauen ehrenamtlich auf dem Gebiete der Schulfürsorge mit, in einem anderen Zusammenhang wurde dabei von der Wiedereinführung der Schulpflege gesprochen. [17] Eine »Kinderlandbewegung« wurde ins Leben gerufen. 80 Kinder aus der Neustadt wurden im Frühjahr 1946 zur Erholung geschickt, *im Februar 1946 sind ca. 100 Kinder aus der bestehenden Gruppe des Verwaltungs-Bezirkes I zur Erholung gekommen. Es ist auch Lebertran und Malzextrakt an die Kinder verteilt worden*. [18] Sie bemühten sich um die Mitarbeit in den Elternräten - in einigen Schulen seien Frauen des KFA gewählt worden, bei anderen hingegen noch *tüchtiger Kampf* nötig, *und es wäre angebracht, daß der DFD* [der, 1947 gegründet, in einer Übergangszeit mit den KFA zusammenarbeitete] *sofort einen Antrag an das Schulamt stellt, sofort gesetzlich in den Elternrat mit eingebaut zu werden. ... Dies bitte ich sofort dem DFD zu unterbreiten, da es noch verschiedene Schwierigkeiten in einzelnen Schulen gibt (z.B. Weißer Hirsch, Lehrer Kläss, dieser hält sich nur an gesetzliche Bestimmungen, alles andere lehnt er grundsätzlich ab)*. [19]

Obst- und Gemüsesammlungen für Alte, eine »Brachlandaktion« (Gemüseanbau auf jedem freien Fleck), Reformierung des Bezugsscheinwesens (Hausvertrauensfrauen verteilten die Scheine und organisierten deren Einlösung, standen faktisch für die arbeitenden Frauen Schlange) bildeten weitere Aktivitäten. Mitglieder der Ausschüsse beteiligten sich im Rahmen der Preiskontrolle in Geschäften auch an der Aushebung von Hamsterlagern: *405 Geschäfte wurden überprüft und 18 Anzeigen erstattet, Grund: Mindergewicht, Preisauszeichnung, zu hohe Preise, Unsauberkeit. 19 Tage arbeiteten die Frauen in den Konsumgeschäften Trachenberger Platz, Leipziger und Kesselsdorfer Straße - dort wurde das »Hamsterlager Gombitz« ausgestellt. Die Bevölkerung zeigte nicht das rechte Verständnis, es kamen harte Anwürfe gegen die Polizei, unsere Frauen wirkten in diesem Fall auch aufklärend auf die Bevölkerung. Wir haben dann aber doch die Aktion abgebrochen. Alle Gegenstände wurden unbeschädigt und ohne Verlust der Kriminalpolizei zurückgegeben*. [20]

Im Januar 1947 begann allmählich die Werbung für den neuen
einheitlichen Frauenverband,
den DFD. Die KFA, deren Lei-
terinnen auch in den DFD-
Gruppen die Führung über-
nehmen sollten, bereiteten den
Übergang vor. Dieser erfolgte
nicht reibungslos, da bis in den
Dezember des Jahres hinein
die Frauenausschüsse und Be-
zirksgruppen des DFD nebeneinander bestehen und in allen
bisher von den Ausschüssen
wahrgenommenen Aufgaben
kooperieren sollten. Im Bericht
für den Monat Juni hieß es:

Das Haus des Landesverbandes des Demokratischen
Frauenbundes Deutschlands, Dresden N,
Königsbrücker Straße 8 (Sächsische Zeitung vom 30.5.1947)

*Erfreulicherweise folgen aber alle Frauen den Entwicklungen des DFD, nur können
sie sich die Rolle des Kommunalen Frauenausschusses neben dem DFD nicht erklären.
In Resolutionen und Schreiben bringen sie immer wieder zum Ausdruck, doch in den
DFD übernommen zu werden. Der Wunsch, dem DFD als Kommunaler Frauenausschuß angegliedert zu werden, wird immer stärker, steht in Sitzungen und Versammlungen im Vordergrund.* [21] Von den Frauenausschüssen gingen aber schon wichtige
Arbeitsfelder auf den DFD über: *Die Aufklärung der Frauen in öffentlichen Versammlungen wird jetzt durch den DFD geschehen. Wir als Kommunale Frauenausschüsse
übernehmen es aber weiterhin, in unseren Sitzungen unseren Mitarbeiterinnen die
politische Aufklärung zukommen zu lassen.* [22] In dieser Übergangszeit wurden die
von den Ausschüssen abzugebenden monatlichen Berichte einer Formalisierung unterworfen, die zuallererst statistischen Zwecken diente. Die Formulare nannten sich
»Berichtsbögen«, die auf Seite 1 statistische Angaben, wie Teilnehmerzahlen, Anzahl
der Versammlungen u.a. abforderten, auf der zweiten wurde die Möglichkeit für inhalt-
liche Aussagen eingeräumt, unter der Rubrik »Was wurde diskutiert«. Berichte über
Versammlungen mußten postwendend an die städtische Frauenleitung abgegeben
werden. Die »Verschmelzung« der Kommunalen Frauenausschüsse mit dem DFD mochten
nicht alle der mitarbeitenden Frauen tragen: *Während die Mitarbeiterinnen von der
LDPD mit uns in den DFD übergingen, so ist die Zahl derer der CDU eine ganz geringe. Es handelt sich nur um vereinzelte Frauen, welche weiterarbeiten wollen.* [23] Ende
November wurde noch einmal bilanziert, inwieweit die Frauen der verschiedenen
Parteien an der Arbeit der Ausschüsse beteiligt waren: SED 55 %, Parteilose zu 30 %,
LDPD und CDU 15 %.

Im Dezember wurden die Sozialeinrichtungen der Frauenausschüsse, darunter Kindergärten und -krippen (z.B. die auf dem Bischofsweg 106), Volksküchen, Wärmestuben,
Altersheime, Frauen- und Umsiedlerberatungsstellen, aber auch Rechtsberatungsstellen,
an den DFD übergeben. [24] Und wieder stand die Besatzungsmacht im nachhinein
Pate: *Gemäß des Befehls 254 wurde die Verschmelzung der Frauenausschüsse mit
dem Demokratischen Frauenbund Deutschlands durchgeführt. Die etatmäßigen Stellen
für die Frauenarbeit wurden als Frauenreferate in die Volksbildungsämter eingebaut.*

Um eine gute Zusammenarbeit zu gewährleisten, bitten wir Sie, uns von Ihren Sitzungen in Kenntnis zu setzen. Frauenreferentin Fr. Gansauge. [25] In den Durchführungs-bestimmungen zum Befehl hieß es: *Die bisher für die Frauenausschüsse vorhandenen Planstellen in den Verwaltungen werden für die Frauenreferate mit übernommen. Die Aufgaben der Frauenreferate bestehen darin, den Einfluß der Frauen in der Verwaltung und im öffentlichen Leben zur Geltung zu bringen.* Bei allen die Frauen besonders betreffenden *Entwürfen für Gesetze,* Verordnungen und Ausführungsbe-stimmungen zu Befehlen sind die *Frauenreferentinnen hinzuzuziehen*; ebenso zur *Gestaltung von Lehrplänen,* insbesondere der Fach- und Berufsschulen, und Prüfungs-bestimmungen sowie zu den Entscheidungen zur *Verteilung und Gewährung von Stipendien. Verwaltungsschulen* sollten stärker von Frauen besucht und in den Lehr-plänen dieser Schulen *Frauenfragen berücksichtigt* werden. [26]

Mit der Schaffung der Frauenreferate und des DFD wurde ein Prozeß eingeleitet, der die Verdrängung der Frauen aus dem gesamtgesellschaftlichen Zusammenhang zur Folge hatte. Sie fanden sich in ihrer Zuständigkeit zunehmend wieder auf traditionelle Wirkungsfelder, Frauen- und Erziehungsfragen, Durchsetzung ihrer Rechte usw. verwiesen. Fraueninteressen wurden wieder zu »Sonderinteressen« gemacht.

Die Frauenausschüsse hingegen hatten das gesellschaftliche und Alltagsleben in wesentlichen Teilen geprägt und in Gang gehalten, das Überleben ermöglicht. Dabei hatten sie in alle Bereiche des Lebens, nicht nur in die unmittelbar die Frau betreffenden, hineingewirkt.

Literatur / Quellen

[1]   Zentralstelle der Frauenausschüsse, in: Rat der Stadt, Dezernat Volksbildung, Kommunale Frauenausschüsse, Aktenstück 297, 20.11.1947. *
[2]   Tätigkeitsbericht Städtischer FA, ebenda, 13.5.1946
[3]   ebenda
[4]   Bericht FA, Verw.-Bez. I, Aktenst. 298, 28.2.1946
[5]   ebenda, 6.3.1946
[6]   Eingabe FA Verw.-Bez. VII an Landesfrauenausschuß, Aktenst. 297, 13.5.1946
[7]   Versammlungsberichtsbogen vom 10.7.1947, FA Verw.-Bez. II, Aktenst. 304
[8]   Bericht Juli 1947, FA Verw.-Bez. II, ebenda
[9]   Bericht FA Verw.-Bez. I, ebenda, 3.11.1946
[10] Bericht des Küchenausschusses, FA Verw.-Bez. I, ebenda, 26.3.1946
[11] Bericht für Monat November, FA Verw.-Bez. II, ebenda, 12.12.1946
[12] Bericht für Monat Oktober, FA Verw.-Bez. II, ebenda, 10.11.1946
[13] Bericht für Monat November, FA Verw.-Bez. II, ebenda, 12.12.1946
[14] Bericht für Monat Dezember 1946, FA Verw.-Bez. II, ebenda, 15.1.1947
[15] Bericht für Januar 1947, Verw.-Bez. II, ebenda
[16] Jahresbericht des Zentralen FA für Dresden 1946, S. 6, ebenda
[17] Schulleiter-Dienstbesprechung, FA, Aktenst. 298, 3.7.1946
[18] Bericht, FA Verw.-Bez. I, ebenda, 9.4.1946
[19] Bericht Juni 1947, FA Verw.-Bez. I, Aktenst. 304
[20] Bericht FA Verw.-Bez. I, ebenda, 30.11.1946
[21] Bericht für Monat Juni 1947, Zentralstelle FA, ebenda
[22] Bericht für Monat Mai 1947, Zentralstelle FA, ebenda
[23] Zentralstelle FA, ebenda, 8.1.1948

[24] Zentralstelle FA, ebenda, 22.12.1947
[25] Formschreiben, Rat der Stadt, Volksbildungswesen - Frauenreferat, Aktenst. 302
[26] Rundschreiben der Deutschen Verwaltung für Volksbildung in der SBZ, Abt. Frauen, Berlin, ebenda, 26.11.1947

* die Blätter in den Akten des Dezernats Volksbildung sind noch nicht numeriert

Frauen vor Gericht

Acta wider die Kindsmörderin Henriette Rehn

Die Amme und Dienstmagd Johanne Christiane Henriette Rehn stammte aus Markersbach. Ihre Mutter hatte in der Ehe mit einem Zimmermann drei Kinder zur Welt gebracht. Nachdem der Vater nach sieben Jahren gestorben war, begann die Witwe, als Heimbürgin, d.h. als Leichenfrau, zu arbeiten. Auch die Kinder mußten die drückenden Geld- und Wohnungssorgen mittragen, so daß Henriette mit zehn Jahren in Dienste trat und die Schule nur unregelmäßig besuchen konnte. Sie arbeitete nach dem Schulbesuch als Viehmagd auf Bauernhöfen und wurde mit 19 Jahren schwanger. Sie mußte den Sohn bei ihrer inzwischen wieder verheirateten Mutter lassen, um ihren Lebensunterhalt weiter verdienen zu können. Die Mutter und ihr zweiter Mann erreichten bei dem Kindsvater, einem verheirateten Herrn Claus aus Rosenthal, lediglich eine jährliche (!) Zahlungsverpflichtung von 6 Groschen.

Das zweite Mal wurde Henriette mit 22 Jahren in Dohna schwanger, entband wieder bei ihrer Mutter und gab den Sohn August Graf an eine Witwe Berger aus Bahra. Diese bestätigte vor Gericht, daß die Mutter ihr Kind lieb gehabt habe und regelmäßig Geld von ihrer Dienstherrschaft aus Langhennersdorf eingetroffen sei. Nur hätte Henriette Rehn eben kein Geld für den Arzt gehabt, als bei den ersten Zähnen eine Drüsenschwellung aufgetreten sei. Ihre Leinsamensäckchen und Butterpflaster hätten nichts geholfen und das Kind wäre gestorben. Den Untersuchungsrichter interessierte vor allem, ob die Rehn beim Tode zugegen war, was die Witwe verneinte.

1849 diente sie beim Gutsbesitzer Schneider in Willmsdorf. Er war zwar zufrieden mit ihrer Arbeit, entließ sie aber im Oktober, als er bemerkte, daß sie schwanger war. *Doch war sie sehr stille und machte nicht viele Worte.* Erst nachdem Henriette Rehn bei der Stadthebamme Rille auf der Casernenstraße 9 in Dresden-Neustadt entbunden hatte, erfuhr der Gutsbesitzer über seinen Advokaten Eisenstuck aus Dresden, daß sein Stiefsohn Carl Müller, Sohn des benachbarten verstorbenen Gutsbesitzers, dessen Frau er geheiratet hatte, am ersten Weihnachtsfeiertag Vater des Mädchens Amalie Auguste Müller geworden war. Vermutlich ist das mit der erwähnten Hebammenordnung zu erklären, die die Hebammen zur Ausfindigmachung unehelicher Väter verpflichtete. Der 19jährige *gestand seinen Fehler sofort ein* und der Stiefvater übernahm das Ziehgeld, wie die Alimente damals hießen. Vor dem Untersuchungsrichter wiederholte Carl Müller fast wörtlich die Aussagen seines Stiefvaters und stellte es so dar, daß *eine gewisse Rehn - ohne daß er die geringste Veranlassung gegeben - einfach nachts in sein Bett gekommen wäre und es dahin gebracht hätte, sich fleischlich mit ihr zu verbinden.* Diesen Feigling also hatte sie vor »Schande« bewahren wollen, denn er gab an, sie hätte *auch auf Befragen der Mutter hin nicht gesagt, von wem.*

Der mit der 1848er Revolution verbundene Umbruch führte zu einer massenhaften Abwanderung der ländlichen Bevölkerung in die industriellen Zentren, wo man sich Arbeit, Abwechslung und Anonymität erhoffte. Auch Henriette war vermutlich unter den wendischen Ammen auf dem Landgesindemarkt in der Neustadt und suchte einen

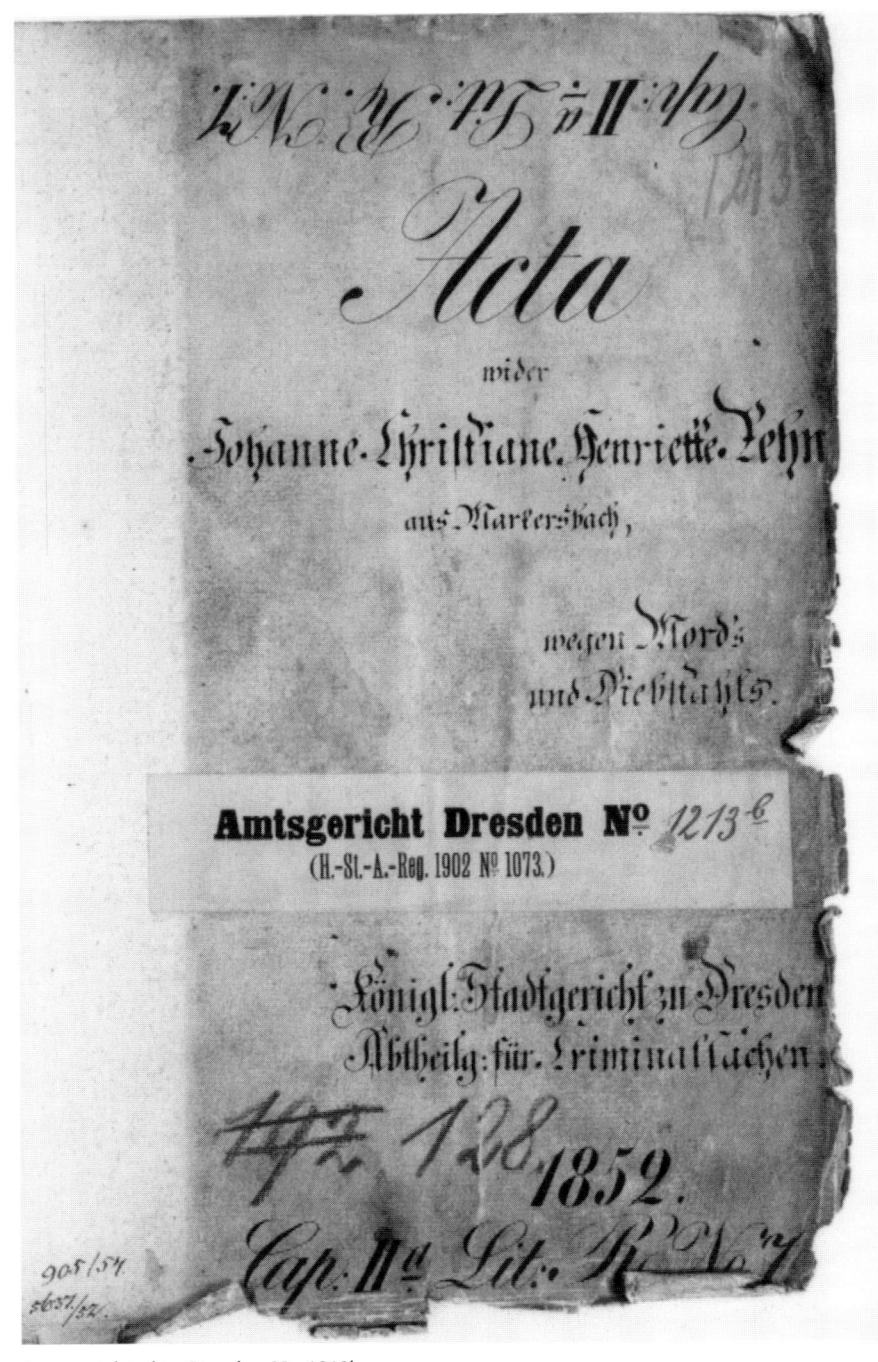

Amtsgerichtsakte Dresden Nr. 1213b
(Sächsisches Hauptstaatsarchiv, Dresden)

Dienst in der Stadt. Sie geriet an den Gastwirt Weser der Wirtschaft »Churfürstens« auf dem Elbgäßchen. Hier arbeitete sie als Amme und Dienstmädchen und gab ihr Kind in Pflege zu einer Witwe Hillig. Sie lernte den Soldaten Anders kennen und begann, auf

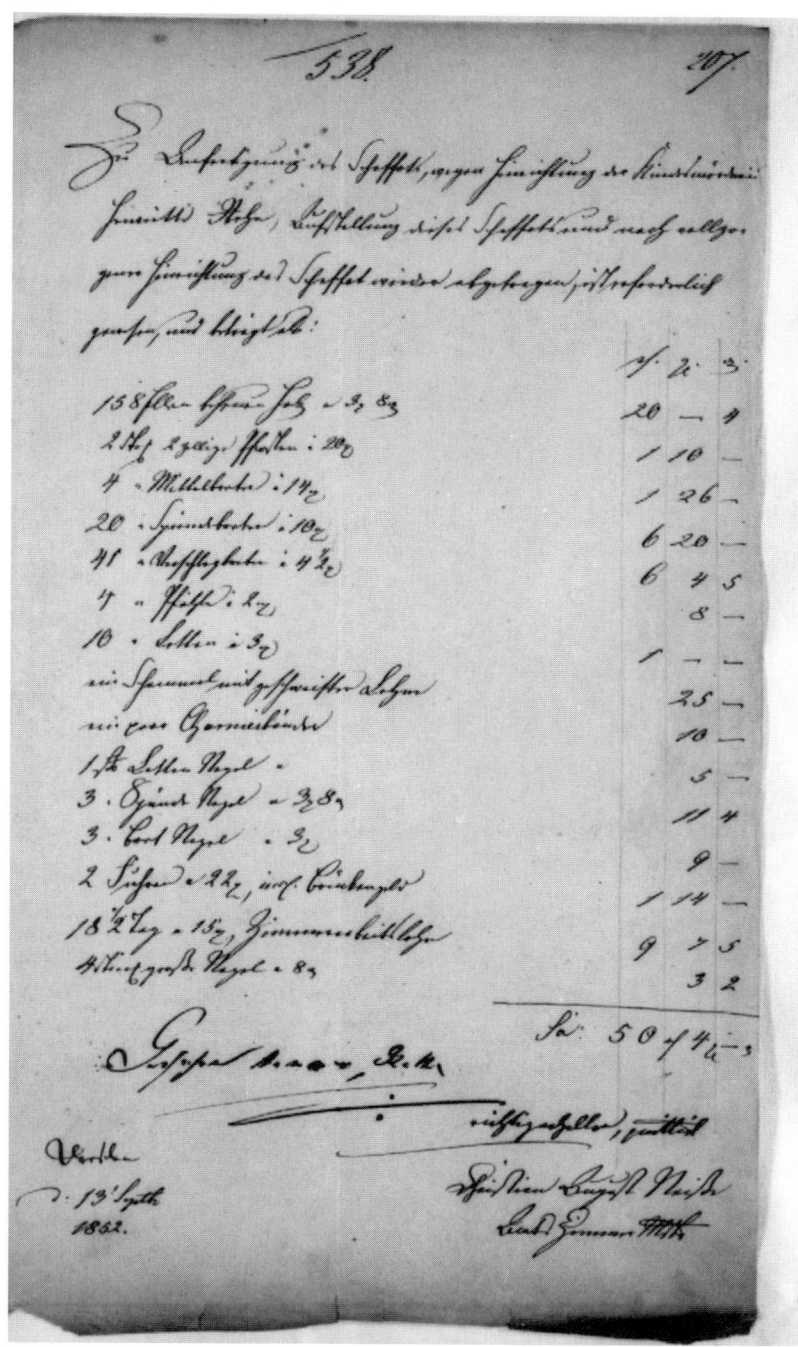

Zimmermannsrechnung für das Schafott
(Sächsisches Hauptstaatsarchiv, Dresden)

eine Heirat zu hoffen, nachdem er sich *allerdings fleischlich mit ihr vermischt habe*. Sie sagte ihm also, *sie könne genug Dienst bekommen und habe Geld*. Das ist ein Hinweis auf die restriktiven Heiratsvoraussetzungen, die gewisse Einkommensgrenzen festlegten, um dem Anwachsen der potentiell gefährlichen Armutsschicht zu begegnen. Einer Hochzeit aber, fürchtete sie, stand das uneheliche Kind im Weg, von dem er nichts wußte.

So faßte sie Ende 1851 den Plan, sich des Kindes zu entledigen. Sie erzählte herum, der uneheliche Vater wäre gestorben, hätte dem Kind ein Erbe hinterlassen und es würde zu den Großeltern kommen. Diesen »Wunschtraum« trug sie noch ein halbes Jahr vor sich her, als sie plötzlich am 1. Mai entlassen wurde. Die Wirtin warf ihr Diebstahl vor, zeigte sie an und ereiferte sich auch vor dem Untersuchungsrichter, die Rehn wäre *eine sturköpfige und boshafte Person*. Jene war inzwischen verzweifelt auf Stellensuche, wurde aber wegen ihrer vorigen Anstellung, *einer schlechten Wirthschaft wie Churfürstens* überall, so z.B. auch auf der Neustädter Birkengasse 4, abgewiesen. Sie geriet in Panik: keine Arbeit, kein Geld, der Mann tanzte mit anderen Mädchen, sie aber war immer noch ledig und hatte zwei Kinder am Hals. Schweigsam, wie sie war, bat sie niemanden um Hilfe. Wen auch? Als die Witwe Hillig aussagte, die Rehn hätte sich nie um das Kind gekümmert, sie dagegen hätte es auch umsonst aufgezogen, war es bereits zu spät. Als es darauf ankam, wußte Henriette Rehn von solcher im Nachhinein leicht vorzugebender Selbstlosigkeit jedenfalls nichts, sie erinnerte sich nur an die Worte der Witwe, *sie wolle froh sein, wenn sie den Werzel los wäre*.

Am 4. Mai holte sie ihr Kind von der Witwe ab, indem sie ihr erklärte, der Knecht aus Willmsdorf wäre da, es mitzunehmen. Henriette Rehn verbrachte noch den ganzen Tag mit ihrer Tochter - immer wieder schwankend, ob sie dem Soldaten Anders nicht sagen solle, daß sie ein Kind habe und ob sie es der Pflegerin zurückbringen solle. Doch schließlich zwängte sie abends, als es dunkel war, auf dem Abort im Hof des Elbgäßchens Nr. 1 das Kind kopfüber durch die Brille in die Grube. Qualvoll erstickte das Mädchen.

Als die Mutter auch am nächsten Tag die Sachen des Kindes nicht abholte, schöpfte die Witwe Hillig Verdacht und erstattete Anzeige. Am 8. Mai wurde Johanne Christiane Henriette Rehn verhaftet und gestand nach drei Tagen ihre Tat. Die Vorwürfe der Dresdner Zeugen, sie sei *lieblos, boshaft, sturköpfig und muckisch* gewesen, wurden von den anderen Befragten bestritten, die sie eher als *still, treu und von gutem Gemüthe* beschrieben. Das Gericht kam zu dem Schluß, sie hätte überhaupt keine Spur mütterlicher Gefühle. Daß sie aber *namentlich auch den nöthigen Religionsunterricht erhalten* hatte, war ein Grund, ihr Gnadengesuch abzuschlagen.

Am 11. September 1852, einem Sonnabendmorgen, teilte ein Extrablatt des Dresdner Journals die Bekanntmachung des Königlichen Stadtgerichtes mit, daß die 30jährige Kindsmörderin Rehn an diesem Tage morgens kurz nach 7 Uhr auf dem Alaunplatz öffentlich mit dem Schwert hingerichtet wurde. Die Akte endete mit der Zimmermanns-Rechnung für das Schafott.

Literatur / Quellen

Amtsgerichtsakte Dresden Nr. 1213b, Sächsisches Hauptstaatsarchiv, Dresden

Doppelmord in der Talstraße

Drei Tage vor Silvester 1946 erschien in der Sächsischen Zeitung eine Anzeige: Mutter und Sohn vermißt. Das Kriminalamt Dresden bat die Bevölkerung um Mithilfe bei der Suche nach Käthe Stiehler und ihrem 7jährigen Sohn Heinz, die seit dem Verlassen ihrer Wohnung auf der Großenhainer Straße 106 am 11. Dezember gegen 16 Uhr nicht mehr gesehen worden waren. Zwei Monate später, am 10.2.1947, herrschte ungewöhnlich starker Publikumsandrang zu einer Schwurgerichtsverhandlung im Saal des Hygienemuseums, bei dem die Polizei alle Hände voll zu tun hatte, die aufgebrachten Dresdner vom Lynchen abzuhalten. Vor Gericht stand eine kleine Frau mit etwas stumpfem Gesichtsausdruck. Die 1913 in Schlesien geborene Frieda Lehmann war seit 1939 in der Lampenfabrik auf der Großenhainer Straße als Wicklerin beschäftigt, in der auch Käthe Stiehler arbeitete. Befragt zur Tat erzählte Frieda Lehmann, daß sie mit der guten und freundlichen Frau auch kollegial verkehrt und sie des öfteren in deren Wohnung besucht hätte. Die schöne Einrichtung, Kleidung, Besteck und Wäsche habe sie so stark interessiert, daß sie am 9. Dezember den Entschluß gefaßt habe, die Frau zu ermorden, um deren Besitz gegen Lebensmittel eintauschen zu können.

Sie sei also zum Fleischermeister Hirschfeld in Leubnitz-Neuostra gefahren, bei dem sie vorher fünf Jahre als Hausmädchen gearbeitet hatte, und habe dort ein Fleischermesser gestohlen. Unter dem Vorwand, für den Jungen zu Weihnachten ein Spielzeug besorgt zu haben, habe sie die Kollegin für den nächsten Tag zu sich eingeladen. An jenem Mittwoch, dem 11.12.1946 - so schilderte die 34jährige Angeklagte ohne eine Spur innerer Erregung - sei Frau Stiehler mit ihrem Sohn, womit sie nicht gerechnet habe, abends bei ihr in der Wohnung Talstraße 9 erschienen. Sie habe erst der Mutter und dann dem weinenden Kind die Kehle durchgeschnitten. Die Ohrringe habe sie nicht herausgelöst, sondern mit den Ohrläppchen der Leiche abgeschnitten. Später wäre sie zweimal in der Großenhainer Straße gewesen, um sich Kleider, Wäsche, Schuhe usw. aus der Wohnung der Ermordeten zu holen. Das Blut habe sie in die Gosse geschüttet. Als sie sich um die Fortschaffung der Leichen kümmern mußte, wäre sie auf den Gedanken gekommen, diese zu zerstückeln.

Auf die Aussagen des medizinischen Gutachters und des Fleischermeisters, daß die kunstgerechte Art der Zerlegung anatomische Kenntnisse und eine Sachkunde voraussetze, die Frieda Lehmann ihrer Meinung nach nicht gehabt haben konnte, spitzte sich die Vernehmung immer mehr auf die Frage nach einem sehr wahrscheinlichen Mittäter zu. Sehr zögernd und keineswegs überzeugend stritt sie das aber ab. Während der befragte Werkmeister aussagte, daß die Lehmann am Tage nach der Mordtat an einer Betriebssingestunde teilgenommen habe und auch bei der Weihnachtsfeier bis früh um sechs gesungen und getanzt habe, behauptete die Presse, sie habe an eben jenem Abend die Zerstückelung fortgesetzt und einen Teil des Fleisches verbrannt.

Die beiden Köpfe wurden in einer Aschengrube gefunden. Kinder, die im Schutt der ehemaligen Exerzierhalle am Alaunplatz (heutiger Kindergarten an der Kamenzer Straße) spielten, entdeckten zwei in Zeitungspapier gewickelte, unterhalb des Knies abgetrennte, weibliche Beine. Daraufhin setzte eine Großfahndung ein. Ein kleiner grüner Fleck auf dem Zeitungspapier führte die Mordkommission in jene Lampenfabrik, wo diese

Chemikalie verwendet und Käthe Stiehler vermißt worden war. Bei der Überprüfung der Personalliste stieß die Polizei auch auf Frieda Lehmann, in deren Wohnung auf der Talstraße man denn auch Blutspuren auf den Dielen fand.

Nach hartnäckigem Leugnen im ersten Verhör legte Frieda Lehmann schließlich ein umfassendes Geständnis als Alleintäterin ab. Nach ihrer heutigen Sicht befragt, sagte sie, es wäre grauenhaft und sie wolle nicht mehr sein. Sie bereue, was sie dem (inzwischen aus der Gefangenschaft heimgekehrten und der Verhandlung beiwohnenden) Gatten angetan habe. Der Oberstaatsanwalt stellte fest, daß, wenn man nicht gerade die allgemeine Sittenverwilderung in den zwölf Jahren der Nazizeit in Betracht ziehen wolle, nichts zugunsten der Angeklagten spräche. Selbst dem Verteidiger schien es nicht möglich, irgendeine menschliche Seite an ihr hervorzuheben. So wurde Frieda Lehmann wegen gemeinem, an Kannibalismus grenzendem, zweifachem Mord zum Tode verurteilt. Im März wurde das Urteil am Münchner Platz vollstreckt. Da die bis 1945 dort noch betriebene Guillotine der Nazis zu Kriegsende in eine stillgelegte Bergwerksgrube »entsorgt« worden war, holte man das Chemnitzer Fallbeil nach Dresden.

Das Skelett der Mörderin aber wurde »zur Abschreckung« im Hygienemuseum ausgestellt. Seit 1991 ist es im dortigen Depot untergebracht.

Literatur / Quellen

[1]   Sächsische Zeitung vom 28.12.1946, 3.1. und 11.2.1947
[2]   Bild vom 18.7.1994
[3]   Dresdner Neueste Nachrichten vom 15.1.1996
[4]   Zeitzeugenberichte

Straßennamen als Spiegel der Stadtpolitik

Von den etwa 2.300 Dresdner Straßen tragen 794 Männer- und 83 Frauennamen - einschließlich Vornamen, Operngestalten u.ä. Somit stehen den 34,5 % Männernamen nur 3,6 % Frauennamen gegenüber. Darin spiegeln sich einerseits die eingeschränkten Möglichkeiten für Frauen wider, die tradierten Rollen zu verlassen und öffentlich aktiv zu werden, und andererseits auch ihre gesellschaftliche Geringschätzung. Die Antonstadt ist das Viertel mit dem höchsten Anteil an Frauenstraßennamen in Dresden. Von den 89 Straßen hier sind 25 nach Personen benannt, 15 nach Männern und 10 nach Frauen. Die meisten davon wiederum ehren Königinnen oder Prinzessinnen des Wettiner Herrscherhauses. Vier Straßen sind nach überregional bedeutenden Frauen benannt und drei erinnern an Frauen, die in Dresden lebten und wirkten.

Oft wurde hinter dem indifferenten Vornamen (bei der Klarastraße und der Angelikastraße sogar anders geschrieben) die tatsächlich Gemeinte versteckt. Dort, wo nur der Nachname angegeben ist, stellt sich erst nach genauen Nachforschungen heraus, ob eine Frau gemeint ist. Wer weiß schon, daß beispielsweise die Ulrichstraße nach der Schauspielerin Pauline Ulrich (1835 bis 1916) benannt ist, die bei der Eröffnung des Alberttheaters die Titelrolle der Iphigenie spielte? Übrigens wohnte in dieser Straße bis zu ihrem Tod 1996 Frau Ursula Bergander, die bereits 1958 die schmerzarme Geburt in der DDR einführte und zwar in ihrer Klinik auf der Neustädter Georgenstraße 4. In den 14 Jahren ihres Bestehens kamen hier etwa 18.000 Babys in einer Atmosphäre zur Welt, wie sie erst seit zwei Jahren wieder in den beiden Geburtshäusern Dresdens erreicht wird. Oder wer erwartet etwa, daß die Schevenstraße nach der Vorkämpferin der Frauenbewegung Katharina Scheven heißt? Andererseits hat weder die Marschnerstraße etwas mit Amalie Marschner, der Gründerin des Frauenschutzes in der Georgenstraße, zu tun, noch weist die Devrientstraße auf die berühmte Sängerin Wilhelmine Schröder-Devrient hin. Sie alle sind nach männlichen Namensvettern benannt.

Straßenschild
(Archiv Una Giesecke, Dresden)

Die vor Jahren von der hiesigen Geschichtsgruppe vorgeschlagene Benennung eines neuentstandenen Sackgäßchens an der Radeberger Straße nach der verdienstvollen Forscherin Dr. Maria Reiche wurde elegant mit einer Flurbezeichnung umschifft. Außerdem stand dem entgegen, daß Maria Reiche noch lebte. Allerdings hat sie tatsächlich mehr verdient, als auf einen unbedeutenden Nebenweg verwiesen zu werden, warten wir es also ab. Nach der Wende kamen verhältnismäßig viele Frauen bei den Umbenennungen zu Ehren, auch wenn man sich dabei gern an gestandene Persönlichkeiten wie etwa Mary Wigman hielt. Erinnerungen an offene Gegnerinnen des Nazi-Regimes wie Lea Grundig oder Elfriede Scholz überläßt man lieber Berlin oder Osnabrück, auch wenn diese Frauen sich gegen die faschistische Diktatur gerade in Dresden engagiert haben. Selbst Straßen, die vielleicht die SPD-Landtagsabgeordnete Auguste Lewinsohn oder die demokratische Regierungsrätin Dr. Else Ulich-Beil ehren könnten, sucht man vergebens.

Carolabrücke und Carolaplatz (Innere Neustadt)

Die Tochter des dänischen Prinzen Gustav Wasa, die sich als Gemahlin König Alberts besonders der Pflege jener Verwundeten annahm, die aus den Kriegen 1866 und 1870/71 heimkehrten, in denen ihr Gatte an der Spitze stand, lebte von 1833 bis 1907. Sie gründete und leitete außerdem verschiedene Wohltätigkeitsvereine.

Carolinenstraße

Carola Ferdinanda von Österreich (1801 bis 1832) heiratete 1819 den späteren König Friedrich August II. Sie starb noch jung an einer schweren Krankheit und wurde von allen nur Caroline genannt.

Katharinenstraße

Katharina von Mecklenburg (1477 bis 1561), die mit Herzog Heinrich dem Frommen verheiratet war, hing den Ideen der Reformation an und überzeugte auch ihren Mann. Als dessen Bruder, der katholische König Georg der Bärtige, ihm Gesandte schickte, die ihn mit Geld zur Rückkehr zum alten Glauben bewegen sollten, jagte Katharina diese fort.

Louisenstraße

Schon zu ihren Lebzeiten wurde die Straße nach der Italienerin Louise von Lucca (1802 bis 1857), der zweiten Gemahlin des sächsischen Prinzen Maximilian, benannt. Sie aber kehrte Dresden den Rücken und ging - warum auch immer - nach Italien zurück und heiratete in Rom einen Grafen von Rossi.

Marienallee (Albertstadt)

Maria Anna von Portugal (1843 bis 1884) war die Gemahlin König Georgs und stiftete u.a. ein Kinderhospital. In dem in dieser Straße befindlichen Schulgebäude befand sich bis 1926 das Freiherrlich von Fletchersche Lehrerseminar, das von Friederike Christiane Elisabeth Freifrau von Fletcher mit 40.000 Thalern 1769 gestiftet worden war.

Marienbrücke (Innere Neustadt)

Maria Leopoldine von Bayern (1805 bis 1877) war die Gemahlin des Königs Friedrich August II. und rief 1836 zur Gründung von christlichen Frauenvereinen auf, die die Not im Erzgebirge lindern helfen sollten. Damit wurde der Grundstein zur christlichen Frauenarbeit in Sachsen gelegt, deren Leitung sich von 1951 bis 1994 auf der Bautzner Straße 102 befand.

Theresienstraße

Therese von Toscana (1767 bis 1827), eine Enkelin der Kaiserin Maria Theresia, heiratete mit 20 Jahren den König Anton, der bei der Eingemeindung des Neuen Anbaus »Auf dem Sande« 1835 dem neuen Stadtteil seinen Namen gab. Sie gebar vier Kinder, die sie aber alle wieder verlor. Nach ihrem Tod an einem Freitag weinte ihr Gemahl jeden Freitag an ihrem Grabe.

Rosa-Luxemburg-Platz

Die Staatswissenschaftlerin und Sozialistin Rosa Luxemburg (1870 bis 1919), emigrierte 1889 in die Schweiz, wo sie Nationalökonomie studierte und promovierte. Seit 1899 war sie Dozentin an der Berliner SPD-Parteischule. Gemeinsam mit Karl Liebknecht gründete die lebenszugewandte eigenständige Denkerin den Spartakusbund und wurde im Alter von 48 Jahren als Linke für den verlorenen Krieg verantwortlich gemacht und aus politischen Gründen von Handlangern ermordet.

Angelikastraße

Sie erhielt ihren Namen 1904 nach der schweizerischen Malerin und Graphikerin Angelica Kauffmann (1741 bis 1807). Viele Jahre verbrachte diese in Italien, war Mitglied der Akademie von Florenz und berühmt als Porträtmalerin. Ihr bekanntes Selbstbildnis im Kostüm einer Vestalin ist im Besitz der Staatlichen Kunstsammlungen Dresden.

Bettinastraße

Ebenfalls 1904 wurde die Straße nach der Schriftstellerin Bettina von Arnim geb. von Brentano (1785 bis 1859) benannt. Zu ihrem Freundeskreis gehörten Tieck, Schleiermacher, die Gebrüder Grimm und Humboldt. 1843 erschien ihre Beschreibung des Mietskasernenelends in Berlin unter dem Titel »Dies Buch gehört dem König«. Viele Witwen fristeten dort ein kümmerliches Dasein, oft ohne jede Unterstützung, und ernährten sich und die Kinder mit Lasttragen oder Lumpensammeln: *Witwe K. beklagt sich darüber, daß man sich zu sehr erniedrigen müsse, wenn man etwas von der Armendirektion erhalten wolle. Sie habe genug geweint, bis sie für ein Kind das Pflegegeld erhalten, lieber wolle sie Hunger leiden, als sich zum zweiten Mal Faulheit und Leichtsinn vorwerfen zu lassen.*

Charlottenstraße

Charlotte von Schiller geb. von Lengefeld (1766 bis 1826) war mit Friedrich von Schiller verheiratet, hatte vier Kinder und war ebenfalls literarisch tätig.

Clara Wieck im Jahre 1836, Zeichnung von Elvine von Leyser (Stadtgeschichtliches Museum Leipzig)

Klarastraße

Die Pianistin und Komponistin Clara Schumann geb. Wieck (1819 bis 1896) lernte als Fünfjährige bei ihrem Vater Klavierspielen und trat hochbegabt mit neun Jahren erstmals an die Öffentlichkeit. In einem langjährigen Gerichtsprozeß gegen ihren Vater erwirkte Robert Schumann 1840 dessen Einwilligung zur Heirat, womit ihre hoffnungsvolle Karriere abbrach. Die besten Ehejahre verbrachte das Paar in Dresden. Clara Schumann gebar in 14 Jahren acht Kinder. Nach dem Tod ihres Mannes 1856 gab sie wieder Konzerte, brachte die Gesamtausgabe seiner Kompositionen heraus und unterrichtete bis ins hohe Alter von 72 Jahren die Meisterklasse an der Frankfurter Musikhochschule.

Erna-Berger-Straße

Ein Jahr nach ihrem Tod wurde die »deutsche Nachtigall« Erna Berger (1900 bis 1990) mit einer Dresdner Straßenumbenennung geehrt. Sie hatte ihre Laufbahn als Koloratursopranistin 1925 an der Semperoper unter Fritz

Erna Berger (Archiv der Sächsischen Staatsoper, Dresden)

Busch begonnen, zu dem sie sich auch unter dem Hitlerregime bekannte. 1934 holte Furtwängler sie an die Berliner Staatsoper, sie erlangte Weltruhm. Mit 59 Jahren erhielt sie eine Professur in Hamburg und sang mit ihrer unverändert glockenreinen Stimme noch 80jährig im Fernsehen.

Diakonissenweg

Seit 1844 arbeiten die Schwestern der Diakonissenanstalt in der Antonstadt im inzwischen ältesten und größten Frauenprojekt Dresdens. Offiziell wird der Diakonissenweg aber nicht zu den Frauenstraßennamen gezählt, da nach Ansicht von Experten mit dieser Benennung die Anstalt und nicht die Schwestern gemeint seien.

Zwischen 1904 und 1915 gab es außerdem zwei weitere Straßenbenennungen nach Frauen:

Johannaplatz

Auf dem Areal zwischen Klarastraße und Auf dem Meisenberg erfolgte die Platzbenennung nach jener Johanna von Puttkamer (1824 bis 1894), die durch ihre Heirat mit 23 Jahren als Fürstin von Bismarck Eingang in die männlich geprägte Geschichtsschreibung fand.

Isabellastraße

So wurde die heutige Meisenbergstraße im Todesjahr der Herzogin Isabella von Württemberg (1871 bis 1904) benannt, die - ebenfalls 23jährig - den sächsischen Prinzen Georg geheiratet hatte.

Literatur / Quellen

[1] Gleichstellungsstelle der Landeshauptstadt Dresden (Hrsg.): Frauenhandbuch, Dresden 1992
[2] Dr. Kregelin: Manuskript zu den Straßennamen der Antonstadt, Dresden 1996

Ausschnitt aus einem Dresdner Stadtplan von 1929
(Deutsche Fotothek, Dresden)

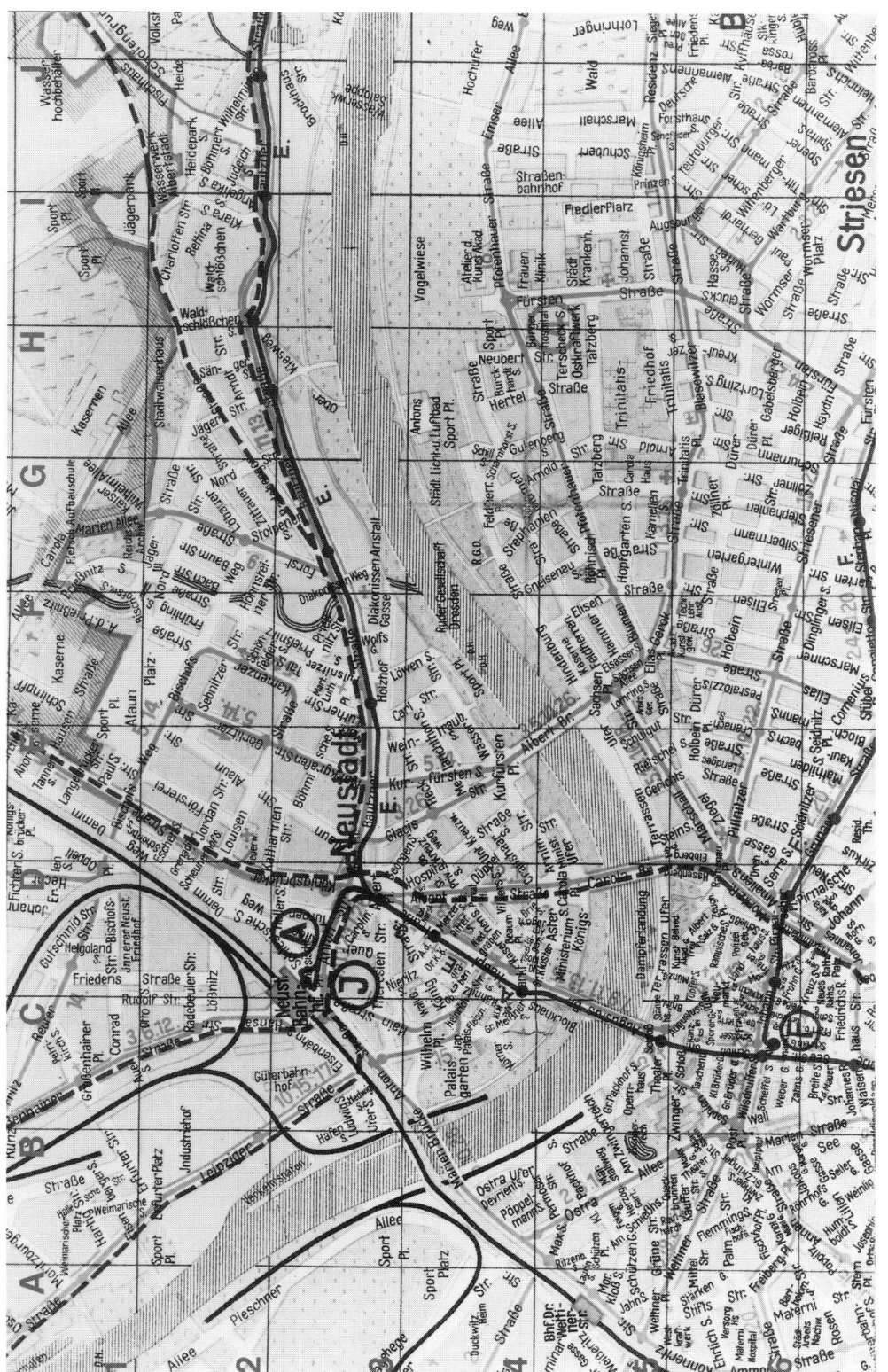

Legende

D5	Große Klostergasse 2: Dr. Lotte Schurigs Soziale Frauenschule 1923, Ende der 20er Jahre städtische Beratungsstelle für Geschlechtskrankheiten
C4	Große Meißner Gasse 2: Sitz der Schwesternschaft des Jungdeutschen Ordens in den 20er Jahren, deren Vorsitzende Ruth von Stieglitz in der Angelika-straße 8 wohnte
C4	Körnerstraße: Volksküche der IAH in den 20er Jahren
D4	Kasernenflügel D bzw. Kasernenstraße 9: erste sächsische Hebammenschule 1774
D3	Nieritzstraße 11: seit 1900 Martha-Hospiz
D4	Hospitalstraße 13: Zimmer von Maria Cebotari in der Pension von Eugenie Büsché 1931
D4	Georgenstraße 3: Verein zum Frauenschutz 1850-1943, Noldensche höhere Mädchenschule
E3	Georgenstraße 4: Ursula Berganders Klinik für schmerzarme Geburt 1958-1972, heute u.a. Pflichtberatung nach § 218 StGB
E3	Bautzner Straße 2: Anlaufstelle Opfer des Faschismus nach 1945
E3	Glacisstraße 44: Stadtverein für Innere Mission seit 1875
E4	Glacisstraße 30: Ortsgruppe des Deutsch-Evangelischen Frauenbundes in den 20er Jahren
E4	Unterer Kreuzweg 1a: Wohnung von Else Ulich-Beil 1920-1934
E4	Kurfürstenstraße 10: Ortsgruppe des Deutschen Bundes abstinenter Frauen in der Wohnung der Vorsitzenden Emily Freiin von Hausen vor 1914
F4	Weintraubenstraße 1: städtische höhere Studienanstalt 1898-1945 (zerstört)
E4	Weintraubenstraße 3: Neustädter Höhere Mädchenschule 1914-1945, jetzt Gymnasium »Romain Rolland«
F3	Bautzner Straße 48: Gasthof »Stille Musik« im 19./Anfang 20. Jh.
F3	Bautzner Straße 52: Wohnung von Elfriede Scholz 1929
F3	Holzhofgasse 25: Mägdeherberge der ev.-luth. Diakonissenanstalt 1867-1890, 1920-1927 Marthaschule, 1927-1940 gewerbliche Fachschule für Hausange-stellte
G3	Bautzner Straße 72-76: Linckesches Bad, 1822 erster Auftritt von Wilhelmine Schröder in Dresden
G3	Forststraße 12: Wohnung von Dr. E. Lotte Schurig
G3	Bautzner Straße 107: Tanzschule von Mary Wigman 1920-1942
G2	Zittauer Straße 22: Wohnung von Maria Reiche 1903-1929
H3	Bautzner Straße 102: Mädchenschule und Töchterheim von Dora Götte seit Anfang der 20er Jahre, 1951-1994 Landeskirchliches Amt für kirchliche Frauen-arbeit
H2	Radeberger Straße 43: Kommunaler Frauenausschuß des Verwaltungsbezirks II 1945-1947
H2	Radeberger Straße 53: Neubeginn der Paluccaschule 1945, heute Kinderheim
J2	Angelikastraße 23: Sitz des Deutschen Zweiges und der Ortsgruppe der Abolitionistischen Föderation sowie des Vereins Frauenbildung-Frauen-studium in der Wohnung der Vorsitzenden Katharina Scheven

(F0)	Nordhalle an der Stauffenbergallee (heute Militärhistorisches Museum): Ausstellungen und Modenschauen »Aus Alt mach Neu« nach 1945 und am 1.6.1947 Gründung des DFD für Sachsen
F1	Prießnitzbad an der Bischofswerderstraße 1 (auch »Bibi« genannt): Tanzlokal in der Nachkriegszeit, Gründung des DFD im 18. Stadtbezirk am 1.9.1947
G2	Gebäude an der Forststraße 29/31, Nordstraße 20, Bachstraße u.a.: Europäische Modenakademie, Internationale Schnittmustermanufaktur und Verlag Expedition der Europäischen Modenzeitung 1850 bis in die 30er Jahre des 20. Jh.
F2	Prießnitzstraße 44-48: Dampfwäscherei Fortuna
G2	Bischofsweg 106: Krippe und Kinderbewahranstalt des »Frauenvereins von 1814« ab 1912, seit 1923 bis heute städtischer Kindergarten
F3	Prießnitzstraße 6: Wohnung von Charlotte Tesdorpf
F3	Talstraße 9: Wohnung von Frieda Lehmann
F3	Martin-Luther-Platz 5: Frauenverein der Luthergemeinde ab 1903
E3	Böhmische Straße 30: Gründungsort der Diakonissenanstalt 1844
E3	Böhmische Straße 32: ab 1837 eigenes Grundstück des »Frauenvereins von 1814« mit Kinderbewahranstalt und Krippe 1831-1912
E3	Bautzner Straße 35: Ballhaus
E3	Rothenburger Straße 24: Mangelstube von Brigitte Pardon
E3	Bautzner Straße 27: Buchhandlung Nestler
E3	Alaunstraße 18: Zigarrenfabrik E. Uhlemann
D3	Königsbrücker Straße 8: Sitz des DFD-Vorstands Sachsen 1947-1991
D3	Königsbrücker Straße 15: Zweigverein Dresden des Katholischen Frauenbundes in der Wohnung der Vorsitzenden Frau Direktor Gäbler in den 20er Jahren
D3	Königsbrücker Straße/Ecke Hellerstraße (heutige Stetzscher Straße): Schwarzmarkt nach 1945
D2	Lößnitzstraße 2-4: St.-Benno-Stift seit 1873
E2	Königsbrücker Straße 66, 48 und 38: Wohnungen der Familie Kästner 1892-1951
E2	Timaeusstraße 3: Wohnung von Elsa Eisold nach 1945
E2	Görlitzer Straße 23: Wohnung von Auguste Lewinsohn ca.1890-1957
F1	Alaunplatz: Hinrichtung von Henriette Rehn mit dem Schwert 1852

Chronik

Im folgenden sind neben ausgewählten allgemeineren Angaben aus der historischen Frauenforschung auch einige Daten zu Dresden und die vorgestellten Neustädter Frauengeschichten in die Zeitachse eingearbeitet.

1774 Gründung des ersten sächsischen Hebammeninstitutes im Neustädter Casernen-flügel D

1791 »Erklärung der Rechte der Frau und Bürgerin« von Olympe de Gouges

1794 Amalie Marschner wird geboren

1804 Wilhelmine Schröder wird geboren

1812 Befreiungskriege: Frauen kämpfen in Männerkleidern

1814 der Frauenverein zu Dresden verteilt Suppe an Bedürftige

1820 die Salons der Elisa von der Recke, der Therese aus dem Winckel, der Ida von Lüttichau u.a. bilden in Dresden Zentren des geistigen Lebens

1822 Wilhelmine Schröder gibt ihr erstes Gastspiel in Dresden auf dem Linckeschen Bad und wird ans Hoftheater engagiert

1823 Amalie Dietrich wird in Siebenlehn geboren; die Zichorienfabrik von Jordan & Timaeus wird gegründet

1830 Erfindung der Zündhölzer

1832 George Sands erster Roman »Indiana« kritisiert die bürgerliche Konvenienzehe

1835 Eingemeindung des »Neuen Anbaus auf dem Sande« zu Dresden als »Antonstadt«, das bedeutet z.B. Steuererleichterungen und nächtliche Straßenbeleuchtung

1836 evangelische Frauenvereine entstehen zur Linderung der Not der Frauen im Erzgebirge

1837 Kauf des Grundstücks Böhmische Gasse 12 durch den Frauenverein für seine Kinderbewahranstalt

1838 die Lederfabrik Thiele wird gegründet

1840 in Blankenburg gründet Fröbel den ersten Kindergarten

1843 Louise Otto aus Meißen fordert die Teilnahme der Frau am Staatsleben

1844 Weberaufstand in Schlesien; in der Böhmischen Gasse 13 eröffnet die Diakonissenanstalt

1845 in der Glacisstraße 2 wird der Verein zum Frauenschutz gegründet

1848 auch in Dresden beteiligen sich Frauen am Barrikadenkampf

1849 durch den Krieg herrscht Männermangel; die erste »Deutsche Frauenzeitung« von Louise Otto-Peters aus Meißen erscheint; Luise Dittmars Buch »Das Wesen der Ehe« ermutigt zur Liebesheirat; der »Club der Emanzipierten« um Louise Aston in Berlin trägt Männerkleider, raucht Zigarren und besucht Restaurants ohne männliche Begleitung (!)

1850 in der Frauengasse eröffnet die Europäische Modenakademie; in Preußen werden Kindergärten, Frauenvereine und der Zugang von Frauen zu politischen Organisationen verboten

1852 die Kindsmörderin Henriette Rehn wird auf dem Alaunplatz hingerichtet

1857 die Europäische Modenakademie zieht in die Neustädter Nordstraße

1859 der Sächsische Landesverband für christlichen Frauendienst entsteht

1860 Wilhelmine Schröder-Devrient stirbt

1861 »Das Mutterrecht« von Bachofen weist das Matriarchat auf Kreta, in Ägypten, Athen und Indien nach; Katharina Scheven wird geboren; der Turnverein für Neu- und Antonstadt wird gegründet (auf dem Turnerweg und später bis 1945 auf dem Scheune-Gelände, ab 1863 Mädchenturnen, vorerst in der Halle, ab 1879 gibt es Turnlehrerinnen)

1862 Wilhelmine Schröder-Devrients Autobiographie erscheint und wird zum Bestseller der erotischen Literatur des Jahrhunderts; Elisabet Lotte Schurig wird geboren

1863 Fanny Lewalds »Osterbriefe« erscheinen; in Sachsen werden erstmals Frauen im Post- und Telegrafierdienst eingesetzt

1864 in der Holzhofgasse beginnt der Verein für weibliche Diakonie zu arbeiten

1865 Louise Otto-Peters gründet den Allgemeinen Deutschen Frauenbund und ist damit die Begründerin der deutschen Frauenbewegung; Amalie Dietrich aus Siebenlehn entdeckt auf ihrer zehnjährigen Forschungsreise durch Australien die nach ihr benannten Pflanzen Acacia Dietrichiani, Bonomia Dietrichiana u.a.; Dresdner Diakonissen gründen das Magdalenenasyl für gefallene Mädchen

1866 der in Berlin gegründete Lette-Verein eröffnet neue Frauenberufe: Schriftsetzerin, Buchbinderin, MTA, Diätassistentin, Laborantin u.a.; im preußisch-österreichischen Krieg übernehmen die Dresdner Diakonissen die Verwundetenpflege

1868 in Bordeaux nehmen erstmals Frauen an einem Radrennen teil; die Diakonissenanstalt gründet eine Mägdeherberge in der Holzhofgasse; Auguste Gantze wird geboren

1869 Wahlrecht für Frauen in Wyoming

1870 Frauen kämpfen auf den Barrikaden der Pariser Kommune; Reichseinigung; der § 218 StGB tritt in Kraft (6 - 60 Monate Zuchthaus), d.h. illegale, oft lebensbedrohliche Kurpfuscherei blüht auf; die Gynäkologie etabliert sich zur Wissenschaft; im deutsch-französischen Krieg versorgen Diakonissen die Verwundeten u.a. im Lazarett auf dem Alaunplatz

1871 die ersten Dampfwaschmaschinen und -mangeln werden in Wäschereien eingesetzt, in den Privathaushalten herrschen noch immer Waschbretter vor; Christiane Peuchel fordert auf dem Webertag in Glauchau gleichen Lohn für gleiche Arbeit; der Dresdner Frauenverein zur Fortbildung unbemittelter Mädchen wird gegründet (ab 1877 Frauen-Erwerbsverein, der eine Abend- und eine Gewerbezeichenschule, sowie ab 1909 eine Handelsschule unterhält); Ida Augustin wird geboren

1873 der radikale Flügel der bürgerlichen Frauenbewegung fordert das Wahlrecht; Clara Noack wird geboren; auf der Lößnitzstraße wird das St.-Benno-Stift gegründet

1875 der Stadtverein für Innere Mission wird gegründet

1876 die erste Zahnärztinnenpraxis eröffnet in Berlin

1877 Gertrud Leonore Thiele wird geboren, die als Gattin des Molkereibesitzers Max Pfund zur bekanntesten Dresdner Komponistin vor dem I. Weltkrieg avanciert

1878 die ersten Mutterschutzbestimmungen werden erlassen

1879 Bebels »Die Frau und der Sozialismus« erscheint

1880 der Kulturbund zur Abschaffung der behördlich konzessionierten Prostitution wird gegründet

1881 Gasherde beginnen die Kohleherde abzulösen; Eugen Dühring behauptet, die Frauenbewegung sei jüdischen Ursprungs

1882 auf dem Carolaweg (heutige Schevenstraße) eröffnet das Mädchenerziehungsheim Pniël der Diakonissenanstalt

1883 Amalie Marschner stirbt

1884 Charlotte Pfund wird geboren

1886 Else Beil wird geboren; Marie Wiegmann wird geboren

1887 Gertraud Enderlein wird in der Dresdner Neustadt geboren, wo die Redakteurin und Schriftstellerin zeitlebens wohnt

1889 die erste Frauengewerkschaft (Verband der weiblichen Angestellten) wird gegründet; Clara Zetkin entwickelt auf dem Internationalen Sozialistenkongreß ihre Emanzipationstheorie

1890 die Gebärstreikdebatte beginnt in Paris

1891 das Gesetz zum Schutz der Arbeiterinnen legt den 11-Stunden-Tag und 4 Wochen bezahlten Urlaub nach der Entbindung fest, verringert dadurch aber die Chancen von Frauen auf dem Arbeitsmarkt; die SPD fordert das Frauenwahlrecht; Amalie Dietrich stirbt

1893 die erste elektrifizierte Küche wird auf der Pariser Weltausstellung vorgeführt; das erste Mädchengymnasium eröffnet in Karlsruhe; Marie Stritt gründet in Dresden den ersten deutschen Rechtsschutzverein für Frauen; die Diakonisse Elisabeth Lindner baut die Frauenarbeit der Martin-Luther-Gemeinde auf

1894 der Bund Deutscher Frauenvereine wird gegründet; in China entsteht die erste Vereinigung gegen das Bandagieren der Frauenfüße

1895 Siegmund Freud und Joseph Breuer veröffentlichen ihre Erkenntnisse über Hysterie, die verbreitetste Frauenkrankheit, anhand der Krankengeschichte der Bertha von Papenheim - die eigentliche Begründerin der Psychoanalyse laut Freud -, die 1904 den Jüdischen Frauenbund gründet; 29,7 % aller Berufstätigen sind weiblich; die Dresdnerin Christine Hart meldet die Erfindung des Büstenhalters zum Patent an

1896 Marie Stritt und Anna Siemsen sammeln 25.000 Unterschriften gegen die Bevormundung der Frau in der Ehe, vergeblich: 1900 tritt das BGB in Kraft; Elfriede Clauß wird geboren

1897 der Verein der Freundinnen junger Mädchen ruft die Bahnhofsmission ins Leben; Elsa Eisold wird geboren

1899 Erster Internationaler Frauenkongreß zum Thema Frauenhandel; der Deutsch-Evangelische Frauenbund wird gegründet; Anna Frieda Wächtler wird geboren; Erich Kästner wird geboren; Hugo Kästner eröffnet auf der Görlitzer Straße seine Drogerie mit »diskretem Versand« von Verhütungsmitteln

1900 zum ersten Mal nehmen Frauen an den Olympischen Spielen teil; Baden gewährt den Frauen als erstes deutsches Land den Zugang zur Universität; Paul Möbius schreibt »Über den physiologischen Schwachsinn des Weibes« (aufgrund ihres geringeren Kopfumfangs seien Frauen nur für den Beruf der Mutter geeignet) und Otto Weiningers »Geschlecht und Charakter« spricht Frauen jede Denkfähigkeit ab; Anna Nolden wird Vorsteherin der Höheren Töchterschule Georgenstraße 3; Erna Berger wird geboren

1901 Katharina Scheven gründet in ihrer Wohnung auf der Angelikastraße 23 den Dresdner Zweigverein der Internationalen Abolitionistischen Föderation und leitet den Verein Frauenbildung - Frauenstudium ebenfalls von hier aus

1902 Marie Curie erhält den Nobelpreis; der Deutsche Verein für Frauenstimmrecht wird gegründet; Margarethe Krupp geb. Freiin von Ende aus Dresden-Blasewitz übernimmt die Firma ihres verstorbenen Mannes; Margarete Paluka wird geboren

1903 Maria Reiche-Große wird geboren; Elfriede Remark wird geboren; Marie Rost gründet den Frauenverein der Martin-Luther-Gemeinde

1904 in Berlin eröffnet Isodora Duncan ihre Tanzschule; Internationaler Kongreß zum Abolitionismus in Dresden; Tagung des Bundes Deutscher Frauenvereine in Dresden; Anna Nolden bereitet in Realgymnasialkursen an ihrer Schule Mädchen auf das Hochschulstudium vor

1905 der Bund für Mutterschutz und Sexualreform wird gegründet; Käthe Schirrmacher fordert die Entlohnung von Hausarbeit; in Dresden wird eine Krankenkasse für Prostituierte gegründet

1906 in Sachsen werden Frauen zum Hochschulstudium zugelassen; Lina Langer wird geboren

1907 das erste Maria-Montessori-Haus eröffnet in Rom; Auguste Lewinsohn gründet die Kinderschutzkommission in Sachsen und ist die einzige weibliche Delegierte aus Sachsen auf dem Internationalen Sozialistenkongreß in Stuttgart; Eva Knabe wird geboren

1908 das neue Reichsvereinsgesetz erlaubt Frauen die politische Betätigung; Melitta Bentz gründet mit ihrer Erfindung des Kaffeefilters die Melitta-Werke in Dresden; in der Nieritzstraße 11 eröffnet das Martha-Hospiz für alleinreisende Damen

1909 in London wird die erste Dauerwelle gelegt

1910 der 10-Stunden-Tag für Fabrikarbeiterinnen wird eingeführt; Maria Cebotari wird geboren; das Gesetz über das höhere Mädchenschulwesen in Sachsen sieht den adäquaten Einsatz von Lehrerinnen vor; Dr. Lotte Schurig gründet den Frauenklub Dresden 1910

1911 erster Internationaler Frauentag am 19.3., die Dresdner Demonstration beginnt in Pieschen; Marie Curie bekommt den Nobelpreis für Chemie; Henriette Goldschmidt gründet die Hochschule für Frauen in Leipzig; Melli Beese aus Dresden legt als erste deutsche Pilotin ihr Patent ab; der erste Internationale Kongreß des Bundes für Mutterschutz tagt in Dresden

1913 in der Gebärstreikdebatte sind Rosa Luxemburg und Clara Zetkin dagegen, weil auch die Partei viele Menschen braucht; Gertrud Helene Kunz wird geboren (spätere Direktorin des Zirkus Sarrasani); Dr. Lotte Schurig gründet die Soziale Frauenschule in Dresden

1914 Ausbruch des Weltkrieges, große Teile der Frauenbewegung werden von der Euphorie erfaßt; der Nationale Frauendienst wird gegründet; Schutzbestimmungen werden aufgehoben, die Brotkarte eingeführt

1915 Frauenprotest vor dem Reichstag gegen Teuerung und für Frieden; der Deutsche Verein für Armenpflege richtet kommunale Fürsorgestellen für Kriegerwitwen ein; Kriegskindergärten entstehen; Frauen arbeiten als Schaffnerinnen, Lastwagenfahrerinnen, Briefträgerinnen und in der Rüstungsproduktion; Minna Naumann ruft in Dresden zur Demonstration gegen die Kriegsrationen auf, die Frauen ziehen vors Rathaus; der Verband der Hausfrauen wird gegründet

1916 der Anteil der Frauen an den Beschäftigten beträgt 47,1 %; Kohlrübenwinter; vor dem sächsischen Regierungssitz findet eine Antikriegskundgebung der Frauen statt

1917 die erste Verfassung der Welt, die die Gleichberechtigung der Geschlechter festschreibt, wird in Rußland angenommen; Alexandra Kollontai wird erste Ministerin der Welt; 2.700 deutsche Frauen sterben an Unfällen, zumeist in der Rüstungsindustrie; Frauen werden als Etappenhelferinnen eingesetzt

1918 Frauen werden im Nachrichtendienst eingesetzt; Kriegsende und Revolution, damit Ende der Monarchie; durch die Demobilmachungsbestimmungen werden verstärkt Frauen aus dem Berufsleben entlassen; Gründung des Stadtbundes Dresdner Frauenvereine

1919 Rosa Luxemburg und Karl Liebknecht werden ermordet; Frauenwahlrecht in Deutschland; der Frauenbund der Martin-Luther-Gemeinde wird gegründet und fordert das Frauenwahlrecht auch innerhalb der Kirche; in Dresden gibt es selbst Pferdefleisch auf Marken

1920 die SPD beantragt die Fristenlösung für den § 218 StGB; Frauen werden zur Habilitation an deutschen Hochschulen und Universitäten zugelassen; Dr. Else Ulich-Beil wird Landtagsabgeordnete und Regierungsrätin in Sachsen; Auguste Lewinsohn wird in den Sächsischen Landtag gewählt; Katharina Scheven wird Stadtverordnete; Mary Wigman eröffnet ihre Tanzschule auf der Bautzner Straße 107; auf der Holzhofgasse 25 eröffnet die Marthaschule

1921 der 8. März wird in der Sowjetunion zum Frauentag erklärt; die Zahl unehelich geborener Kinder steigt enorm an; der evangelische Arbeiterinnenverein in der Glacisstraße wird gegründet

1922 neue Frauenberufe sind Stenotypistin, Verkäuferin, Volksschullehrerin, Post- und Bankangestellte; der Verband der Deutschen Blumengeschäftsinhaber beschließt, auch im Deutschen Reich einen Muttertag zu propagieren wie in Amerika, wo er seit 1914 Staatsfeiertag ist; auf Initiative der Regierungsrätin Dr. Else Ulich-Beil erhalten die Sozialen Frauenschulen die staatliche Anerkennung; Katharina Scheven stirbt

1923 durch die Reichs-Personalabbauverordnung werden weibliche Beamte und Angestellte, insbesondere verheiratete, aus dem Berufsleben verdrängt

1925 arbeitslose Frauen demonstrieren gegen die Fürstenabfindung; Hermine Körner (Leiterin des Münchner Schauspielhauses) wird Direktorin des Alberttheaters; Gret Palucca eröffnet 23jährig ihre private Tanzschule

1926 der § 218 StGB wird von Zuchthaus auf Gefängnis abgemildert

1927 Reichsgesetz zur Bekämpfung der Geschlechtskrankheiten; die Sittenpolizei wird durch die Wohlfahrtspflege ersetzt; Erna Bergers Karriere beginnt an der Semperoper; Ursula Blütchen wird geboren

1928 die Weltliga für Sexualreform tagt (Themen sind neben Empfängnisverhütung und Schutz unehelicher Kinder auch »Zuchtwahl und Auslese«); die Dresdner Prostituiertenkrankenkasse wird aufgelöst, die Mittel sollen Aussteigerinnen bei der Wiedereingliederung ins »normale« Leben zugute kommen

1929 die Knaus-Ogino-Methode wird in einer medizinischen Wochenzeitschrift veröffentlicht; Massenkundgebungen gegen den § 218 StGB

1930 bei der Bedürftigkeitsüberprüfung verlieren 30 % aller arbeitslosen Frauen die Arbeitslosenunterstützung

1931 Demonstration am 8. März gegen Naziterror, für Sozialismus und Frieden; von den 5 Mio. Arbeitslosen sind 1 Mio. Frauen; Maria Cebotari debütiert 21jährig an der Semperoper und wohnt in der Hospitalstraße 13

1932 Clara Zetkin klagt als Alterspräsidentin im Reichstag Arbeitslosigkeit und Hunger an

1933 Selbstauflösung des ADF, BDF, LSF und des Stadtbundes in dieser Reihenfolge; Gleichschaltung aller Frauenorganisationen im Deutschen Frauenwerk (6-8 Mio. Mitglieder); Jungmädel und BDM (14-21jährige) entstehen; Gesetz zur Zwangssterilisierung zur »Verhinderung erbkranken Nachwuchses«; erstes Frauen-KZ in Moringen; das Deutsche Modeamt wird eingerichtet, um die Mode vom Ausland unabhängig zu machen; das Gesetz gegen die Überfüllung der Hochschulen begrenzt den Anteil weiblicher Studierender auf 10 %; ein zinsloses Ehestandsdarlehen wird gewährt, wenn die Frau ihre Berufstätigkeit aufgibt; Leni Riefenstahl dreht »Sieg des Glaubens«

1934 das Hauswirtschaftliche Jahr wird eingeführt; das Deutsche Winterhilfswerk propagiert Eintopfgerichte; Entlassung aller verheirateten Beamtinnen; Gesetzesverschärfung zu Zwangsabtreibungen »aus eugenischen Gründen« bis zum 6. Monat (es genügt eine behördliche Einstufung als Asoziale, Schwererziehbare, Schizophrene, Taube, Blinde, Manisch-Depressive, Alkoholikerin oder Prostituierte); Gertrud Scholz-Klink wird Führerin der NS-Frauenschaft (2 Mio. Mitgl.), die aber praktisch ohne politischen Einfluß bleibt; Leni Riefenstahl dreht »Triumph des Willens«

1935 »Kanonen statt Butter«; nichtarischen Frauen wird Abtreibung erlaubt; die soziale Indikation wird gestrichen; die Nürnberger Gesetze bestrafen »Mischehen zwischen Juden und Ariern« mit Zuchthaus; zur Heirat ist ein »Ehetauglichkeitszeugnis« notwendig, das die »rassische Gesundheit« bescheinigt; »Rassenschande« wird öffentlich angeprangert

1936 Palucca und Wigman tanzen zur Olympiade; der Lebensborn e.V. wird gegründet (bis 1945 werden 12.000 Kinder von SS-Erzeugern in 14 Heimen in Deutschland durch »wertvolle Mütter« geboren); alle Kinder ab 10 Jahren werden zwangsorganisiert; das Evangelische Frauenwerk wird wegen des zu großen Einflusses der Bekennenden Kirche aus dem Deutschen Frauenwerk ausgeschlossen; keine Zulassung mehr von Frauen als Richterinnen und Rechtsanwältinnen

1937 Säuglingspflege, Handarbeit und Hausarbeit werden Pflichtfächer für Mädchen; Zwangsauflösung der Lehrerinnenverbände; Liselotte Herrmann wird hingerichtet; Auflösung des Jüdischen Frauenbundes; Gertraud Enderleins Romanbiographie Amalie Dietrichs erscheint unter dem Titel »Eine Frau aus Siebenlehn«

1938 das Pflichtjahr im Reichsarbeitsdienst für alle Mädchen bis 25 Jahre ist Voraussetzung für eine Arbeitsaufnahme (hier sollen künftige »deutsche Frauen und Mütter« Gehorsam und Durchhaltevermögen lernen); Unfruchtbarkeit und die Weigerung, Kinder zu bekommen, wird zum gesetzlichen Scheidungsgrund

1939 das KZ Ravensbrück wird eingerichtet; die Verordnung über die Dienstpflicht sieht die mögliche Heranziehung von Frauen zum Wehrdienst vor; das Mutterkreuz (4 Kinder: Bronze, 6 Kinder: Silber, 8 Kinder: Gold) wird am Muttertag verliehen, ändert aber nichts an der Geburtenrate; Ferienarbeitspflicht für Schülerinnen ab 16 Jahre; Lebensmittel und Textilien sind nur noch auf Karten erhältlich; Führererlaß zum Euthanasieprogramm

1940 Elfriede Lohse-Wächtler wird in Pirna-Sonnenstein vergast; die Marthaschule wird geschlossen, auch die Marienschule in der Niederlößnitz (beide Diakonissenanstalt)

1941 Propagandakampagne »Deutsche Frauen helfen siegen«; der Judenstern wird eingeführt; 6 Mio. Frauen arbeiten in der Rüstungsindustrie und im 6monatigen Kriegshilfsdienst als »Blitzmädels« (Nachrichtenhelferinnen); alle Frauen, die nach Kriegsbeginn aus dem Beruf ausgeschieden waren, werden wieder zur Arbeit verpflichtet; konfessionellen Anstalten wird die Kindererziehung entzogen, sie werden der NS-Volkswohlfahrt unterstellt; Trude Stosch-Sarrasani wird Zirkusdirektorin

1942 sowjetische Frauen werden zur Zwangsarbeit verpflichtet

1943 45.000 »Maiden« werden vom Reichsarbeitsdienst zur Flak verpflichtet; alle 17-45jährigen Frauen müssen sich wegen der »totalen Mobilisierung« auf dem Arbeitsamt melden; Elfriede Scholz wird hingerichtet

1944 die Verhaftungswelle nach dem 20.7. trifft 70 Frauen und Kinder; Verbot von Tanzveranstaltungen; die Arbeitspflicht wird für Frauen bis 50 Jahre erweitert; in der Rüstung werden weibliche Häftlinge eingesetzt; ein Wehrmachtshelferinnenkorps wird geplant

1945 ein Helferinnenkorps der Luftwaffe wird gebildet; Frauen werden zum Hilfsdienst beim Volkssturm aufgerufen; der Einsatz freiwilliger Frauen im Kampf mit der Feuerwaffe wird erlaubt; Kapitulation; laut NS-Statistik waren 202.674 weibliche Häftlinge in Konzentrationslagern; ca. 500 Frauen starben schon während der Zwangssterilisationen; Frauen beräumen die Trümmer, kümmern sich um Umsiedler, Ausgebombte, Flüchtlinge, Waisen usw.

1946 in der SBZ entstehen unabhängige kommunale Frauenausschüsse, die Kindergärten, Nähstuben, Wärmstuben und Volksküchen einrichten; die SMAD ordnet gleichen Lohn für gleiche Arbeit an; Frauen werden zu Elektrotechnikerinnen und Arbeiterinnen im Bau- und Baunebengewerbe umgeschult; der § 218 StGB wird durch die soziale Indikation ergänzt, während Zuchthaus und Todesstrafe aufgehoben werden; der monatliche Haushaltstag wird eingeführt; mittels einer in der zuständigen Polizeidienststelle abzugebenden Erklärung können ledige Frauen mit »Frau« angesprochen werden; in der Talstraße 9 ermordet Frieda Lehmann ihre Arbeitskollegin und deren Sohn

1947 Gründung des DFD (für Sachsen in der Nordhalle, der Vorstand zieht in die Königsbrücker Straße 8, wo er bis 1991 bleibt); in Westberlin übernimmt Dr. Else Ulich-Beil die Leitung des neugegründeten Staatsbürgerinnenverbandes; Frieda Lehmann wird mit dem Fallbeil hingerichtet

1948 Währungsreform

1949 als bürgerlicher Gegenpol zum DFD und Nachfolger des BDF wird der Deutsche Frauenring gegründet (mit Dr. Else Ulich-Beil ab 1952 im Vorstand); in der SBZ wenden sich 5 Mio. Frauen mit ihrer Unterschrift gegen Atomwaffen; Maria Cebotari stirbt; Charlotte Tesdorpf scheidet freiwillig aus dem Leben

1950 das Müttergenesungswerk wird gegründet

1951 die Westdeutsche Frauenfriedensbewegung (WFFB) wird gegründet; Ida Kästner stirbt; das Landeskirchliche Amt für kirchliche Frauenarbeit zieht in die Bautzner Straße 102

1952 »Bewußte Elternschaft« (später »Pro Familia«) wird gegründet

1955 BRD-Erlaß, daß Ledige mit Frau statt Frl. angesprochen werden können

1957 in der entstehenden EWG gibt es Richtlinien zum Frauenarbeitsrecht; Gertraud Enderleins Romanbiographie Sibylla Merians erscheint unter dem Titel »Das ist Merians Tochter!«; Auguste Lewinsohn stirbt

1958 in der DDR werden die Lebensmittelkarten abgeschafft; Ursula Bergander eröffnet ihre Klinik für schmerzarme Geburt in der Georgenstraße 4

1959 in der BRD wird die gesetzliche Gleichberechtigung in der Ehe eingeführt; Jeans und Pullover werden modern; die erste Barbie-Puppe wird produziert

1961 Contergan wird aus dem Handel genommen

1962 Gertraud Enderlein stirbt

1964 Ursula Böttcher geb. Blütchen aus der Prießnitzstraße beginnt ihre Karriere als einzige Eisbärendompteuse der Welt

1965 Dr. Else Ulich-Beil stirbt

1968 Geburt der Neuen Frauenbewegung im Westen, da die 68er Studentenrevolte sie nicht mitvertritt, sie fordert die Abschaffung des § 218 StGB; Einbeziehung der Männer in angebliche Frauenarbeit und öffentliche Diskussion solcher als privat geltender Probleme

1969 die Schwulen- und Lesbenbewegung beginnt in New York

1970 die Neue Frauenbewegung kämpft für Kindertagesstätten, für gleichen Lohn, gegen sexuelle Diskriminierung und die Ausbeutung von Minderwertigkeitsgefühlen durch die Mode- und Kosmetikindustrie

1971 Selbstbezichtigungskampagne zur Abtreibung

1972 Gesetz zur Fristenlösung in der DDR und Vergabe zinsloser Kredite an junge Ehen, deren Rückzahlung nach der Geburt des ersten und zweiten Kindes teilweise, mit dem dritten Kind ganz erlassen wird; Elfriede Nestler stirbt; Leonore Pfund stirbt

1973 bei der Mißwahl in Frankfurt fordern Feministinnen die »Schwanzvermessung« der Jury; Mary Wigman stirbt

1974 Frauenfest »Rockfestival im Rock« in Westberlin

1975 Internationales Jahr der Frau; der feministische Verlag »Frauenoffensive« wird gegründet; Stammheim-Prozeß

1976 das erste Frauenschutzhaus eröffnet in Westberlin; Gesetz zur Wahlfreiheit des Namens bei Heirat; erste Sommeruniversität für Frauen in Westberlin; der § 218 StGB wird in der BRD novelliert (12 Wochen Straffreiheit bei Indikation); die feministischen Zeitschriften »Clio« und »Courage« erscheinen; Eva Schulze-Knabe stirbt

1977 die Zeitschrift »Emma« erscheint; es entstehen spezielle Buchläden, Cafés und Handwerkerinnenkollektive, Wohngemeinschaften und Ferienhäuser für Frauen; Lea Grundig stirbt

1978 das erste Retortenbaby der Welt wird geboren; erster Kongreß über feministische Theorie und Praxis in Köln

1979 UNO-Abkommen zur Beseitigung der Diskriminierung der Frau

1981 das erste Frauenmuseum der Welt wird in Bonn eröffnet

1982 in der DDR wird die vormilitärische Ausbildung und Wehrpflicht im Verteidigungsfall für Frauen beschlossen

1985 das Frauenmuseum in Wiesbaden wird gegründet

1989 das von Männern dominierte Neue Forum behandelt frauenpolitische Forderungen als zweitrangig - Frauen aus dem NF gründen den Unabhängigen Frauenverband (UFV), der bei den Wahlen 1990 scheitert; die Künstlerinnengruppe »Dresdner Sezession '89« wird in der Galerie Comenius auf der Bautzner Straße 22 gegründet

1990 Frauen organisieren und sprechen bei Demonstrationen gegen Gentechnologie und gegen die Einverleibung der DDR; die Währungsunion ist die vierte Geldumwertung des Jahrhunderts; der Arbeitskreis historische Frauenforschung wird gegründet; das Frauenzentrum »sowieso« auf der Angelikastraße 1 wird gegründet; Erna Berger stirbt

1992 der § 218 StGB wird neu geregelt als Fristenlösung mit Zwangsberatung

1993 im Gymnasium Weintraubenstraße wird eine Büste Maria Reiches enthüllt; Gret Palucca stirbt

1996 Umzug der »Dresdner Sezesssion '89« in die Galerie drei auf der Prießnitzstraße 43

1997 Ausstellung zu Maria Reiches Leben und Werk im Dresdner Rathaus; erste Einzel-
      ausstellung Elfriede Lohse-Wächtlers in einer Dresdner Privatgalerie; der Lan-
      desverband des DFD zieht zurück in die Neustadt auf die Fritz-Reuter-Straße 9
1998 Maria Reiche stirbt

Literatur / Quellen

[1] Annette Kuhn (Hrsg.): Chronik der Frauen, Dortmund 1992
[2] Sonja Koch: Zeittafel 1933-45, Dresden 1996

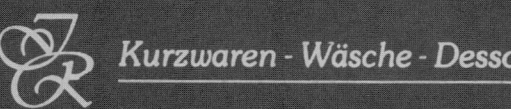

Mit freundlicher Unterstützung von

DRUCKHAUS DRESDEN

Bärensteiner Straße 30 · 01277 Dresden
Telefon 03 51 / 3 18 70-0